幼儿园优秀美术活动设计99例

陈学群　余　晖◎主编

中国轻工业出版社

图书在版编目（CIP）数据

幼儿园优秀美术活动设计99例／陈学群，余晖主编．—北京：中国轻工业出版社，2014.10（2024.3重印）

ISBN 978-7-5019-9892-0

Ⅰ．①幼… Ⅱ．①陈… ②余… Ⅲ．①美术课－课程设计－学前教育 Ⅳ．①G613.6

中国版本图书馆CIP数据核字（2014）第197667号

保留所有权利。非经中国轻工业出版社"万千教育"书面授权，任何人不得以任何方式（包括但不限于电子、机械、手工或其他尚未被发明或应用的技术手段）复印、拍照、扫描、录音、朗读、存储、发表本书中任何部分或本书全部内容，以及其他附带的所有资料（包括但不限于光盘、音频、视频等）。中国轻工业出版社"万千教育"未授权任何机构提供源自本书内容的电子文件阅览、收听或下载服务。如有此类非法行为，查实必究。

责任编辑：王慧超　　责任终审：杜文勇
策划编辑：高　君　　责任校对：刘志颖　　责任监印：吴维斌

出版发行：中国轻工业出版社（北京鲁谷东街5号，邮编：100040）
印　　刷：三河市双升印务有限公司
经　　销：各地新华书店
版　　次：2024年3月第1版第10次印刷
开　　本：787×1092　1/16　印张：18.25
字　　数：173千字
印　　数：29001—32000
书　　号：ISBN 978-7-5019-9892-0　定价：58.00元
读者热线：010-65181109
发行电话：010-85119832　010-85119912
网　　址：http://www.chlip.com.cn　http://www.wqedu.com
电子信箱：1012305542@qq.com
版权所有　侵权必究
如发现图书残缺请拨打读者热线联系调换
240286Y1C110ZBW

编者名单

主　编：陈学群　余　晖

编委：陈　庆　郭丽梅　夏　涓　乔　卉　何凯黎
　　　黄　花　秦　红　徐　玲　潘　娟　孙毅敏
　　　陆　烨　焦　阳　居　君　王晓玲　朱水莲
　　　王晓军　刘　蜜　钟成珍　黄　萍　李　冰
　　　赵　茜

前言：和孩子一起"玩"美术

我庆幸自己能成为一名幼儿教师，更庆幸能有机会和一群热爱幼儿美术教育的教师们一起工作研究。十几年的研究之路，我们探索过以技能为主线的幼儿美术教育，也抛开技能尝试过以创造为主的幼儿美术教育。

我们常常思考：美术教育活动到底该给孩子们带来什么？它应该带给孩子们开心，让他们从心底感到愉悦；应该带给孩子们审美，带领他们踏上美好的艺术旅程；应该带给他们满足的身心体验，让他们享用一次视觉的盛宴；还应该带给他们一个玩不够的童年，让他们玩得过瘾。

思考伴随着实践，我所在的南京市幼儿园美术教研组的教师们不断地探寻技能和表达之间存在的关系，在满足幼儿模仿天性的同时鼓励和支持幼儿大胆创造，培养幼儿的审美感受和表现能力，同时又不禁锢幼儿的思想和行为。我们想让幼儿的美术变得"好玩"。好玩就意味着活动内容要新颖，有吸引力以及有无限的可能性；也意味着活动过程中幼儿始终伴随着愉悦的心理感受和情感体验；还意味着要让幼儿成为活动的"主人"，相信他们拥有超强吸收力的心灵，只要我们创造自由、自主的艺术氛围，就会有"大师"诞生。

在不断前行中，《3—6岁儿童学习与发展指南》（简称《指南》）在艺术领域方面，围绕"感受与欣赏"、"表现与创造"，给我们的探索指明了方向。我们在选择美术活动内容、探索美术教学策略、丰富幼儿审美经验、鼓励幼儿自我表达与创造上，充分尝试体现《指南》的精神。我们大胆尝试创新，探索多种媒材在美术活动中的运用，探索范例教学法在美术教学策略中的运用以及适合于幼儿的艺术表现方式等。

本书收集了小、中、大班的美术案例共99个。它们是南京市幼儿园美术教研组的教师们这几年经过实践研讨后的教学实例——既体现了审美性、代表性，又具有操作性和可行性。书中收录的大部分案例都附有幼儿作品，以帮助教师们感性地理解案例。对于活动涉及的教学策略随文进行了解读，帮助教师们理解这一步骤和方法的缘由。每个案例后均有评析，有些归纳了此活动的特点，有些说明了美术教学中的规律和特点，以帮助教师们了解幼儿园美术教育活动。

最后，我们要感谢中国轻工业出版社万千教育编辑部的高君女士看到了我们的这些美术研究成果，邀请我主编这本书，让我们有机会把研究成果分享给大家。我还要特别感谢江苏省南京市滨江幼儿园的余晖园长，她一次次地和我讨论选题、修改案例、完成评析。真诚地感谢参与编写的夏涓、乔卉、王晓玲、黄花、居君、何凯黎、朱水莲、焦阳、秦红、徐玲等园长和教师们，作为南京市幼儿园美术教研组的成员，她们充满智慧和活力，善于学习，敢于实践。正因为有了她们，才有了这些鲜活的有创意的案例。我还要感谢生命中最重要的一个人，我的恩师赵岭老师，她是原南京市教研室幼儿教育教研员，是她把我领进了美术教育研究之门，给了我莫大的帮助、支持和鼓励。

最后，感谢您选择了这本书，如果书中有一些案例能用在您的教育教学中，或者给您以启迪和影响，有一些观点能得到您的认同和肯定，我们将倍感欣慰；如果因为这本书，您喜欢上了美术教学活动，那将是我们莫大的荣幸。

陈学群

2014年6月写于南京

目 录

小班 ··· 1

1. 热闹的花草地 ·· 2
2. 虞美人花儿开了 ··· 4
3. 汉堡包 ·· 7
4. 超级大糖果 ·· 9
5. 红包娃娃 ··· 12
6. 有趣的领带 ·· 14
7. 枝枝丫丫的树 ··· 17
8. 颜色宝宝滑滑梯 ·· 19
9. 波洛克的画 ·· 22
10. 我的夏日波点装 ·· 25
11. 可爱的毛毛虫 ··· 28
12. 快乐的小脚印 ··· 31
13. 好吃的波板糖 ··· 33
14. 雨花石 ·· 35
15. 铺小路 ·· 38
16. 彩色面具 ·· 41
17. 高高矮矮的人 ··· 43
18. 美丽的睡袋 ·· 45
19. 晴天娃娃 ·· 48
20. 有趣的格子王国 ·· 51
21. 会跳舞的水母 ··· 53

中班 ·· 59

- 22. 有趣的云朵 ·· 60
- 23. 美丽的热带鱼 ······································ 62
- 24. 下雪啦 ··· 65
- 25. 美丽的花园 ·· 68
- 26. 纸盘娃娃 ·· 71
- 27. 纸团拓印添画 ······································ 74
- 28. 撕贴菊花 ·· 76
- 29. 大花蛇 ··· 79
- 30. 漂亮妈妈 ·· 81
- 31. 妈妈的相框 ·· 83
- 32. 薰衣草 ··· 86
- 33. 小兔的连衣裙 ······································ 88
- 34. 节日的烟花 ·· 91
- 35. 手工制作水母 ······································ 94
- 36. 摩天大楼 ·· 97
- 37. 彩糊想象画 ·· 99
- 38. 纸袋上的城堡 ······································ 102
- 39. 纸盒小人 ·· 104
- 40. 可爱的小蜗牛 ······································ 107
- 41. 花瓶 ··· 110
- 42. 百合花 ··· 112
- 43. 舞动的蛇 ·· 114
- 44. 超级大苹果 ·· 117
- 45. 疯狂的头发 ·· 120
- 46. 圆点装饰画 ·· 123
- 47. 大大的花朵 ·· 125
- 48. 运动小人 ·· 128
- 49. 漂亮的指印画挂 ·································· 130
- 50. 好大一棵树 ·· 134
- 51. 创意邮筒 ·· 137
- 52. 美美的圣诞树 ······································ 139

大班 · · · · · · 143

53. 哈哈镜里的人 · · · · · · 144
54. 彩绘椅子 · · · · · · 146
55. 鞋底鱼 · · · · · · 149
56. 神秘的图腾柱 · · · · · · 152
57. 创意撕贴添画 · · · · · · 154
58. 长颈鹿 · · · · · · 158
59. 水中倒影 · · · · · · 162
60. 树干上的花纹 · · · · · · 164
61. 京剧脸谱 · · · · · · 167
62. 藤蔓之美 · · · · · · 169
63. 飘向天空 · · · · · · 172
64. 创意彩条装饰 · · · · · · 175
65. 城门城门几丈高 · · · · · · 178
66. 中国石拱桥 · · · · · · 181
67. 威武的大狮子 · · · · · · 185
68. 树林和雪 · · · · · · 188
69. 花山壁画 · · · · · · 191
70. 印第安人面具 · · · · · · 194
71. 鸟的天堂 · · · · · · 197
72. 蔬菜造型 · · · · · · 200
73. 纸袋上的中国风 · · · · · · 203
74. 我爱运动 · · · · · · 206
75. 漂亮的手指娃娃 · · · · · · 209
76. 有趣的量高尺 · · · · · · 212
77. 天鹅 · · · · · · 215
78. 摇手玩偶 · · · · · · 218
79. 我是小天使 · · · · · · 221
80. 巧克力 · · · · · · 223
81. 多彩的秋林 · · · · · · 226
82. 马勺装饰 · · · · · · 230
83. 美丽的青花瓷盘 · · · · · · 232

84. 创意沙画 ········· 235
85. 有趣的石画 ········· 238
86. 中国古亭 ········· 241
87. 桌面上的静物 ········· 244
88. 透明的花纹 ········· 247
89. 鸟窝手工 ········· 251
90. 有趣的脸 ········· 254
91. 好朋友 ········· 257
92. 有趣的面人 ········· 260
93. 奔跑的鸵鸟 ········· 263
94. 快乐动物园 ········· 266
95. 服装设计 ········· 268
96. 长颈鹿乐园 ········· 270
97. 汽车叭叭叭 ········· 273
98. 地球之舞 ········· 276
99. 好玩的皮影 ········· 278

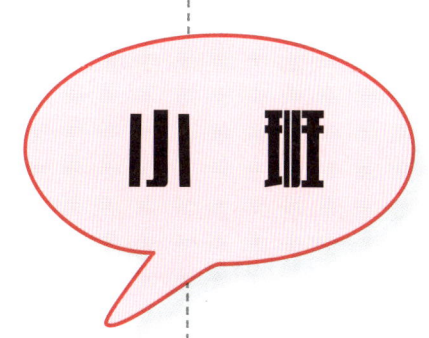

1. 热闹的花草地

设计教师：夏涓　　评析专家：余晖
幼儿园：江苏省南京市实验幼儿园

设计意图

春天，孩子们会到户外欣赏小花小草，体验与大自然亲密接触的愉悦之情。为了给幼儿提供表达表现自己感知体验的机会，更为了培养幼儿的审美情趣，对幼儿的审美素养进行熏陶，特地设计了此活动。活动从幼儿的情绪体验入手，通过对摄影作品和大师绘画作品的欣赏，提升幼儿的审美经验，激发幼儿的创作欲望，进而通过手指点画的方式表现出来。

活动目标

(1) 感受春天花草地上春花烂漫、生机勃勃的景象。
(2) 探索用手指不同部位点画的方法表现色彩丰富的花草地。
(3) 愿意大胆地表达自己的感受，体验在音乐中作画的乐趣。

活动准备

(1) 经验准备：幼儿有过春游的经历，或者观察过幼儿园内的花草，在草地上玩过。
(2) 材料准备：花草地图片1幅，吴冠中的作品《花草地》2幅，水粉颜料，正方形黑色卡纸人手1张，背景音乐 Until the Last Moment，音乐《蝴蝶找花》。

活动过程

1. 谈话导入，引起对花草地的回忆

师：你见过春天的草地吗？在草地上，你都看到了什么？小花是什么颜色的？
师：看到那一片花草地时，你有什么感觉？

2. 欣赏花草地图片及吴冠中作品，感受画面丰富的色彩及作品所传达的意境

(1) 欣赏花草地（见图1-1），感受花草地色彩的丰富。
师：这片花草地美吗？哪里让你觉得美？有哪些你认识的颜色？
师：近处的花看起来怎么样？远处的呢？（引导幼儿发现花朵近大远小的特点，为后面的创作做铺垫）
(2) 欣赏吴冠中作品，感受作品的色彩、布局及其所传达的意境。

①出示作品1（见图1-2），提问：在花草地上你看到了什么？它们是怎样的？（从具体到抽象的转换，引发幼儿对作品的感受）

②出示作品2（见图1-3），提问：走近点看看，在密密的花草地中你还发现了什么？（引导幼儿尝试用自己的方式解读作品，如"大点点"、"小点点"、"小短线"等）

图1-1

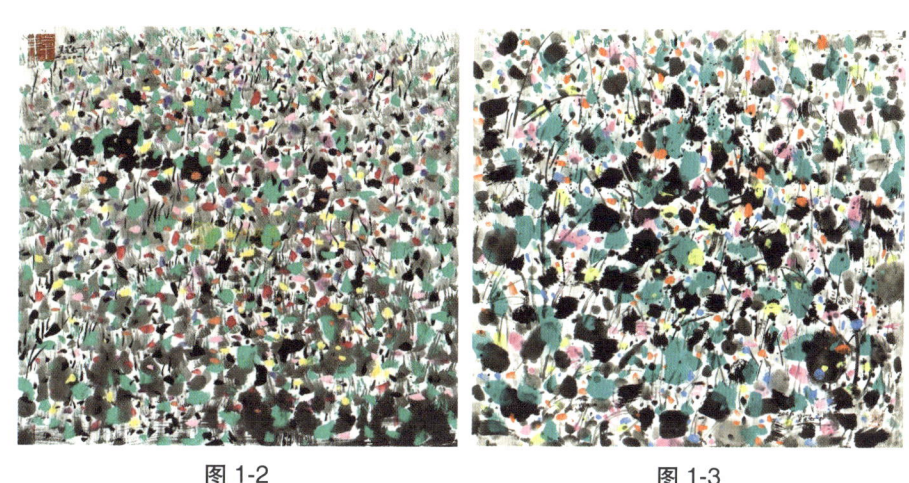

图1-2　　　　　　　　　图1-3

小结：春天里，在一片绿油油的草地上，盛开着五颜六色的花儿。花儿草儿你挨着我，我挨着你，热热闹闹真开心。一阵春风吹过，花儿草儿跳起欢快的舞蹈，轻轻地告诉人们，春天是多么美！

3. 探索用手指点画表现花草地的方法

(1) 播放背景音乐，引导幼儿多通道感受。

师：你听，它们在干什么？让你的手指变成小花小草跟着音乐来一起跳舞吧！

(2) 师幼共同探索点画的方法。

师：小花小草也想穿上漂亮的衣服跳到纸上变成一幅美丽的花草地，谁想来试试？（邀请个别幼儿示范，引导幼儿感受用指尖、指腹、侧指点画所表现出的不同效果）

4. 自由创作表现花草地

幼儿自由创作，教师巡回指导。

指导要点：

- 鼓励幼儿用手指蘸颜料大胆表现小花小草，教师给予个别幼儿以指导。
- 提醒幼儿换色时用抹布把手指擦干净，尽量不混色，培养幼儿良好的绘画习惯。

5. 展示、欣赏作品

(1) 将幼儿的作品放在一起展览，形成一幅大作品，带给幼儿视觉的震撼。

(2) 引导幼儿欣赏、讨论：你们喜欢这一大片花草地吗？给你们带来了什么感受？

(3) 请幼儿跟着音乐《蝴蝶找花》在作品前自由舞蹈，帮助幼儿再次体验视觉艺术活动带来的快乐。

专家评析

春天美丽的花草地是大自然馈赠给孩子们最好的礼物，带领孩子亲近自然、发现和感受自然界中的美是幼儿园美术教育重要的内容之一。本次活动中，感受欣赏部分从孩子们对花草地的经验分享切入，带领幼儿回忆对花草地的直觉感受以及在花草地上游戏的快乐情绪，为整个活动奠定了游戏的氛围；接下来，引导幼儿从对摄影作品的欣赏过渡到对大师同主题作品的欣赏，由具象到抽象的转换，既让幼儿感受到画面的亲切真实，又让幼儿对表现花朵的绘画符号有了更直接的发现，审美经验得到了进一步的提升和丰富。

表现花草地的形式多种多样，本活动选择了用手指点彩这个幼儿最本能的绘画方式，符合小班幼儿的年龄特点，也是绘画与游戏相结合的很好形式。教师引导幼儿探索用手指不同部位点画的方法表现远近不同、大小不同的花朵，既给了幼儿表达自己的发现的机会，又为花草地的创作提供了无限的可能，让每个幼儿都有可能获得自主创作的成功。

除了用手指点画之外，教师也可以引导幼儿用水粉笔在高丽纸上点画小花小草，待干后在反面刷墨，形成特殊的画面效果。区域活动时间，教师可在美工区的涂鸦墙上刷上绿色的背景，供幼儿点画小花小草。

2. 虞美人花儿开了

设计教师：夏涓　评析专家：余晖

幼儿园：江苏省南京市实验幼儿园

设计意图

春天，千姿百态的花儿开放了。由于小班幼儿年龄小，技能相对欠缺，他们很难通过绘画来表现花朵的绚丽多姿。为了让小班幼儿也能获得绘画的成功感，特地设计了用湿画法来表现虞美人花朵的活动。

本活动通过对摄影作品和大师绘画作品的欣赏，引导幼儿在打湿的画纸上运用水粉笔进行点画来表现虞美人的花朵，并添画茎和叶子。尤其是在探索环节出示打湿过的纸，让幼儿通过触觉探索发现,再请个别幼儿尝试用点画的方法绘画花朵,降低了绘画难度,帮助幼儿获得成功的体验。

活动目标

(1) 欣赏盛开的虞美人花,感受花朵颜色的鲜艳。
(2) 学习用点画的方法表现花朵,感受湿画法产生的特殊变化。
(3) 喜欢用水粉笔作画,体验成功感。

活动准备

(1) 经验准备:幼儿已认识一些春天的花朵,有使用水粉笔作画的经验。
(2) 材料准备:虞美人图片3幅,法国画家埃米尔·诺尔德的虞美人作品1幅,湿画纸人手1份置于托盘,红、黄、绿水粉颜料,大号、中号水粉笔,棉签,抹布,肖邦的《小狗圆舞曲》,投影仪。

活动过程

1. 谈话导入,激起兴趣

师:春天来了,许多花儿都开了,你喜欢什么花呢?

2. 欣赏虞美人,感受其颜色、外形独特的美

(1) 出示图2-1,引导幼儿远观虞美人,感受大片花丛带来的视觉震撼。(引导幼儿整体感知虞美人)

师:看这片花园,你感觉怎样?美吗?

(2) 出示图2-2,引导幼儿近观虞美人,感受花朵的造型细节。

师:你能发现这花儿有什么特别的地方吗?花瓣是什么样的?花茎呢?(引导幼儿细致观察,感受虞美人花朵形态的美感和花茎的细细长长)

(3) 出示图2-3,引导幼儿感受一簇花的颜色、疏密、高低的变化。

师:这簇花儿是怎么排队的?(重点引导幼儿关注画面构图,感受一簇花丛的组合美:有的高、有的矮,有的近、有的远)

图 2-1

图 2-2

图 2-3

3. 欣赏埃米尔·诺尔德的作品，感受用湿画法表现的花朵

（1）出示图2-4，引导幼儿欣赏作品，简单介绍画家埃米尔。

师：有个画家叫埃米尔·诺尔德，他也很喜欢虞美人，还把它们画下来了呢！这幅画里的花儿美吗？有哪些颜色？最多的是什么颜色？（从欣赏虞美人到欣赏大师作品，提升幼儿的审美经验）

（2）介绍并示范湿画法，共同探索绘画方法。

师：在打湿的画纸上怎么画花朵呢？谁来试一试？（邀请个别幼儿示范，教师借助实物投影仪可以让其他幼儿很清晰地观察到点画瞬间的变化。在幼儿点画的同时，教师可以用"哇！花开了"来增加绘画的情趣，同时引导幼儿注意观察水粉笔画上去后发生的变化）

图 2-4

小结：在打湿的画纸上蘸上颜色，停留一会儿，一朵花就成功了。停留的时间久一点，花朵就大一些；停留的时间短一点，花朵就小一些。然后，换一种颜色点上花芯，最后再画上绿色的花茎，虞美人花园就画好了！

4. 自由创作虞美人

在幼儿自由绘画过程中，提醒幼儿用大号水粉笔点画出花朵，用棉签画花茎和叶子。

提出绘画要求：用完水粉笔后还要把它们放回相同颜色的美劳杯里。

5. 作品展览与欣赏

把幼儿的作品展示在活动室的墙面上（见图2-5），引导幼儿相互欣赏与交流。

图 2-5

专家评析

虞美人鲜艳的色彩、美丽的姿态,特别容易打动人,也深受幼儿喜欢。本活动通过观察一片虞美人、一株虞美人和一丛虞美人的照片,引导幼儿充分地感受其花朵的色彩、形状特点,以及一丛花有的大、有的小,有的高、有的低的造型特征,为幼儿作画时进行合理布局提供了借鉴。由于小班幼儿的绘画表达能力还不够,他们很难通过普通的绘画形式来表现花朵的绚丽多姿,而湿画法的运用使画面的视觉冲击力增强,为幼儿成功作画提供了极大的可能。

在幼儿探索作画方法的环节,教师注意引导幼儿用水粉笔"点"的技能,以及引导幼儿发现小点点越来越大的晕染变化过程;在幼儿创作过程中,引导幼儿探索怎样"点"能让花朵变大,发现"停留的时间短一点"会晕染出小小的虞美人,而"停留的时间久一点"会晕染出大大的虞美人。为了给幼儿充分的时间进行探索和创作,在欣赏环节教师应注意控制时间,不要太过于追求面面俱到。

本活动适合分组教学,这样易于教师观察和进行个别指导。提供的画纸宜为正方形,较有装饰感。此外,在活动前要充分让画纸浸湿,但也不宜水分太多,同时可准备喷壶,以免画纸太干。

3. 汉堡包

设计教师:王晓玲 评析专家:陈学群

幼儿园:江苏省南京市第二幼儿园

设计意图

孩子们对吃是很感兴趣的,特别是对自己动手做出来的食物,会感到无比的美味。因此,别看幼儿园的孩子年龄小,可是他们自己动手参与"制作美食"的兴趣一点也不小。此外,几乎每个孩子都有吃汉堡包的经历。本活动通过让幼儿发挥想象力利用各种颜料制作汉堡包,提高幼儿参与美术活动的兴趣和手工制作能力。当幼儿像盖房子一样一层一层地把红色的西红柿(红色颜料)、黄色的芝士(黄色颜料)、绿色的蔬菜(绿色颜料)叠起来时,他们也在欣赏着生活中的美。

活动目标

(1)了解汉堡包的基本结构,欣赏汉堡包层层累加食物的色彩美。

(2)能根据自己的喜好选择不同的颜料,尝试用一层一层叠加的方式挤颜料制作汉堡包。

(3) 喜欢玩色，和教师一起收拾作画工具。

活动准备

色拉瓶，水粉颜料，瓦楞纸，黑色卡纸，汉堡包图片。

活动过程

1. 谈话导入，唤醒经验

师：大家有没有吃过汉堡包？汉堡包好吃吗？汉堡包是什么样子的？（重点引导幼儿回忆吃汉堡包的味觉感受，激发幼儿制作汉堡包的兴趣）

2. 观察图片（见图3-1），了解汉堡包的色彩和结构

师：这是什么？汉堡包里有些什么好吃的？这些食物是什么颜色的？我们一起来从下往上说一说汉堡包里有哪些颜色呢？（幼儿在回答各种食材的时候，教师运用追问引导幼儿对食材的色彩进行感知）

师：这些好吃的红红的西红柿、黄黄的芝士、绿绿的生菜是怎么放的呢？（带领幼儿从下往上一层一层地分析，引导幼儿感知食材的层层叠叠）

师：今天我们来给自己做个汉堡包，好不好？

3. 介绍作画工具，教师范画

师：在做汉堡包之前，我们要在最下面铺上一块小面包。（引导幼儿确定汉堡包在画面中的位置）

图 3-1

师：这是什么瓶子？（"颜料瓶"）它里面装着什么？（"颜料"）

师：红色的颜料让你想到什么好吃的食物？它们可以夹到汉堡包里面吗？（教师一边范画，一边用有趣的语言对操作进行想象描述，比如，我要在汉堡包里夹上西红柿，我把红颜料挤呀挤出来，红红的西红柿夹好啦）

师：汉堡包里还有什么好吃的？

4. 幼儿操作，教师指导

师：请你来选择自己喜欢的颜色，做一个属于自己的独特的汉堡包吧！（鼓励幼儿在操作的同时大胆发挥想象，并用简单的语言进行表达）

5. 欣赏、介绍作品

师：谁愿意和大家说一说，你的汉堡包里都有哪些好吃的食物？它们都是什么颜色的呢？（见图3-2）

师：虽然汉堡包很好吃，但是我们每一个小朋友都不能经常吃汉堡包，因为它含的热量很高，吃太多了会变胖，均衡营养很重要哦！（引导幼儿养成健康的饮食习惯）

图 3-2

专家评析

生活中有很多美的事物需要我们用眼睛去发现，引领幼儿欣赏生活中的美是幼儿园美术教育的重要内容。汉堡包是幼儿熟悉的一种食物，它所包含的食材如面包、生菜、西红柿、肉片、色拉等色彩丰富，有代表性，符合小班幼儿的认知特点。此外，汉堡包在造型上的层层叠叠也是一个非常有趣味的点。教师选择这一表征物体，表现出了对生活中美的事物的态度和热爱，这种喜爱会感染每一个幼儿。几乎每个幼儿都对"吃"充满着兴趣，教师以让幼儿为自己制作汉堡包为游戏点，贯穿始终。幼儿在期盼中发挥着想象力，边玩边克服困难，当做出汉堡包时，他们是多么快乐和欣慰啊！

在这个活动中，使用多种材料和工具进行粘贴以及按顺序层层叠叠挤颜料等，对幼儿来说都是具有挑战性的内容，尤其是在边挤颜料瓶边移动位置时，幼儿可能会需要一些帮助。因此，建议这个活动用分组的形式进行，以便于教师指导。此外，刚挤出的颜料是湿的，容易粘在汉堡包的面包上，教师可以让幼儿先把汉堡包上下两层贴好，再逐层挤上颜料，等颜料完全干了，再添画上芝麻小点。

4. 超级大糖果

设计教师：夏涓　评析专家：陈学群
幼儿园：江苏省南京市实验幼儿园

设计意图

幼儿喜欢的东西各不相同，唯有一样东西对每个幼儿来说都具有非常大的吸引力，那就是色彩绚丽、形态各异、香香甜甜的糖果。小班幼儿对于色彩的感知比较敏感，能辨别几种不同的基本颜色，并喜欢用色彩表现熟悉的事物。糖果的色彩丰富，以糖果为主题来开展活动，既贴近幼儿的实际生活，又能充分激发幼儿参与活动的兴趣。在之前的学习生活中，幼儿对红、黄、绿三种颜色已有初步的了解，有一定的经验基础。本活动主要是让幼儿对这三种基本颜色有更进一步的认识，并能大胆地选择自己喜欢的颜色进行涂色活动。

活动目标

(1) 尝试用报纸包裹废旧纸盒，包出大糖果。
(2) 学习使用水粉笔，能大胆使用颜料在大糖果上涂色装饰。
(3) 初步养成良好的操作习惯，体验制作大糖果的乐趣。

活动准备

(1) 经验准备：幼儿在区域活动中用小糖纸包过糖果。
(2) 材料准备：糖果实物若干，糖果图片PPT，背景音乐；幼儿收集的做糖果用的薯片罐、易拉罐等；废报纸、颜料、水粉笔、护衣、抹布等。

活动过程

1. 用魔术盒变出"糖果宝宝"，引起幼儿对糖果的兴趣

师：小糖果们想要有个"糖果爸爸"，这个"糖果爸爸"比别的糖果都要大。我们一起来做超级大的"糖果爸爸"吧！

2. 欣赏各种各样的糖果图片，提升审美经验

播放糖果图片PPT，引导幼儿欣赏外形各异的糖果以及糖纸上的漂亮图案。

师：这里有许多糖果，你们喜欢吗？糖果长得什么样？（"圆圆的，长长的，有糖纸包着"）糖纸是怎样包的呢？（教师和孩子一起做"拧"的动作）

师：看看糖果有哪些颜色？糖果上有哪些图案？（"有点点图案、条纹图案，还有花和小动物等"）

3. 出示装饰材料，探索制作"糖果爸爸"的方法

(1) 介绍报纸、薯片罐等，引起幼儿包裹糖果的兴趣。
(2) 启发幼儿探索将"糖果"（罐子）包入"糖纸"（报纸）时，握紧中间、两头拧紧的方法。
(3) 请个别幼儿示范操作，教师讲解包装的要点。

小结：包糖果时要包紧，两头要拧好。

(4) 出示颜料，引导幼儿用水粉颜料涂色装饰。

师："糖果爸爸"还要穿上漂亮的衣服呢！让我们给他画上吧！谁来试一试？

4. 幼儿制作、装饰"糖果爸爸"，教师指导

(1) 幼儿尝试自己把"糖果"严严实实地包起来。

（2）幼儿大胆地在自己做的"糖果爸爸"的衣服上涂抹颜料。

涂色时，教师要注意指导幼儿使用水粉笔的正确方法（顺着毛笔的方向涂色），注意幼儿良好作画习惯的培养。

5.展示作品，欣赏各种各样的"糖果爸爸"

（1）将幼儿制作好的"糖果爸爸"放在阴凉通风处晾干。

（2）将晾干的"糖果爸爸"用鱼线一个一个地穿起来，悬挂在活动室内（见图4-1、图4-2），供幼儿相互欣赏，简单评价。

图 4-1

图 4-2

专家评析

在幼儿园小班美术活动中，教师要鼓励幼儿大胆表现，为幼儿以后的自由表达和创造奠定良好的基础。本活动中，教师很好地做到了这一点。除此之外，这个活动还有以下三个优点：第一，从材料的选择上看，小班幼儿的小肌肉运动能力还在发展中，包裹大糖果更适合他们。第二，从活动组织和作品呈现上看，做"糖果爸爸"仿佛把幼儿带入童话世界，而最后呈现的给人视觉震撼力的大糖果更让幼儿感到无比自豪。第三，从促进幼儿能力发展上看，双手的协调配合锻炼了幼儿的小肌肉，给"糖果爸爸"穿衣让幼儿体会到玩色和使用各种绘画工具的快乐，同时也促进了幼儿动作能力的发展。

这个活动，对幼儿还是有一定挑战性的。比如，包裹糖果的过程对于小班幼儿来说有难度，因而教师应给予他们自主探索的机会与时间，引导他们克服困难，提升能力。在幼儿操作时，教师可以参与进来，提高幼儿创作的积极性，同时给予幼儿创作的灵感与启示。有了"糖果爸爸"后，教师还可以组织幼儿玩"糖果店"游戏，装饰糖果、摆放糖果盒等；也可以在"糖果爸爸"晾干后，在美工区提供彩色皱纸、即时贴、毛茛、亮片、羽毛等，引导幼儿继续粘贴装饰。

5. 红包娃娃

设计教师：夏涓　评析专家：陈学群
幼儿园：江苏省南京市实验幼儿园

设计意图

过年期间，小朋友们都会收到长辈们送的装有压岁钱的红包，但往往过完年后就把红包丢弃了，很是可惜。开学初，趁着浓浓的年味儿还未散尽，我们决定利用红包开展一节教学活动，引导幼儿利用红包制作可爱的红包娃娃，既能变废为宝，又能装饰打扮还在新年里的活动室，真是一件妙事！

活动目标

(1) 尝试用撕的纸片和红包进行组合拼贴，表现红包娃娃的人物形象。
(2) 大胆添画人物的眼睛、嘴巴等五官，体验制作红包娃娃的乐趣。
(3) 初步了解红包的意义，感受新学期跟同伴互相交流的快乐。

活动准备

(1) 经验准备：幼儿已认识红包，初步了解红包传递的祝福之意。
(2) 材料准备：红包娃娃的范例，《喜洋洋》的背景音乐，幼儿自选1个喜欢的红包带来幼儿园，彩纸，胶棒，油画棒，毛莨。

活动过程

1. 以红包娃娃来做客导入活动

(1) 引导幼儿回忆、交流对于红包的已有经验。

师：小朋友们过年的时候有没有收到过红包？谁给你的？为什么过年爷爷奶奶（爸爸妈妈）会给你红包？（幼儿自由交流）

小结：过年时家人送红包给小朋友是祝福小朋友又长大了一岁，代表了家人对小朋友的爱。

(2) 引导幼儿相互欣赏自己手中红包上的图案。

师：你们的红包都是一个样子的吗？上面有什么图案？和你旁边的小朋友一起看一看、说一说。

(3) 操作红包娃娃，与幼儿打招呼。

师：今天红包娃娃来我们班做客，他说："新的学期又开始啦，祝宝宝们每天都快乐！越来越能干！"（拟人化的情境导入，激发小班幼儿制作的兴趣）

2. 探索交流制作红包娃娃的方法

(1) 观察红包娃娃的外形，鼓励幼儿说说红包娃娃是怎样制作的。

师：红包娃娃长的什么样子？红包是他的什么？（"身体"）红包娃娃的头、手臂、腿是怎样做的？

(2) 引导个别幼儿撕出各种形状的纸，并选择合适的纸片粘贴在红包的相应部位上，制作成红包娃娃。

3. 幼儿制作，教师巡回指导

(1) 鼓励幼儿大胆撕纸，选择适合的纸片做娃娃的头、手臂、腿。

(2) 引导幼儿添画娃娃的五官。

师：让我们再来给红包娃娃添上眼睛、鼻子、嘴巴吧！

(3) 配班老师帮助幼儿将毛茛拴在娃娃的头上，这样幼儿就可以拎着红包娃娃了（见图5-1）。

4. 红包娃娃送祝福

(1) 请幼儿拎着红包娃娃向同伴说一句祝福的话。

(2) 请幼儿将自己的红包娃娃挂在班级的许愿树上（见图5-2）。

图 5-1

图 5-2

专家评析

这个活动很适合放在过完年后的新学期进行，很有新年气氛，体现了中国民俗的特点。在快乐的撕纸游戏中，选择合适的纸片在红包上进行粘贴、添画，对于小班幼儿来说没有太大的技术难度,很容易获得成功感。

教学过程中教师并没有直接指向于制作方法和制作过程,而是首先鼓励幼儿对红包进行观察和表达,感受家人的祝福和民俗文化的特点,体现了教育的综合性和整合性特点;在学习制作方法时,先是鼓励幼儿亲自撕纸并选择娃娃的头和四肢,再介绍粘贴的方法,体现了让幼儿通过尝试和借助已有经验逐渐建构新经验的教学思想;在作品展出中,教师让幼儿带着自己的红包娃娃给同伴送祝福和挂在许愿树上,体现了渗透社会交往能力发展以及营造审美环境的实践行动,值得我们学习和借鉴。

在幼儿撕纸的过程中,教师不要刻意地让幼儿一定撕出圆圆的头,这对于小班的幼儿来说有点儿难。其实方的或不规则的纸片都可以做娃娃的头,这样做的红包娃娃才会生动,才能体现幼儿的真实水平。红包娃娃展出后,教师还可以在美工区提供彩色纸,继续鼓励幼儿大胆撕贴小人,并引导能力强的幼儿给小人的衣服添画花纹,让幼儿把红包娃娃的经验拓展到其他人物的粘贴和绘画中来。

6. 有趣的领带

设计教师:居君 评析专家:陈学群

幼儿园:江苏省南京市第三幼儿园

设计意图

生活中条纹的运用非常广泛,比如男士戴的领带上的图案大多以条纹为主。而小班幼儿开始能画出长长短短的线条,因此让他们为爸爸的领带画上条纹送给爸爸或者装扮在自己或小动物身上,贴近生活,也非常有趣味。此外,《幼儿园教育指导纲要(试行)》(简称《纲要》)艺术领域目标中明确规定:"能初步感受并喜爱环境、生活和艺术中的美。"结合《纲要》要求,特地设计了此活动。

活动目标

(1)欣赏爸爸的条纹领带,感受条纹色彩和排列方式的不同。

(2)尝试用水粉笔或棉签间隔画出条纹装饰领带。

(3)喜欢生活中的条纹,喜欢自己制作的领带。

活动准备

(1)经验准备:幼儿有使用水粉笔绘画的经验。

(2)材料准备:多媒体课件,领带操作底图,3组不同色系的颜料,水粉笔若干,小动物头像12个,音乐。

活动过程

1. 情境导入,初步感受条纹创意的美

师:森林里开了一家领带商店,我们去给爸爸选一条领带吧。(引起幼儿对领带图案的关注与兴趣,从而自然而然地引出"条纹领带"这一主题)

2. 欣赏多媒体课件,感受条纹的不同搭配组合方式

(1)出示横纹、竖纹和斜纹领带图片(见图6-1、图6-2、图6-3),引导幼儿整体感知、发现条纹领带的创意美。

图6-1　　　图6-2　　　图6-3

提问:这些领带中,你最喜欢哪条领带?你为什么喜欢这条领带?(引导幼儿观察发现领带的条纹颜色以及条纹不同的排列方式)

(2)小结:这些新款领带都是条纹图案的,但是有的是竖条纹,有的是横条纹,有的是斜条纹。颜色也都不同,但都是一一间隔排列的。

3. 探索使用水粉笔绘画领带的方法

(1)引导幼儿大胆设计、交流自己的构想。

提问:如果你是设计师,你打算怎么来设计自己的领带?以怎样的方式?(引导幼儿讲讲自己想要设计的领带是什么样的,用的是什么条纹、什么材料)

(2)教师介绍绘画材料、工具的使用方法。

(3)个别幼儿尝试操作,教师总结绘画方法。

小结:用水粉笔蘸上你喜欢的颜色,画出横条纹、竖条纹或者斜条纹,画好一条后空一些再画一条,这样条纹领带就做好了。

4. 幼儿自由创作，教师巡回指导

鼓励幼儿尝试用不同方向的排列组合方法（横条、竖条、斜条）和颜色（间隔）设计领带的条纹。

注意：提醒幼儿使用水粉笔绘画时，注意保持画面整洁；提醒幼儿使用粗细不同、排列方式不同的条纹；提醒使用排笔的幼儿将每一条条纹画完，避免出现画一半的情况。

5. 欣赏、交流作品，再次感受条纹创意的美

(1) 请幼儿将自己设计并绘画的领带给自己戴上，或者给小动物们戴上（见图6-4）。

(2) 幼儿结伴交流自己设计的领带。

活动延伸

(1) 把幼儿设计的领带放在娃娃家，请幼儿扮演爸爸角色的时候戴上。

(2) 请幼儿把领带带回家作为礼物送给爸爸，并说一句问候的话语。

图 6-4

专家评析

这个活动有三个方面值得我们回味，一是让爸爸走进了幼儿的心田。因为领带，爸爸出现在幼儿的视野里。幼儿在教师的引领下绘画领带的过程，也是在表达对爸爸的爱的过程。二是让线条练习生动起来。幼儿在设计绘画线条时，既享受着玩线条的快乐，又享受着玩色彩的快乐。三是让作品成为游戏的一部分。这些领带制作好后就是一件有意义的物品了，幼儿既可以在游戏中感受当爸爸的乐趣，又可以送给亲爱的爸爸作为礼物，还可以粘贴在动物头像下面。这样的绘画方式，会让幼儿觉得绘画是一件好玩的事情。

为了让活动取得更好的效果，提出以下建议：

(1) 领带的底纸可以是不同颜色的，以体现领带的多样性。

(2) 提供3～4种颜料即可，最好是一支笔配一种颜色，这样幼儿拿到笔无须更换颜色或清洗就可以绘画，养成习惯后就可以迁移到其他使用颜料的活动中。当然，也可以把笔换成棉签。

(3) 在美工区增加其他半成品，如手套、围巾等，鼓励幼儿使用条纹进行装饰。

7. 枝枝丫丫的树

设计教师：秦红　评析专家：余晖

幼儿园：江苏省南京市梅花山庄幼儿园

设计意图

小班幼儿手部肌肉的控制能力较弱，因此绘画内容要简单，并且应多以重复的图案为主，帮助幼儿逐步培养对图形的表现能力。树是幼儿生活中常见的事物，小班幼儿对它们很熟悉。而水粉的造型能力较强，非常适合表现树枝的造型，可以让小班幼儿的创作过程更轻松，作品更具形象性和艺术性。

活动目标

(1) 在观察、欣赏图片的基础上，感受不同姿态树木（树枝）的造型美。

(2) 尝试用长长短短、弯弯曲曲的线条表现树枝和树杈。

(3) 能主动选择自己喜欢的颜色，体验玩色活动的快乐。

活动准备

(1) 经验准备：幼儿已观察过周围环境中的各种树木，重点欣赏过树枝的多种造型变化。

(2) 材料准备：PPT（多种形态的树），水粉颜料（每组3～4种色彩协调的颜料），水粉笔；画纸60厘米×80厘米，幼儿两人1张，并请大班幼儿事先在画纸上画出树干的造型。

活动过程

1. 回忆生活中的树

师：我们的幼儿园有许多美丽的大树，它们是什么样子的？（引导幼儿根据生活经验描述对大树的印象）

2. 欣赏各种不同姿态的树

(1) 播放PPT图7-1，欣赏树枝的造型美。

师：我们来看看这棵大树，大树的树干上面有什么？（"树枝"）这棵大树的树枝是什么样的？像什么？树枝是往哪里生长的？（重点引导幼儿观

图7-1

察树干、树枝的生长变化,发现树枝长在树干上,有的树枝粗,有的树枝细,并引导幼儿用手臂模拟树枝的生长方向)

(2) 播放PPT图7-2、图7-3,欣赏树枝曲直的造型特点。

师:这两棵树的树枝分别是什么样子的?看起来像什么?("直直的树枝像面条","弯弯的树枝像妈妈的头发")

师:请小朋友们想象自己就是一颗树,手臂和手指就是树枝,自由地用身体动作模拟树枝的生长方向或树枝的曲曲直直。(引导幼儿通过手臂书空练习,感受枝条不同的生长形式和生长方向)

(3) 再次播放PPT图片,师生共同小结树枝的多种造型。

小结:大树有粗粗的树干,树干上有许多树枝,有的直直的,有的弯弯的,有的长长的,有的短短的,它们都连接在一起生长。

图7-2

图7-3

图7-4

图7-5

3. 尝试运用水粉笔表现不同形态的树枝

(1) 师生共同探索,请个别幼儿示范。

师:今天我们要用水粉和颜料来给大树添上许多的树枝。(教师出示画有树干的画纸,请一名幼儿在老师的鼓励下进行局部示范,主要是树枝如何分叉,其他幼儿书空模拟表现树枝)

(2) 幼儿尝试表现茂密的枝丫,教师指导(见图7-4)。

重点引导幼儿大胆表现出不同生长方向、不同曲直的树枝,表现茂密的树杈。

4. 欣赏作品

把幼儿的作品展示在墙面上(见图7-5),引导幼儿相互欣赏与交流。

师:你是怎么画出许多许多的树枝的?弯弯的树枝是怎么画出来的?

专家评析

"树"作为美术活动的自然类题材,有很多的切入点,本活动将欣赏和表现枝条的形态作为核心目标,用长长短短、弯弯直直的线条来表现树枝的主要特征,非常适合小班幼儿。

从欣赏的角度看,没有树叶的树枝看似枯燥无趣,其实却具有无穷的可变性和形态的审美性,枝条的随意性与幼儿的游戏精神相符相合,充满想象空间;从创造表现的难度与空间看,尽管枝条随意可变,却不外长线、短线和弯线。活动过程中,教师引导幼儿在欣赏枝条的形态时用手臂和手指模拟枝条生长的方式与方向,这种身体动作的参与既可以提高幼儿参与欣赏活动的兴趣,又能加深幼儿对不同形态枝条的印象。探索环节师生适当的局部示范非常重要,示范的重点在于如何将树枝画得长一些,如何画出分杈的树枝。教师还要注意在幼儿创作的过程中鼓励幼儿大胆地使用水粉笔尽量画出较长的线条,使线条与线条连接起来,让幼儿充分感受水粉绘画的乐趣。

此外,教师还要注意在准备作画材料时,有背景的画纸和提供的颜料色彩应当和谐;画纸上的树干应当根据小班幼儿手臂的长度控制好高度,以方便幼儿画出各种各样的长长短短、弯弯直直、粗粗细细的树枝,使幼儿的创作获得更好的视觉效果!

8. 颜色宝宝滑滑梯

设计教师:赵茜 评析专家:陈学群
幼儿园:江苏省南京市第二幼儿园

设计意图

滑滑梯是每个幼儿都喜欢的游戏,如果让颜料也玩滑滑梯,幼儿是否也一样喜欢呢?小班幼儿正处于认识各种颜色的时期,让他们在玩中感知各种色彩,去体验各种色彩的自然融合,在不断流淌的痕迹中寻找自然的影子,创造色彩与线条之美,创造树林与落叶之境,他们一定会非常喜欢。

活动目标

(1)能大胆滴颜料,并让颜料宝宝在纸上滑来滑去。

(2)在滴色流淌的过程中,感知各种颜色,体验色彩的融合产生的画面变化。

(3)愿意参加玩色活动,体验玩色的乐趣。

活动准备

幼儿玩滑滑梯的图片，红、黄、蓝、绿、紫色等水粉颜料（瓶装），16开铅画纸，抹布，树叶印花（用压花器事先压好备用），电视机，视频展示仪。

活动过程

1. 儿歌导入，引出课题

出示幼儿玩滑滑梯的图片，带领幼儿一起念儿歌："滑滑梯，滑滑梯，你先我后别着急，一个一个排好队，上去好像爬高山，'咻溜'一下滑下来。"

师：滑滑梯好玩吗？要从哪里滑到哪里？（鼓励幼儿用动作表现从上往下滑滑梯的样子）

师：颜色宝宝也想玩滑滑梯呢。瞧！这是什么颜色？（出示瓶装水粉颜料，见图8-1，带领幼儿复习红、黄、蓝、绿、紫五种颜色）

图 8-1

师：颜色宝宝怎么玩滑滑梯呢？（鼓励幼儿自由猜测）

2. 师幼共同探索让颜色宝宝玩滑滑梯的方法

（1）教师滴色示范，引导幼儿观察颜色宝宝如何玩滑滑梯。

①教师边念儿歌边示范滴色，当儿歌念到"上去好像爬高山"时，瓶子点在纸中央，提问：颜色宝宝站得高吗？（让幼儿了解颜色宝宝站得越高，滑得越开心）

②教师示范将纸倾斜，让颜色流淌下去。

师：颜色宝宝滑下去了！

③讨论：颜色宝宝站在哪儿？怎么滑的？（鼓励幼儿大胆表达）

（2）请幼儿示范，鼓励幼儿大胆滴色。

请一名幼儿上来滴色，重点指导其将颜料滴洒在纸的中间。鼓励幼儿试着滴洒两种颜料，并请幼儿尝试让颜料滑来滑去。如有颜色融合，则引导幼儿观察颜色宝宝滑滑梯后两种颜色混合后的变化。

3. 尝试让颜色宝宝玩滑滑梯

（1）幼儿滴色，并让颜色流淌。

注意：提醒幼儿颜色宝宝喜欢站得高、滑得远；引导幼儿感知画面的变化并能大胆地运用语言表述，比如颜色宝宝玩的滑滑梯像什么。

(2) 添画。

①出示树叶印花,对幼儿说:秋天到了,树叶宝宝看到颜色宝宝玩的滑滑梯这么有趣,它也要来做游戏。你们看,它也是从上面慢慢地落下来呢!(引导幼儿在画面的空白处或"滑梯上"从上至下粘贴树叶印花)

②请幼儿用树叶印花进行粘贴。

幼儿操作环节,鼓励幼儿大胆尝试很重要,要让幼儿有逐渐熟悉材料的过程。在颜料流淌出一些痕迹后,通过增加小树叶激发幼儿再次操作的兴趣。

4. 展出作品,交流快乐

重点让幼儿分享绘画过程中的快乐,让幼儿自由表达和自由想象颜色的线条美。

师:今天你们做了什么?开心吗?让我们来看看你们的颜料宝宝滑出什么了?(出示幼儿作品,见图8-2—图8-5)

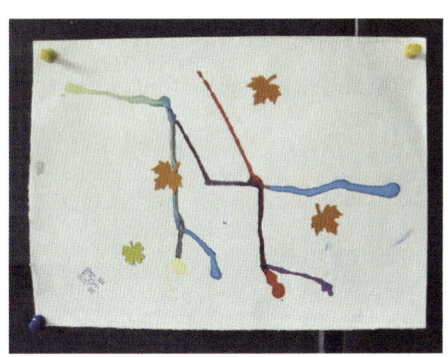

图 8-2

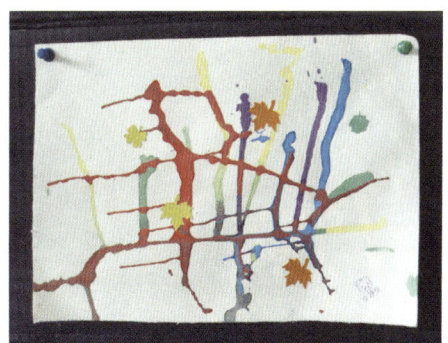

图 8-3

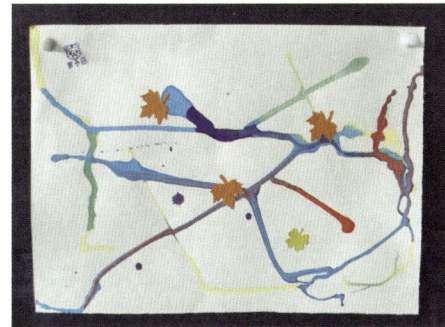

图 8-4

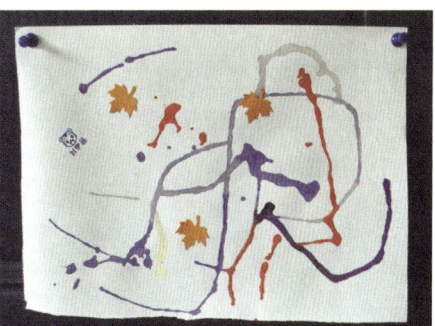

图 8-5

专家评析

这个活动也是小班幼儿玩色系列活动之一，活动内容同样是对色彩的探索和滴洒，所不同的是幼儿需要主动让颜料在纸上进行移动。这个活动对幼儿的发展价值体现在以下三个方面：一是让幼儿享受玩中学的快乐，让幼儿带着玩滑滑梯的快乐体验来玩颜色；二是富有挑战性，挤滴颜料、移动纸张都需要幼儿的手部精细动作控制，这个活动让幼儿在玩中锻炼了动手能力；三是让幼儿感受了美，教师选择的颜料以及颜料流淌后产生的线条美，都让幼儿在美术操作过程中受到美的熏陶。

为了让活动更好地开展，教师还需要注意以下几点：

（1）准备的颜料浓度要适宜，因为太浓不宜流淌，太稀则容易泼洒。教师可以适量增加一些胶水，以增加黏稠度。

（2）因需要材料较多，幼儿操作中需要教师的个别指导，所以最好安排幼儿分组创作。

（3）指导幼儿应在颜料没有干的时候就贴上小树叶。当然不仅是小树叶，教师可以用压花机压出更多的图案，以激发幼儿的兴趣，不过颜色要尽量与所提供的几种颜料相同或接近。

9. 波洛克的画

设计教师：居君　评析专家：余晖

幼儿园：江苏省南京市第三幼儿园

设计意图

考虑到小班幼儿启蒙绘画的需要，同时为了鼓励幼儿大胆、张扬的作画方式，培养幼儿初步的审美能力，我们选择了波洛克风格的作品让幼儿欣赏和进行创作。活动通过提供原始的自然材料以及生活中的废旧物品、玩具，营造一种亲近大自然的状态，让幼儿更能大胆自信地创作，让幼儿的创作更加丰富和多样。

活动目标

（1）初步欣赏画家波洛克的抽象画，感受画面丰富的表现方法和想象力。

（2）尝试运用多种媒材大胆滴、洒、滚、印等，创作自己想象的抽象作品。

（3）体验各种媒材的表现特征和创作的愉悦感。

活动准备

（1）经验准备：幼儿有在大纸上印画的经验。

（2）材料准备：4幅杰克逊·波洛克的画，全开铅画纸1张，音乐《森林狂想曲》；大大小小有洞的瓶、玩具洒水壶、漏斗勺、玩具汽车、小皮球、胶带卷、干树枝、报纸团、塑料玩具等数量为幼儿人数两倍的美术工具；红、黄、蓝、绿、紫水粉颜料；大长画布（纸）若干张，抹布若干；杰克逊·波洛克创作中的图片1幅。

活动过程

1. 欣赏杰克逊·波洛克的作品，观察画面的线条、色彩

师：美国有一位大画家，叫杰克逊·波洛克。他画了许多特别的画，我们来看看。（通过逐幅欣赏，帮助幼儿不断积累欣赏经验，了解画家创作的风格）

（1）出示图9-1，提问：画面中是什么样的线条？（"螺旋线条、乱乱的线条"）像什么？（"像鱼网"）你喜欢吗？为什么？

（2）出示图9-2，提问：这幅画有什么颜色？（"红色、黄色、黑色、绿色"）

（3）出示图9-3，提问：看看这幅画除了有线条还有什么？（"大大小小的色块"）

（4）出示图9-4，提问：这幅画有线条，有色块，还有什么？（"大大小小的点"）

图 9-1

图 9-2

图 9-3

图 9-4

小结：这些画颜色丰富，有各种流淌的线条和色块，看上去像各种奇妙的东西，我们把这种画叫做抽象画。

2. 大胆猜测并体验波洛克独特的作画方式

(1) 问题讨论：画家是怎样画出来的呢？用的什么工具？怎么画的呢？（出示图9-5，展示画家创作时的照片，引导幼儿观察发现画家的创作工具）

图9-5

师：你们看，这就是画家杰克逊·波洛克，他正一手提着有洞的桶，一手拿着刷子，在大大的画布上又是滴又是洒。原来他在用滴洒的方法画画呢！有的时候，他还把沙子、石子掺在颜料里，边走边滴洒，发出奇妙的声音，你们觉得好玩吗？

(2) 师（模仿波洛克的创作方法）：老师也来学一学，你们仔细看哦！（通过引导幼儿体验画家和老师演示创作状态和方法的过程，帮助幼儿建立自己的创作方式）

3. 尝试运用多种媒材模仿创作

(1) 提出创作要求：今天老师也给小朋友准备了大大的画布，还准备了各种奇怪的材料，你们可以像波洛克一样画滴洒画，也可以用各种工具滚画、印画。每一份材料都有自己的家，用完后要把材料送回家哦！

(2) 播放音乐《森林狂想曲》，幼儿分组在大布上自由创作。

4. 作品展示与评价

(1) 鼓励幼儿说一说自己的画像什么，并给合作的画起一个好听的名字。

(2) 将作品悬挂（见图9-6—图9-8），让幼儿体验当小画家的成就感。

图9-6　　　　　　　　图9-7　　　　　　　　图9-8

专家评析

美术大师的作品于常人往往是可望而不可及的，但美术大师的创作激情、对美敏锐的发现和感悟力以及不拘一格的创作方式，是可以对幼儿有所影响的。波洛克的作品，其看似偶然的写意创作和利用自然素材、废旧材料作为绘画工具的创作形式，一下子就拉近了大师和幼儿的距离，使得那些对绘画有畏难情绪的幼儿产生"我也会这样画画"的自信心，这正是教师所希望的。

在对欣赏作品的选择方面，教师注意到了让幼儿欣赏多幅作品，并针对每一幅作品提出递进性问题，逐层引导幼儿欣赏线条、色块、色彩以及独特的表现形式。在创作媒材的提供方面，丰富的原始材料和生活用品颠覆了只有绘画工具才能创作的陈旧观念。在活动过程中，教师首先放开了自己的手脚，因为教师的探索、模仿行为和激情对幼儿有着同样重要的影响力，有助于幼儿大胆自由地创作和表现。但是，教师也要注意控制幼儿创作的时间，一般在幼儿创作的激情得以激发，幼儿能充分享受自由创作的愉悦且画面已有一定的视觉效果时即可。

为了让幼儿放开手脚，也为了便于后续的收拾整理，建议组织幼儿在室外草坪、户外平台或美术工作室内进行创作。

10. 我的夏日波点装

设计教师：夏涓　评析专家：陈学群

幼儿园：江苏省南京市实验幼儿园

设计意图

此活动来源于生活，因此在选择欣赏对象时没有考虑图片，而是针对小班幼儿的年龄特点，情境化地创设了"波点服装店"，以参观服装店引起幼儿观察、欣赏的兴趣。由于大多数小班幼儿缺乏对色彩的个性选择能力，而更喜欢尝试多种颜色，因此在摆放颜料时可以将同种色系的颜料放在一组，这样既能满足幼儿探索各种颜色的好奇心，又使得画面色彩协调、均衡，颇具审美感。

活动目标

(1) 欣赏有波点图案的服饰，感受各种大小、颜色不同的点的排列特点。

(2) 能大胆构思，绘画波点图案在夏日服装上做装饰。

(3) 愿意参加活动，享受在实物上设计的快乐。

活动准备

(1) 经验准备：幼儿已熟悉一些常见的图案，如条纹、格子等，有在布上涂鸦的经验。

(2) 材料准备：教师与幼儿共同收集波点服装，然后布置"波点服装店"；衬好纸板的各种单色夏日服装，各色丙烯颜料，抹布，刷子，背景音乐。

活动过程

1. 情境导入，引起幼儿对波点装的兴趣

师：前面新开了一家夏日服装店，里面卖的衣服很特别，我们一起去看看好吗？（营造真实的情境，引起幼儿对波点装的关注）

带领幼儿自由参观后讨论（见图10-1）：这里卖的服装有什么特别的地方？图案是什么？

小结：像这样有圆点图案的服装，我们叫它波点装。

图 10-1

2. 欣赏波点装，感受服装上各种大小、颜色不同的点的排列特点

（1）幼儿自选喜欢的服装，并说一说为什么喜欢。

师：你喜欢哪件波点装呢？为什么喜欢？

（2）引导幼儿欣赏颜色、大小不一样的波点服装。

师：这件衣服上的波点是什么样的？（"颜色、大小不一样"）这里的衣服上点点又有什么变化？你喜欢哪一件？为什么？如果你穿上这样的衣服心情会怎么样？（从波点的颜色、大小、搭配上引导幼儿分层次欣赏）

小结：原来服装上的波点有的大，有的小，还有的是大小点的组合。波点可以是一种颜色的，也可以是多种颜色搭配的，真漂亮！

3. 尝试设计绘画自己的波点装

（1）介绍绘画材料，引起幼儿设计绘画的兴趣。

师：你们都带来了很多夏日的服装，可是这些衣服上没有图案，你们想拥有一件自己的波点装吗？小朋友们自己动手来画一画吧！

（2）探索绘画波点的方法，提出使用工具的规则。

师：谁愿意来试一试？（引导幼儿注意画面的布局，鼓励幼儿大胆创新）

小结：使用小刷子和丙烯颜料，在衣服上画画，感觉不一样哦。请你们选择自己喜欢的颜色，画出大大小小的波点吧！不过，注意不要把颜料弄到衣服上。

图 10-2

（3）幼儿自由设计并装饰（见图10-2），教师指导。

指导要点：
- 注意观察幼儿的表现，给予个别儿童适当的指导。
- 指导幼儿将画笔放到对应的颜料罐子里。

4. 展示、评价作品

(1) 展出幼儿的作品，请幼儿相互说一说喜欢谁的作品，为什么。

(2) 请幼儿穿上自己绘制的服装，表演"波点时装秀"（见图10-3、图10-4），体验创作的快乐。

图10-3　　　　　　　图10-4

专家评析

爱美之心人皆有之，儿童自然也不例外。比如，一些小朋友常常喜欢把妈妈的裙子穿在身上，背着妈妈的包包，穿着妈妈的高跟鞋走来走去。而这个活动迎合了幼儿的喜好，为幼儿提供了装扮自己的机会。本活动让幼儿把在家穿过的单色衣服拿来做波点装，极具挑战性和创新性，体现在以下三个方面：一是让小班幼儿获得直接在实物上作画的经历；二是相信幼儿会迁移绘画的经验，大胆使用丙烯颜料在实物上作画；三是幼儿必须要挑战自己，敢于在自己的衣服上画画。

纵观整个活动过程，处处体现了教师的精心设计和科学的教育理念。首先，活动通过"波点服装店"把幼儿引入到波点的世界。教师精选了一些对幼儿欣赏有价值的波点服装，并做了有意义的搭配，如橘色波点套装、绿色波点套装等，这对幼儿运用色彩起着潜在的影响作用。在对波点花纹进行欣赏和创作指导中，教师给予幼儿充分表达的机会，并根据幼儿的年龄特点总结出"波点有的大，有的小，有的是大小点的组合；可以是一种颜色的，也可以是多种颜色的"，给幼儿的多次创造表现带来可能性。此外，对颜料的摆放，教师也做了暗示和隐性的指导。比如，把同色系的颜料放在一组，既方便幼儿用色，也潜移默化地提升了幼儿的审美能力。最后的"波点时装秀"，是深受幼儿喜欢的活动，这是展现幼儿成就的重要活动内容，会给幼留下难忘的记忆。

这个活动因其材料的特别性，需要教师联动家庭共同准备材料。所收集的物品除了衣服外，还可以有波点装饰的配饰，如包、纸拎袋、帽子、墨镜等，供幼儿在"波点时装秀"中造型用。幼儿作品除了用作"波点时装秀"外，还可以成为"波点商店"游戏的材料。

11. 可爱的毛毛虫

设计教师：居君　评析专家：陈学群

幼儿园：江苏省南京市第三幼儿园

设计意图

印画是小班幼儿经常开展的美术游戏活动。通过各种印章、印泥，将美好的事物印在画面上，并想象它的造型和拓展印画本身的内容，这正是小班幼儿最初对美的体验和感受。而绘本《好饿的毛毛虫》，其形象生动的画面和富有童趣的故事情节深深吸引着幼儿。鉴于此，就有了这节印画活动。本活动运用印画元素，引导幼儿通过观察、探究、体验，设计并创作一个属于自己的"毛毛虫"世界。

活动目标

（1）能尝试用海绵印章在宣纸上连续压印圆形图案，印出毛毛虫，并恰当添画触角、脚等细节。

（2）通过观察、探索、讨论，尝试变出动态的毛毛虫。

（3）体验用宣纸作画的乐趣。

活动准备

（1）经验准备：幼儿有压印的经验，看过绘本《好饿的毛毛虫》。

（2）材料准备：毛毛虫图片PPT，范例，海绵印章若干，画有小草背景的宣纸若干，红、蓝、绿、黑色颜料，棉签，抹布。

活动过程

1. 情境导入，激发兴趣

师：春天到了，小草绿了，花儿也开了，还有很多的毛毛虫也出来了呢！我们一起来看一看。

2. 观察图片，了解毛毛虫的外形特征

出示图片（见图11-1—图11-3），引导幼儿观察。

图 11-1

图 11-2

图 11-3

师：你最喜欢哪一只毛毛虫？它的身体是什么样的？（根据幼儿指的毛毛虫图片，引导幼儿了解毛毛虫的外形特征、色彩、动态，比如身体长长的，一节一节的，爬行时会弓起身子往前爬，身体上长着小脚，头上长着触角等）

3. 探索、讨论压印毛毛虫身体的方法

（1）师：今天老师带来了一些特别的材料，看一看，有什么？（分别出示海绵印章、颜料和宣纸）你来摸一摸，海绵印章摸上去什么感觉？宣纸呢，和你以前画画的纸一样吗？

（2）师：想一想，怎样用印章变出一只可爱的毛毛虫呢？（幼儿自由猜测，请个别幼儿示范压印的方法）

（3）讨论：毛毛虫的身体长长的，怎样才能印出长长的毛毛虫？（根据幼儿探索的情况，引导幼儿理解一节一节连在一起的身体，并大胆地印出来）

小结：毛毛虫的身体是一节一节连在一起的，我们要一个连着一个印出毛毛虫的身体。

（4）师：毛毛虫除了有长长的身体，头上还有什么？（"触角"）身体上呢？（"脚"）变出身体后，我们还可以用棉签给毛毛虫添画上眼睛、触角。

4. 出示范例，提升幼儿的经验

师：今天老师也变出了几只可爱的毛毛虫，看，一只红色的毛毛虫正在草地上晒太阳呢！（见图11-4）还有一只毛毛虫遇到了它的朋友，它对朋友说："你好！"（见图11-5）

图 11-4

图 11-5

5. 幼儿尝试压印、添画出完整的毛毛虫

师：这次我要请所有的小朋友都去印一印毛毛虫，想一想你的毛毛虫可能在做什么样的动作。记得印好后，还可以用棉签帮它添画上触角和小脚。

幼儿作画，教师指导。

6. 展示作品

师：我们一起来看看小朋友们变出的毛毛虫吧！这些毛毛虫们在干什么呢？（见图11-6、图11-7，引导幼儿关注毛毛虫长长的身体以及毛毛虫的动态特征，让幼儿通过自己的表达让画面中的毛毛虫具有故事性、情境性）

图 11-6

图 11-7

专家评析

　　压印花纹是小班幼儿常见的美术活动形式，孩子们对压印的动作及其产生的即时变化表现出极大的兴趣。从随意压印到压印线条、压印形状，这是一个飞跃，而这个活动正是引领幼儿从随意压印走向有意识的压印。活动中，教师借助了绘本中可爱的毛毛虫形象以及毛毛虫的故事，吸引幼儿表现毛毛虫的兴趣，并迁移了印章游戏的方法，鼓励幼儿尝试用连续压印表现动态的毛毛虫形象，这对小班幼儿是一次新的挑战。从表现长长的毛毛虫到弯曲的毛毛虫，教师无须强求，只需根据幼儿的能力进行差异指导。不过，添画眼睛、小脚可以使毛毛虫更加生动可爱，这一过程教师可以示范给幼儿看，让幼儿模仿着做；最后的添画小草等背景，就由幼儿自己发挥。

在开展这个活动之前，教师可以和幼儿共同阅读绘本《好饿的毛毛虫》，让幼儿喜欢上毛毛虫。活动中使用的印章，可以是教师自制的"海绵印章"（只需要把海绵包裹在小棒上捆紧即可），也可以是胡萝卜等蔬菜的横切面印章。为避免幼儿蘸取颜料时滴洒，可以在颜料盘里垫上薄海绵，或者在颜料中增加糨糊或胶水等黏性物质，以增加颜料的黏稠度。绘画的底纸如果没有宣纸，也可以使用铅画纸、水粉纸或其他色纸。

小班的美术活动时间较短，教学中的组织节奏就显得尤为重要。教师在活动组织过程中，对毛毛虫的形象观察要简化，这是因为小班幼儿语言表达能力相对较弱。幼儿只需在教师的引导下有目的地观察和简短表达，为后期的表现表征服务即可；教师应重点指导幼儿尝试连续压印，表现毛毛虫的身体；添画眼睛、小脚要等到压印的颜料干了后，才可进行；为了丰富画面背景，可以指导幼儿使用颜料、棉签或者油画棒，添画小草、树叶。不过，活动结束后要请幼儿共同参与材料、工具的整理工作，帮助幼儿养成良好的操作习惯。

12. 快乐的小脚印

设计教师：夏涓　评析专家：余晖
幼儿园：江苏省南京市实验幼儿园

设计意图

鞋子是幼儿在生活中每天都会接触到的物品。鞋子的外形、色彩各异，且鞋底有着丰富的花纹。以往活动幼儿都是把鞋子套在手上，蘸上颜料盖印在纸上，创作鞋印画。但鞋子是穿在脚上的物品，作画时穿在脚上是最自然的创作方式，故此活动选择让幼儿穿着有特殊花纹的鞋子，踩着各色颜料在长条纸上踩出一条有节奏的小路，形成一幅抽象画，让幼儿充分体验美术游戏的快乐。

活动目标

（1）欣赏鞋印画的图案纹路和不同颜色鞋印重叠的色彩变化。
（2）初步感受画面的疏密、色彩搭配的布局。
（3）体验与同伴共同创作的乐趣。

活动准备

(1) 经验准备：幼儿已认识多种颜色，有树叶印画、手掌印画的经验。

(2) 材料准备：各种不同纹路的鞋印图案，节奏、情绪不同的音乐片段；画纸"弯弯的大马路"（宽度可容4个幼儿并排行走，画纸上有浅色砖块背景底色，路边有一些小花小草），围着教室铺展开，周围间隔放置可直接踩进去的各色大颜料盘，颜料盘周围放置若干块湿抹布；师生穿花纹清晰的鞋子进教室，鞋底事先已被擦拭干净。

活动过程

1. 韵律游戏"鞋子宝宝的舞会"，激发兴趣

(1) 师幼随音乐快慢变换脚步的节奏。

师：今天，许多"鞋宝宝"要来参加舞会，它们在哪儿呢？带着你的鞋宝宝到大路上走一走、跳跳舞吧！

(2) 依次播放快慢不同的乐曲，鼓励幼儿跟随音乐节拍自由舞蹈。

(3) 音乐到缓慢结束时，教师轻轻走到颜料盘边示范用鞋底蘸上颜料再踩在"大马路"上，引导幼儿观察鞋印留下的痕迹。

2. 感知体验鞋印画的奇异效果，欣赏鞋印的不同纹路

(1) 教师介绍创作材料、游戏规则：随音乐快慢走不同的节奏，换颜色时要把鞋子在抹布上踩干净。

(2) 幼儿跟着音乐自由舞蹈，在"马路"上印下鞋印。

(3) 引导幼儿围坐在"马路"边发现鞋底的花纹，并大胆地用语言表达自己的感觉。

师：你看到路上留下了什么？喜欢这些鞋底花纹吗？你看到了哪些好看的线条和图案？

3. 同伴间相互交换鞋子再次印画，感受不同的鞋底花纹色彩叠加的画面效果

(1) 鼓励幼儿尝试与同伴交换鞋子，体验不同的鞋底花纹。

(2) 师幼共同游戏，鼓励幼儿大胆踩印，并引导幼儿观察不同鞋印叠加的效果。

4. 欣赏作品，感受画面疏密、色彩搭配的布局效果

(1) 欣赏集体作品，感受鞋印画的特殊效果。

提问：我们带着鞋宝宝在大马路上跳舞留下了这么美的一幅画，你们喜欢吗？你们最喜欢这幅画的什么地方？它们的颜色怎样？

(2) 鼓励幼儿给作品起名。

提问：你愿意给这幅画起个什么名字呢？你们希望把它布置在我们活动室的哪里呢？

(3) 师幼共同将作品布置在活动室内合适的地方（见图12-1）。

专家评析

《指南》中提出"艺术活动游戏化"的概念。前苏联著名教育家克鲁普斯卡娅也曾说过:"对于幼儿来说,游戏常常是最实际的学习方式。"因此,在小班营造游戏情境,让幼儿体验鞋印画的奇异效果,感受发现鞋印蘸上彩色颜料在马路上留下的不同纹路,在游戏中体验美术创作,非常符合小班幼儿的艺术发展心理需求。活动中幼儿投入、快乐、自然,教师作为引导者,使每个幼儿都成为了活动的主人。

图 12-1

为了保证游戏顺利进行,在幼儿进行创作时,教师应提醒幼儿将鞋子浸入颜料盘里,尽情地感受鞋子印画的乐趣。为了增加游戏的情境性,在布置创作空间时,教师可以和幼儿共同布置小路,并在小路的交界处放上某些代表"家"、"超市"、"幼儿园"的标记。此活动适合分组教学,幼儿创作时可以以小组为单位进行。此外,小班幼儿的注意力容易分散,最后的欣赏环节可以延伸到餐前等其他时间进行。

待作品晾干后,教师可在上面覆上一层透明的软格,铺在教室门外,作为一条通向班级的"马路";也可与"汽车城"游戏结合;还可以开展"鞋印变变变"的活动,让幼儿在印好的鞋印上大胆想象和创造。

13. 好吃的波板糖

设计教师:黄花 评析专家:陈学群

幼儿园:南京军区实验幼儿园

设计意图

五彩缤纷的波板糖(棒棒糖),给孩子们带来了甜蜜和快乐。其鲜艳的色彩、夸张简洁的卡通造型,非常适合小班幼儿观察与欣赏。小熊、小兔、彩珠、彩条形状的波板糖等,让幼儿的心中充满了童话般的幻想。本活动通过给宝宝过生日的情境,在玩玩乐乐的游戏中让幼儿欣赏波板糖,并尝试自己制作波板糖。为了减少难度,帮助幼儿获得成功的体验,活动提供了油泥模具。

活动目标

(1)欣赏多种装饰造型的波板糖,喜欢波板糖鲜艳的色彩与卡通造型。

(2) 学习使用模具压制波板糖的造型，尝试用油泥搓捏一些细条、小珠珠装饰波板糖。

(3) 体验制作波板糖的快乐。

活动准备

模具、各色油泥、小棒子、波板糖等，布娃娃，《生日歌》。

活动过程

1. 设计情境，导入活动

(1) 出示布娃娃，设计生日情境：今天宝宝过生日，宝宝最喜欢波板糖了。你吃过波板糖吗？

(2) 出示实物波板糖（可以用波板糖图片代替），帮助幼儿回忆有关波板糖的经验。

师：你吃过什么样的波板糖？我们一起做好吃的波板糖祝宝宝生日快乐吧！

2. 讨论制作方法

(1) 介绍泥工模具，示范模具的用法。

师：先使用团圆压扁的方法，做一个大大的"饼"，再把模具放在油泥上，按压模具。去除模具外多余的油泥，取下模具，波板糖的外形就完成了。

师：波板糖做好了，送给宝宝吧！宝宝，宝宝，祝你生日快乐！

师（模仿宝宝的口气，不高兴地摇头）：不要不要。

师：宝宝为什么不喜欢波板糖？（引导幼儿对比实物波板糖的色彩，激发幼儿装饰波板糖的兴趣）

(2) 讨论装饰波板糖的方法。

师：想让波板糖变得更漂亮一些，可以怎样做呢？（"可做一些小彩珠、小彩条装饰波板糖"）

请个别幼儿示范：分出一点儿油泥，搓一搓，搓成细条或者小珠珠，贴在波板糖上。

3. 幼儿操作

教师指导幼儿正确使用模具，然后用小彩珠、小彩条装饰作品，最后用小棒子撑起波板糖，送给宝宝，并说："祝宝宝生日快乐！"

4. 作品展示

引导幼儿欣赏同伴的作品（见图13-1、图13-2），帮助幼儿体验成功的快乐！

图 13-1   图 13-2

专家评析

制作波板糖这个活动很适合小班幼儿,因为小班幼儿大都吃过波板糖,并且波板糖造型特征明显易于表现。

从制作的内容上看,本活动来源于幼儿的生活,具有审美性和可变性。教师发掘了幼儿生活中美的事物、幼儿喜欢的事物,引导幼儿去欣赏、感受生活中的美并进行表征;从活动准备上看,教学资源丰富,材料准备简单,因为小棒、多种色彩的油泥是幼儿园常用的材料;从幼儿操作上看,团圆、压扁为主要技能,之后是通过累加做些小装饰,这些操作对于小班幼儿来说,经过不断的尝试都能做到,而且不断累加的装饰过程所产生的变化能激发幼儿的兴趣,让幼儿获得成功感;从活动组织上看,以游戏化的情境贯穿始终,使得幼儿在玩中学、学中玩,也体现了游戏化、整合化的教学思想;从制作结果看,波板糖只要插上小棒就是一个成功的作品,幼儿容易体验到成功,而且制作技能可以迁移到其他油泥制作中。总之,对于小班幼儿来说,本活动是非常适宜的,也是非常快乐的。

14. 雨花石

设计教师:乔卉 评析专家:陈学群

幼儿园:江苏省南京市市级机关幼儿园

设计意图

《指南》艺术部分指出,"喜欢自然界与生活中美的事物","创造机会和条件,支持幼儿自发的艺术表现和创造","尊重幼儿自发的表现和创造,并给予适当的指导"。雨花石是南京特有的旅游纪念品,它晶莹圆润、玲珑剔透,以其纹奇色艳的自然美著称于世,甚至一些饭店也以雨花石的纹路为素材制作出了"雨花石汤圆"。孩子们喜欢石头,更喜欢有花纹的石头。因此,我们选择了能够反复塑造、利于表现的彩泥来制作雨花石。

活动目标

(1) 通过欣赏，感知雨花石色彩及花纹的美。

(2) 探索使用捏、搓、团圆等方法制作雨花石，感知彩泥混色后的变化。

(3) 体验玩彩泥的乐趣。

活动准备

(1) 材料准备：液晶投影仪，视频展示台，计算机，背景音乐，泥工板及装有各色彩泥的盘子人手一份。

(2) 环境准备：布置"雨花石展览"。

活动过程

1. 展览欣赏，激发兴趣

(1) 带领幼儿欣赏"雨花石展览"。

师：这里有许多漂亮的雨花石，请小朋友们自由地看一看、摸一摸、说一说雨花石是什么样的。（引导幼儿初步了解雨花石的造型、色彩，并加深对雨花石立体形象的感知）

(2) 借助视频展示台放大欣赏雨花石的色彩、花纹。

教师挑选3～4颗色彩、花纹不同的雨花石（见图14-1），逐一放大引导幼儿欣赏。

图 14-1

师：看一看这颗雨花石上面有些什么颜色？花纹是什么样的？

小结：雨花石有的大，有的小；有的圆，有的扁；有的只有一种颜色，有的有两种颜色，还有的有好几种颜色……花纹不一样，真漂亮！

2. 引导探索，培养能力

(1) 师：请小朋友们每人挑选一颗自己喜欢的雨花石，然后用彩泥试一试，做一颗有漂亮花纹的雨花石。

(2) 播放背景音乐，幼儿操作尝试。

注意：引导幼儿与实物雨花石比对，尝试把不同颜色的彩泥放在一起揉合。（给予幼儿自主探索的时间，引导他们大胆尝试并解决遇到的揉合混色问题）

3. 演示交流，总结方法

师：我们来看一看，你们做出的雨花石上面是不是也有漂亮的花纹？

师：你是用什么方法做出有漂亮花纹的雨花石的？你选了什么颜色的彩泥？然后是怎么做的？（请个别幼儿介绍）

师：现在老师也用这位小朋友的好方法来试一试，看一看我能不能也做出有漂亮花纹的雨花石。（教师边操作边带领幼儿总结方法，同时引导大家集体空手练习此方法）

师：刚才有人用不同的方法也做出了漂亮的花纹，我们请他来介绍一下吧！（再请1～2名幼儿讲述，方法同上）

小结：把两种颜色或者几种颜色的彩泥放在一起，然后用力地捏一捏或搓长、拧、团圆、压扁……就做出了有漂亮花纹的雨花石。

4. 再次尝试，提高能力

师：请大家再去试一试，用刚才小朋友说的好方法或者你想出的新方法，做出有漂亮花纹的雨花石，这次可以多做几颗漂亮的雨花石。（引导幼儿运用已知经验和技能再次尝试探索，获得更加具体的操作经验，有利于促进幼儿创造性思维的发展）

播放背景音乐，幼儿进行创作，教师巡回指导。

指导要点：

- 引导幼儿大胆尝试用捏、搓、团圆等不同的方法制作有漂亮花纹的雨花石，感知彩泥混色后的变化。

5. 展示作品，共同欣赏

师：请小朋友把做好的雨花石放到真的雨花石旁边，和它们比一比，看看你们做出来的雨花石上面的花纹是不是也很漂亮（见图14-2）。

图 14-2

专家评析

在幼儿园彩泥活动中，大多数时候为了可以反复使用，不同颜色的彩泥是不可以混合的，而这个活动却给幼儿提供了混淆颜色的机会，这会更加吸引幼儿主动参与到活动中来。这个活动有以下几个亮点：其一，选材上，雨花石作为欣赏对象，有着色彩艳丽、花纹变化多样的显著特点，具有审美性和可变性，同时还传承了地方文化。其二，组织中，教师给幼儿提供了充分的自己探索、实践的机会，这使得幼儿有机会在迁移经验的基础上建构新的经验，自己去观察发现和解决遇到的揉合混色问题，体现了新的教育观。其三，技能上，选色、分泥、组合、团圆这些操作难度不大，但充满变化，有助于激发幼儿的创造性，帮助幼儿获得成功的体验。其四，作品呈现上，幼儿制作的作品呈现出独一无二的视觉效果和审美感，可作为班级环境的装饰。

此外，如果没有多种颜色的彩泥，也可以使用彩色面团来制作，制作彩色面团需要使用的材料有面粉、颜料以及凡士林；做好的作品如需保存较长时间，可在作品外面涂上一层胶水；如果作品保存空间有限，教师可为作品拍照建档。

15. 铺小路

设计教师：朱水莲　评析专家：陈学群

幼儿园：江苏省南京市鼓楼幼儿园

设计意图

在幼儿童心的世界里，生活随处可以带给他们一份快乐！小路是幼儿日常生活中每天都接触的事物，在街道上、小区里、公园中到处都有各种各样的小路。小路优美延展的形态，路面的纹理图案，铺设的不同材质，以及人们走在不同路面上脚下的感觉，欣赏小路两边优美风景时的心情，都组成生活的点点滴滴。这次活动就是将幼儿身边的小路路面的图案作为切入点，帮助幼儿回忆已有经验，并在梳理经验的基础上利用废旧材料铺设小路。

活动目标

(1) 欣赏小路的图片，感受路面图案的多样。
(2) 掌握撕报纸的基本方法，能够撕出条状、块状纸片，并粘贴出一长条"小路"。
(3) 体验撕贴活动的乐趣。

活动准备

各种小路的图片，背景音乐《春天》，小兔毛绒玩具，报纸、糨糊、小兔游乐园底板4组，小筐人手1个。

活动过程

1. 回忆已有经验，调动欣赏兴趣

(1) 回忆生活经验，关注路面形态。

师：我们幼儿园外面有条大马路，上面有汽车走的路，有自行车走的路，还有爷爷奶奶牵着我们步行走的路。汽车走的路是什么样的呢？小脚步行的路呢？

(2) 观察欣赏幼儿园门口的人行道。

师：一起来看看，小脚步行走的路是什么样的？（有意识地引导幼儿重点观察路面的图案，帮助幼儿留心生活中的美）

2. 欣赏小路图片，感受路面的多样

(1) 扩展分享经验，通过图片重点观察。

师：你还见过什么样的路呢？（幼儿回忆描述，教师根据幼儿所描述的内容提供图片让幼儿进行欣赏，重点观察路面的形状）

(2) 扩大欣赏范围，引申至日常活动的其他地方。

师：公园里也有小路，想不想看？

(3) 出示横条路和由不规则图块组成的路，比较不同（见图15-1、图15-2）。

师：这两条路有什么不一样的地方？

3. 探索用报纸撕出条状、块状的方法

(1) 提出任务，激发幼儿动手操作的兴趣。

师：小兔子建造了一个游乐场，什么都建好了，有滑滑梯乐园，有荡秋千乐园，有吃胡

图15-1　　　　　　　图15-2

萝卜的餐厅，有卖糖果的商店，还有很多好玩的地方，可是只有一条大路，小动物们到很多地方都不方便，我们帮帮它吧！

(2) 引导幼儿思考路面图案可以有哪些不同。

师：游乐场里要铺那么多条路，这些路一样吗？

(3) 教师示范撕纸的方法。

师：报纸是小朋友们家里都有的东西，我们要把它变成条条、块块，帮助小兔铺路。

教师示范方法：用两只手捏紧报纸边缘，一前一后撕开一个小口子，轻轻一拉就变成条条了，把条条从中间撕开就变成小块块啦！

(4) 请幼儿在座位上尝试撕纸，把撕成的条条和块块放在筐里，教师观察幼儿的动作。

4. 幼儿创作

师：你们的小手真能干，撕出这么多的材料，选你想要的条条或是块块来帮助小兔铺路吧。端好小筐，选一个想铺路的地方站好，老师给你们刷糨糊。铺路的时候要把"砖头"压紧，不要翘起来绊倒小动物。

5. 作品展示与评价

将幼儿铺好的小路拍下来，将照片贴在墙上（见图15-3、图15-4）。

师：快来看看哪些小路铺好了，说一说你铺的是哪一条路？通向哪里？我们下次还可以用小树叶、小花瓣接着铺更好看有趣的路。

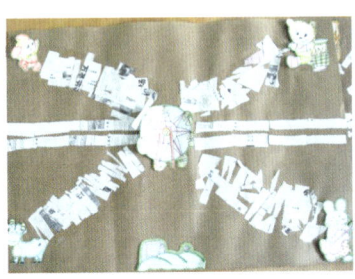   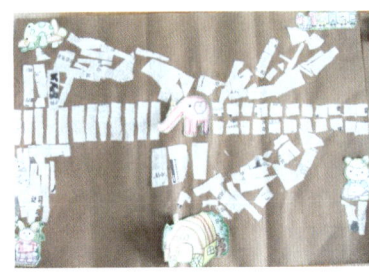

图 15-3   图 15-4

专家评析

随着城市建设的发展，城市环境、公共花园、小区景观越来越漂亮，各种拼花小路装点了我们的城市、花园、小区。让幼儿通过自己的眼睛、耳朵、鼻子……充分地感知我们美丽的世界，引导他们去体会生活的美丽、感受生活的可爱、体验生活的快乐，是教师要努力尝试的！

很多废旧材料都是艺术创作的极好材料，本活动中，教师选择了报纸这一材料，体现了环保理念。活动引导幼儿练习撕纸技能和粘贴技能，可以锻炼幼儿的手眼协调能力。使用报纸撕贴出一条"小路"，小路通向哪里呢？是通向外婆的家还是通向滑滑梯？是通向小池塘还是通向小花园？幼儿在自由创想中完成创作，其乐融融。此外，这个活动还采用了小组制作的形式，这样既鼓励了幼儿向同伴学习，也使得作品内容更具丰富性和艺术感。

为了更好地开展这个活动，提出以下建议：

（1）撕纸是幼儿喜欢的活动，但是将报纸撕成整齐的条状不是一件容易的事情。报纸的结构有其自身的特点，即一端撕起来容易撕平整，而另外一端撕起来容易撕成斜角。教师在裁剪报纸给幼儿撕的时候要考虑到这一点，尽量选择容易的一端，以增强幼儿的自信心和成就感，为活动降低难度。

（2）报纸含有大量的铅，活动结束后要组织幼儿仔细地洗手。

（3）在用报纸块铺路的过程中，教师要尽量将糨糊刷得均匀，这也为幼儿铺路提供了暗示，引导幼儿根据糨糊的面积和方向进行粘贴。

（4）音乐选择以抒情音乐为主，这样有助于幼儿安静有序地制作。

16. 彩色面具

设计教师：黄花　评析专家：陈学群
幼儿园：南京军区实验幼儿园

设计意图

小班幼儿喜欢玩色，但是他们只满足于好玩的操作，比如用各色喷壶反复地喷，一次次用勺子泼色等，而不在意色彩的变化，导致作品因过多的色彩交融而变成灰黑色。

怎样让幼儿玩出好看的颜色，让玩色游戏成为幼儿发现美的一个途径呢？这需要幼儿学会用眼睛欣赏色彩的变化，寻找自己喜欢的美丽色彩。本活动选择了一些琉璃工艺品和中国画家潘企群的作品供幼儿欣赏，然后以面具为媒介，让幼儿在面具上滴洒颜料，引导幼儿关注色彩流淌的变化。

活动目标

（1）认识水粉颜料，尝试使用喷壶、滴管或小勺等玩色工具，将2～3种颜料滴在面具上。

（2）观察欣赏色彩的变化，喜欢好看的颜色交织在一起。

（3）体验玩色的快乐，喜欢参与美术活动。

活动准备

（1）经验准备：幼儿在日常生活中有一些使用喷壶浇花的经验。

（2）材料准备：水粉颜料每组2～3种；喷壶、滴管、勺子等玩色工具；黑色卡纸，白色面具，琉璃工艺品图片，潘企群的美术作品图片，欢快的舞蹈音乐等。

活动过程

1. 欣赏琉璃工艺品和潘企群的作品

出示琉璃工艺品图片（见图16-1）和潘企群的作品图片（见图16-2），分别提问：这是什么颜色？你喜欢哪块颜色呢？（引导幼儿观察色彩混

图16-1　　　　　　图16-2

合后产生的奇妙变化,从艺术作品中选择自己喜欢的色彩)

2. 尝试在黑卡纸上喷洒或滴漏颜料,发现色彩的变化

(1) 引导幼儿认识水粉颜料,并介绍工具及其使用方法。

师:这些是什么?("水粉颜料")和我们画画用的笔不一样,今天老师带来了一些特别的东西,是什么呢?("喷壶、勺子、滴管")怎样使用呢?(如果幼儿不认识滴管,就直接介绍给幼儿,并告诉幼儿怎么用)

小结:使用喷壶喷出颜料,用勺子挖出颜料倒在纸上,用滴管吸出颜料挤在纸上。

(2) 鼓励幼儿尝试在黑色卡纸上喷洒或滴漏颜料;鼓励幼儿更换颜色,引导幼儿发现色彩的变化。

3. 尝试在面具上喷洒颜料

(1) 出示白色面具,提问:这些白白的面具好看吗?("不好看")怎样让面具变得好看呢?(组织幼儿讨论)

(2) 教师示范把颜料喷洒在面具上,让幼儿再次观察颜料流淌的变化。

(3) 幼儿尝试使用各种工具,在面具上喷洒颜料。

师:请你用这些工具和水粉颜料变出好看的颜色,变一个大花脸吧!

4. 作品展示与欣赏

帮助幼儿戴上彩色面具(见图16-3、图16-4),互相欣赏,并跟着音乐舞蹈,体验成功的快乐。

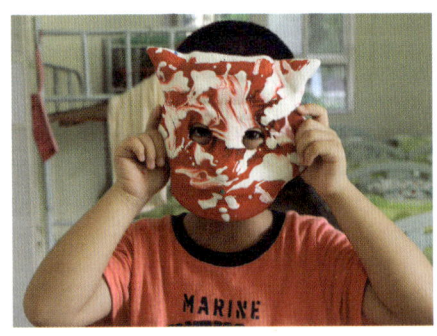
图 16-3

图 16-4

专家评析

小班幼儿最富有探索精神,不过他们在探索时往往"毫无节制",注重快乐的过程而非结果,可是美术活动终究要带给幼儿审美感受和审美体验。因此,在美术活动中教师既要让幼儿玩得开心,更要让幼儿在过程中不断地提升审美感受,丰富审美体验。本活动设计中,教师为达成这一目标,选择让幼儿欣赏艺术品和在黑色卡纸上尝试探索这两种教学策略,着重引导幼儿观察色彩的流淌和色彩交融变化的美。

为避免作品开始时很美,最终被幼儿搞得"黑漆麻乌",教师可以通过以下几个策略调整:

(1) 有意识地通过材料的提供调控色彩变化。比如,为每组幼儿提供2～3种水彩颜料,且这2～3种颜料色彩搭配易协调。

(2) 玩色工具不宜太多。一些喷壶工具,可以是幼儿日常玩水时接触过的,这样可以有效避免幼儿因好奇过多地摆弄工具。

(3) 注意观察幼儿,及时收回幼儿的作品,这样可以有效地避免幼儿只满足于玩色而忽视了色彩的美。当然,最重要的还是通过欣赏、观察引导幼儿找到自己喜欢的色彩。

此外,教师可以为这次活动配上活泼、欢快的音乐;在区域活动时间,可以提供各种形状的底纸,如金鱼、蝴蝶、花、服装等,让幼儿继续玩色游戏,使作品有很好的装饰效果。

17. 高高矮矮的人

设计教师:黄花 评析专家:余晖

幼儿园:南京军区实验幼儿园

设计意图

孩子们身边来来往往的人群里,一定能找到高个子、矮个子、大胖子、小瘦子,这些外形不同的人聚在一起,对比鲜明,组成了生动有趣的画面。借助长短、大小不同的纸张,引导幼儿在纸张长短不一的材料局限下,表现出高矮不同的人,对幼儿来说是一种全新的体验。相信这种创作方式一定会受到幼儿的喜欢。

活动目标

(1) 感受高矮不同的人在一起时所带来的对比乐趣。

(2) 能自由选择长短或大小不同的纸张,尝试用占满画面的方法,表现高高矮矮的人。

(3) 初步体验夸张创作带来的乐趣。

活动准备

(1) 经验准备:幼儿有完整画人物的经验,能用绘画的形式表现人物的基本特征。

(2) 材料准备:欣赏图片PPT,用彩色打印纸裁成长短粗细不同的长方形,黑色细勾线笔,一块深色的供粘贴摆放幼儿作品的背景纸,表现高矮不同人群的PPT。

活动过程

1. 情境表演和PPT欣赏：初步发现和感知人群高矮不同的强烈对比

（1）请部分幼儿和教师以及园内保安等身高对比强烈的人玩排队游戏。

提问：这些人的身体看起来有什么不一样？（用追问的方式帮助幼儿发现他们的对比特征，比如高个子的人有长长的身体、长长的腿，看起来个子真高！重点在高矮的特征）

（2）出示高矮对比鲜明的PPT图片，体验画面中夸张的趣味。

师：高的更高、矮的更矮，这些人在一起很有趣！

2. 学习用占满画面的方法，表现高高矮矮的人

（1）出示大小不同的彩纸，引导幼儿将对立体的人的特征的了解，迁移到平面的彩纸上，为接下来的自主创作打下基础。

提问：如果每张纸片代表一个人，找一找这里谁是高个子、谁是矮个子。

（2）请个别幼儿尝试在细长的纸条上画高个子，教师适当给予帮助。

讨论：怎样画才会让画出的人看起来更高呢？（引导幼儿发现让人物占满细长的纸片，可以夸张地表现高个子。见图17-1）

（3）请个别幼儿自己选择合适的彩纸，尝试表现矮个子。（适当提示示范的幼儿，让人物横向挤满纸条，让矮个子看起来更矮）

3. 自选彩纸，表现高高矮矮的人

依据幼儿的能力和绘画速度，可为幼儿提供2～4张不同的彩纸画人。

活动中，教师应随时观察幼儿，鼓励幼儿将人物占满彩纸。

4. 剪贴组画，欣赏作品

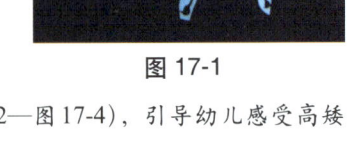

图17-1

将幼儿画的各种各样的人物组合，拼贴在一起（见图17-2—图17-4），引导幼儿感受高矮不同的人物对比带来的乐趣。

图17-2　　　　　　　　图17-3　　　　　　　　图17-4

专家评析

这是一个很有趣的表现人物的绘画题材。其实在孩子们的身边,每天都会出现很多身高相去甚远的人,有比自己高的爸爸妈妈、叔叔阿姨,也有比自己还要矮的小弟弟、小妹妹。引导幼儿感知周围人群身高和身形的对比差异,运用长短、大小不一的纸条作为材料载体,用占满画面的方法来表现高高矮矮的人,更容易让幼儿获得成功。更重要的是会让幼儿感受到观察人群和绘画人群都有着特别的乐趣,日后,他们也更愿意主动地观察发现周围人物的这些特征,有利于培养主动积极的观察兴趣。

小班后期的幼儿已经可以用单线条表现人物的基本外形,他们往往会在画纸的中间构图,表现有头、有身体和有四肢的完整的人,但是要表现不同高矮的人对他们还是有一定难度的。在长短不一的纸上用占满画面的方法来表现是一个巧妙的表达技巧,但是依着彩纸绘画对小班幼儿来说有一定的难度,所以在探索表现环节,教师可以采用与幼儿共同示范、共同讨论的方法,帮助示范的幼儿用一段一段拉长的方法让人看起来更高,提升幼儿已有的绘画经验,使他们的创作更容易获得成功。此外,组画的背景还可以是之前幼儿玩色游戏的作品。

18. 美丽的睡袋

设计教师:何凯黎　评析专家:余晖

幼儿园:江苏省南京市鼓楼幼儿园

设计意图

传统的装饰类教学活动往往以尝试一种方法为教学重点,内容通常是装饰手帕、桌布等。"美丽的睡袋"这个活动,以"为小动物们设计睡袋"为主题,在活动中大胆运用两种不同的装饰方法引导幼儿进行对比观察,帮助他们发现不同的装饰方法,并给予他们自主选择的机会进行装饰。

活动目标

(1)感受并了解画面中心对称和散点的装饰特点。

(2)能按自己的方法,利用绘画或粘贴图案装饰睡袋。

(3)喜欢参加绘画活动。

活动准备

(1) 经验准备：幼儿已学习过二方连续装饰花边，有粘贴的经验。

(2) 材料准备：睡袋底板（见图18-1）、范例，事先利用压花器压好的各种小图案，事先画好的小动物，胶棒，勾线笔，水彩笔，油画棒。

图 18-1

活动过程

1. 创设情境，激发幼儿装饰睡袋的兴趣

(1) 讲故事引起幼儿的兴趣："春天到了，小动物们一起到山里去郊游，玩得可真高兴！到了晚上，大家玩得有点累了，小兔就拿出了睡袋准备睡觉。其他的小动物看见了，都羡慕地说：'哇，小兔，你的睡袋可真漂亮啊！'"

(2) 出示范例（见图18-2），请幼儿观察范例：请小朋友们说说，你觉得小兔的睡袋哪儿漂亮，为什么？

师：其他的小动物都忘了带睡袋，怎么办呢？小朋友们来帮助它们好吗？

2. 对比观察两种不同的装饰方法，学习装饰睡袋

(1) 出示两种范例：中心对称图案装饰（见图18-3）和散点图案装饰（见图18-4）。

提问：这里有两个睡袋，请小朋友们仔细观察一下，它们的图案有什么不同？（引导幼儿对比观察，发现两种不同的装饰方法，找出它们装饰的特点）

图 18-2

图 18-3　　　图 18-4

小结：第一个睡袋的边缘有美丽的花边，中间有一个大大的图案，我们把这种装饰方法叫中心对称装饰。第二个睡袋中间铺满了许多小小的图案，我们把这种装饰方法叫散点装饰。想一想，你喜欢哪种装饰方法呢？

(2) 出示睡袋底板、压好的小图案、各种笔等，请幼儿上来尝试自己喜欢的装饰方法。

师：谁愿意来帮小动物装饰睡袋？这里有漂亮的小图案和各种笔，请选择一种你喜欢的装饰方法进行装饰。（注意引导幼儿边操作边讲解，帮助幼儿再次巩固装饰方法和操作方法）

(3) 帮助幼儿明确自己的喜好，选择自己喜欢的方法。

提问：小动物们等着大家为它们装饰睡袋呢，请小朋友们比较一下，你喜欢哪种装饰方法呢？

3. 幼儿装饰睡袋

(1) 介绍为每组幼儿提供的材料和工具。

师：我为每一组小朋友都准备了漂亮的小图案、胶棒和各种画画用的笔，请小朋友们根据自己的想法选择需要的工具和材料，为小动物们装饰睡袋。

(2) 鼓励幼儿按照自己的想法进行装饰。

重点：能选择一种装饰方法运用画或贴等方法装饰睡袋。

难点：能按自己的想法大胆设计排列图案，综合运用不同的方法进行装饰。

4. 作品展览与评价

(1) 请幼儿将小动物放入装饰好的睡袋。

(2) 请幼儿欣赏装饰好的睡袋（见图18-5），激发幼儿的自豪感。

师：小动物要睡觉了，我们轻轻地看看你最喜欢什么样的睡袋？为什么？

师：今天我们的小朋友真棒，为小动物们解决了困难，设计了这么多漂亮的睡袋，真能干！休息时间到了，我们轻轻地跟小动物们说再见吧！

专家评析

图 18-5

本活动的一大亮点是，注重从幼儿的游戏心理和生活经验出发，创设一个"为小动物们绘制美丽睡袋"的故事情境，使原本传统单一的装饰活动变成一个自由又快乐的趣味游戏。

在有趣的故事情境中，呈现由两种不同的装饰方法绘制的美丽睡袋，不仅吸引了幼儿的注意力，而且在引导幼儿比较观察的同时，用浅显易懂的语言把中心装饰和散点装饰的特点归纳出来，比如，"睡袋中间有一个大大的图案"，"整个睡袋上铺满了许多小小的图案"，等等。在这样的故事情境和对比语境中，小班幼儿自主选择一种喜欢的方法装饰睡袋，就成为一种既简单又有趣的游戏了。在具有初步边缘装饰经验的基础上，通过对比欣赏不断递增装饰经验，继而综合运用多种经验尝试进行创造性模仿的绘画活动，很适合小班幼儿的年龄特点。

此外，活动中半成品装饰材料的提供，弥补了小班幼儿图案表现技能的不足，让幼儿可以专注于尝试不同的排列方法和装饰方法，更容易让幼儿获得创作的美感和成就感。

19. 晴天娃娃

设计教师：居君　评析专家：陈学群
幼儿园：江苏省南京市第三幼儿园

设计意图

晴天娃娃是一个具有象征意义的娃娃，它能带给幼儿想象的空间。同时，它的制作过程比较简单方便，能让幼儿在较短的时间内体验成功感。晴天娃娃制作好后，幼儿可以将它们悬挂起来，甚至和娃娃说话、玩游戏。因此，这样的活动既有意义，又契合小班幼儿的年龄特点。

活动目标

(1) 综合运用捆扎、画、印等技能学习制作晴天娃娃，喜欢制作玩具。
(2) 能大胆地表现娃娃的五官和服装上的图案。
(3) 体验综合运用材料的快乐。

活动准备

(1) 经验准备：幼儿有印画的经验。
(2) 材料准备：泡沫球、毛茛、正方形白布人手1份（见图19-1—图19-3）；水粉颜料、印画工具、勾线笔、贴画等；晴天娃娃范例2～3个。

 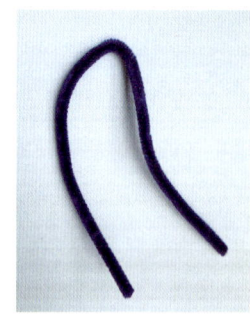 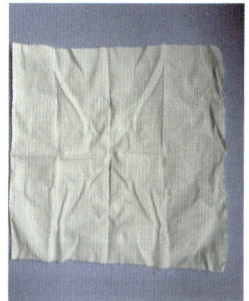

图 19-1　　　　图 19-2　　　　图 19-3

活动过程

1. 引导幼儿观察晴天娃娃，感受其特别的造型

师：老师这里有一个娃娃，你见过吗？它在一些国家有着祈祷天晴的含义，常常被挂在屋檐下来象征晴天的到来，所以叫晴天娃娃。请你们仔细看看，它是什么样的？（引导幼儿通过欣赏晴天娃娃的造型，了解其含义，回顾以往经验进行对比并发现其特征）

小结：它有一个圆圆的脑袋和一件大大的白底衣服，可以悬挂起来，特别好玩。

2. 出示晴天娃娃的范例，探索制作方法

(1) 出示白色方布，让幼儿感受布的柔软。

师：你们手上拿的是什么？摸摸看，靠近脸，感觉布怎么样？（"很软、很舒服"）我们拿这种布来做娃娃，这样我们抱着感觉软软的会很舒服。

(2) 介绍其他材料探索其制作方法，重点探索毛茛捆扎的方法。

师：我这里有泡沫球、毛茛和正方形白布，你知道怎样才能做出晴天娃娃吗？（引导幼儿根据制作材料大胆猜测，激发幼儿的创造力）

师：请小朋友上来试一试。（在个别幼儿尝试的时候，总结幼儿的制作过程，让同伴之间互相讨论，说出制作方法）

小结：原来泡沫球就是晴天娃娃的脑袋，而正方形白布就是它的衣服，用毛茛把头部勒紧，晴天娃娃就做好了。不过，小朋友还要记得画上五官呢。

(3) 观察晴天娃娃身上的图案，探索不同的装饰方法。

师：老师这里还有几个晴天娃娃，你们看看它们有什么不一样。娃娃身上分别是什么图案呢？（引导幼儿通过观察图案的异同，知道装饰晴天娃娃衣服的多种方法）

师：猜猜看，这些图案是怎么画上去的？（"可以用勾线笔勾勒出图案，也可以用印章印出图案，还可以用彩色的贴画装饰"）

3. 幼儿尝试操作，教师指导

(1) 介绍制作步骤：先把晴天娃娃用泡沫球、毛茛等扎好，然后再把衣服铺开进行装饰。

(2) 幼儿制作，教师指导。

指导要点：

- 提醒幼儿将泡沫球放在白布的中心位置，再进行包裹。
- 帮助个别幼儿将衣服铺平再装饰，提醒幼儿给晴天娃娃画上五官。
- 在幼儿操作中，鼓励幼儿自己大胆动手，即使有一些小问题也没有关系。

4. 玩一玩、说一说自己制作的晴天娃娃

(1) 请幼儿展示自己的作品（见图19-4—图19-6）。

(2) 请幼儿说说自己的晴天娃娃是怎样装饰的以及用的什么方法，鼓励幼儿以后尝试各种装饰方法。

图 19-4

图 19-5

图 19-6

专家评析

《指南》中提到，"小班幼儿经常涂涂画画、粘粘贴贴并乐在其中"。手工活动对于小班幼儿来说是充满趣味性的，因为他们会接触到各种从来没有接触过的材料；是体现操作性的，每一个手工活动都有不同的操作方法，满足了幼儿喜欢摆弄物体的需要；同时又具有挑战性，因为一些技能需要幼儿有探索的过程，而幼儿年龄越小差异越大，因此教师要等待幼儿不同层次的发展。在这个活动中，印染这一技能是幼儿已经体验和经历过的，但使用毛莨、布和泡沫球进行组合捆扎是一次全新的挑战，需要幼儿经历探索的过程，甚至失败。但这种体验和感受，对于幼儿的成长却是珍贵的。此外，在立体物体上进行添画，这需要幼儿双手协调运作，也是一种全新的体验，但幼儿可以迁移平面作画的经验，举一反三。

为了活动取得更好的效果，特建议如下：

（1）活动开展前，幼儿要有印画以及画简单的五官的经验，并尝试过简单的手工制作活动。

（2）这个活动中，毛莨对于幼儿来说是新型的材料。因此，首先要提醒幼儿使用时注意安全。另外，弯折毛莨时需要一定的力度，教师需要在幼儿制作过程中给予一些帮助。

（3）由于操作材料是布面，因此在操作中要提醒幼儿把布绷直了进行绘画。小班幼儿还是以印画、贴画的装饰方法为主，能力强的幼儿可以用油画棒画简单的色块图案。

（4）幼儿的作品应当及时展出，可以挂在活动室中或临窗的地方，也可以挂在幼儿随时可以拿取的地方，使"晴天娃娃"成为幼儿心爱的玩具。

20. 有趣的格子王国

设计教师：夏涓　评析专家：余晖
幼儿园：江苏省南京市实验幼儿园

设计意图

《红黄蓝的构成》是荷兰著名画家彼埃·蒙德里安的代表作之一，作品中不对称的平衡风格、色块大小的对比以及三原色的搭配给人一种有节奏的动态美。该作品最突出的特点是看似随意组合的横直线条、竖直线条和三原色色块的运用，很适合小班幼儿欣赏。本活动旨在借助作品，引导幼儿在一种游戏情境中感知色彩、线条、构图等美术要素，初步积累美术经验。

活动目标

（1）欣赏彼埃·蒙德里安的作品《红黄蓝的构成》，感受直线与红黄蓝色块搭配的美。
（2）尝试用油画棒连接直线，并在空格处用棉签进行水粉填色。
（3）体验在游戏情境中创作的快乐。

活动准备

（1）经验准备：幼儿用过油画棒，在美工区玩过用棉签进行水粉涂鸦的游戏。
（2）材料准备：蒙德里安《红黄蓝的构成》及其他相关作品，方形空白底图，黑色油画棒，红黄蓝三色颜料，棉签。

活动过程

1. 情境导入，引起兴趣

（1）创设情境，邀请幼儿去"格子王国"玩一玩。
师：有一个有趣的王国，我们一起去那里玩一玩吧！
（2）出示大幅彼埃·蒙德里安创作的《红黄蓝的构成》（见图20-1），鼓励幼儿自由说一说看到了什么。
师：你喜欢格子王国吗？为什么？

2. 进一步欣赏大师作品，感受直线与色块的组合美

（1）引导幼儿发现画面中直直的"马路"与红黄蓝的"房子"。
师：请你们指一指马路和房子分别在哪里，是什么样子的？

图 20-1

(用贴近小班幼儿生活经验的情境引导幼儿解读大师作品)

(2) 欣赏彼埃·蒙德里安的其他相关作品(见图20-2—图20-4),引导幼儿欣赏感知线条和色块的变化。

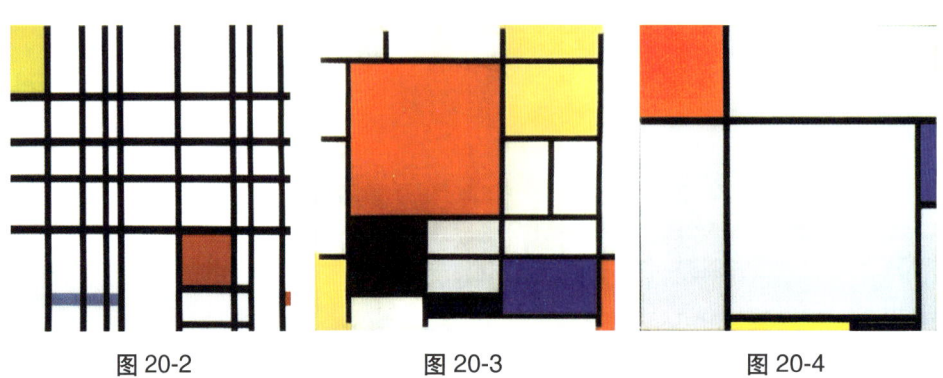

图20-2　　　　　　　图20-3　　　　　　　图20-4

师:格子王国真有趣,又变样子啦!你们看到了什么?哪里变了?

3. 探索连接直线及在格子里涂色的方法

(1) 出示空白底图,引起幼儿探索绘画的兴趣。

师:红点点和好朋友住在街对面,他们想手拉手去格子王国玩一玩,谁来帮帮他们?(用相同颜色的点子做支架,降低绘画的难度,增加游戏性)

请个别幼儿连一连直线。

小结:从红点点开始用笔走,走呀走,走成一条直线,一直走到他的好朋友另一个红点点处。再从蓝点点开始走,一直走到另一个蓝点点处。

(2) 在"为格子王国刷房子"的情境中示范在格子里涂色。

小结:用笔蘸上颜料,在一个格子里涂满,小心不要涂到格子外面。涂好一个,可以换一种颜料涂另一个格子。

4. 幼儿创作

(1) 介绍绘画材料,提出绘画要求。

师:今天我们要用油画棒和水粉笔来画画,用油画棒画线,用水粉笔蘸颜料涂颜色,看看谁像大画家。

(2) 幼儿创作,教师指导。

在幼儿创作过程中,教师要提醒幼儿画直线时用点劲,涂鸦时颜色要尽量在格子线内。

5. 展示作品,体验成功的快乐

(1) 在教室里展示幼儿的作品(见图20-5、图20-6)。

(2) 引导幼儿找找自己的作品在哪里，并鼓励幼儿说一说还喜欢谁的作品。

图 20-5　　　　　　　　图 20-6

专家评析

　　同样一幅作品，在一百个人眼里也许会有一百种解读。彼埃·蒙德里安的作品《红黄蓝的构成》所传递的意义，对于小班幼儿来说，也许不能全部理解，但线条和色块是幼儿可以直接感觉到的，也是该作品中最突出的形式美。

　　直直的"马路"与红黄蓝的"房子"，也许更接近小班幼儿对画面的解释；"为格子王国刷出大大小小的彩色房子"等游戏情境贯穿始终，符合小班幼儿的年龄特点；通过连接相同颜色的圆点来帮助小班幼儿练习画横直线和竖直线，降低了技能难度。此外，用棉签涂色块的方法非常适宜，因为水粉颜料遇到油画棒的线条会自然排开，这样既不会使颜色盖住线条，又能帮助幼儿很快完成涂色，获得成功感。

　　建议在幼儿熟练绘画直线后，教师提供没有圆点的空白纸，鼓励幼儿按照自己的意愿自由绘画直线，组成马路。

21. 会跳舞的水母

设计教师：刘蜜　评析专家：余晖
幼儿园：江苏省南京市滨江幼儿园

设计意图

　　海底世界中水母通透飘逸的外形特别美，深受幼儿喜欢。小班美术活动的选择题材相对较少，而"水母"这个题材既可以让幼儿获得充分的审美感受，同时其简单的外形和长长的触手又易于小班幼儿用长长的线条绘画表达。此外，水母朝各个方向游动的特点，也为小班幼儿的创作表现提供了很大的空间。因此，本活动提供了半圆形彩纸、水粉、棉签作为绘画材料，让幼儿通过贴贴画画制作水母。

活动目标

（1）感知水母的基本外形特征，尝试用粘贴、棉签添画直线的方式表现向各个方向游动的水母。

（2）在观看视频、动作模仿、尝试操作的过程中，感受水母游动时身体和触手方向的变化。

（3）大胆运用绘画材料，保持桌面、画面整洁。

活动准备

（1）经验准备：幼儿有粘贴创作的经验。

（2）材料准备：水母图片PPT，水母游动的一段视频，深色海洋绘画背景纸若干，大小不一的半圆形白纸，棉签，白色水粉颜料。

活动过程

1. 欣赏水母视频，模仿体验，激发兴趣

播放水母游动的一段视频，提问：你们见过水母吗？它们是什么样子的？水母是怎么游泳的？游动起来的时候像什么？我们一起来学水母跳舞吧！

播放音乐，引导幼儿用肢体动作模仿水母变化方向游泳。（注意引导幼儿用自己的手臂体验水母游动时触手的特征，激发幼儿参与活动的兴趣）

2. 欣赏水母图片，感知水母的外形特征以及向不同方向游动时的动态变化

（1）出示PPT图片21-1，引导幼儿观察这张水母的照片，了解完整水母的外形特征。

师：我们看看水母到底是什么样子的，水母的身体像什么形状？（"伞"）它的触手长在身体的什么地方？（"下面"）

小结：水母的头和身体像一把伞，许多长长的触手长在身体的下面。

（2）逐张出示PPT图片（见图21-2—图21-5），引导幼儿重点观察水母跳舞时身体和触手方向的变化，感受水母触手有时直、有时弯。

图 21-1

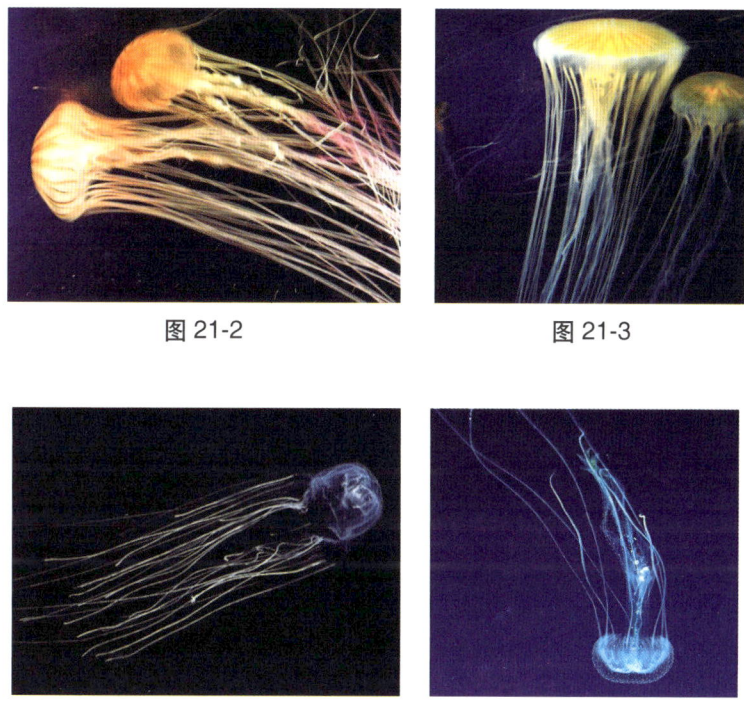

图 21-2　　　　　　　图 21-3

图 21-4　　　　　　　图 21-5

　　观察图 21-2，提问：水母喜欢在大海里跳舞，往左边跳舞时，它们的头和身体是什么样的？长长的触手是什么样的？

　　观察图 21-3，提问：这两只水母是往哪个方向跳舞的？它们的头和身体是什么样的？长长的触手是什么样的？

　　观察图 21-4 和图 21-5，提问：现在水母往哪个方向跳舞了？你是怎么看出来的？

　　3. 探索表现添画水母触手的方法

　　（1）探索贴水母身体的方法。

　　教师出示半圆形白纸，提问：这像水母的哪一部分？

　　讨论：如果这只水母往右边跳舞，这个半圆形的身体可以贴在哪里呢？如果它想往下面跳舞，这个半圆形的身体可以贴在哪里呢？

　　（2）探索用棉签和水粉添画水母触手的方法。

　　师：水母的触手可以怎么画呢，谁来试一试？（请个别幼儿上台尝试、示范，这样一方面可以使幼儿在所欣赏的事物和作品创作之间建立联系，另一方面也利于教师及时了解幼儿在创作中可能出现的困难，并给予及时的引导）

　　小结：我们先在画纸上贴上水母的身体，可以朝不同的方向贴。然后用棉签或水粉笔蘸白色颜料画出飘着的水母触手。

4. 幼儿创作

师：今天我们就来画喜欢游来游去跳舞的水母！先用胶棒粘好半圆形白纸，作为水母的头和身体，再用棉签蘸上颜料添画触手。一个水母好孤单，小朋友们要多画几只跳舞的水母哦！

幼儿创作，教师指导。

5. 作品欣赏与评价

请幼儿介绍自己的作品（见图21-6—图21-9）。

师：你们真棒，画出了这么多跳舞的水母。

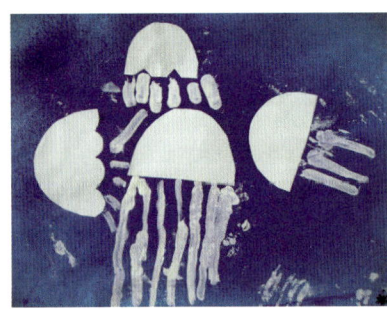
图 21-6

图 21-7

图 21-8

图 21-9

专家评析

海洋世界里的许多生物都是孩子们感受欣赏美的良好题材，其中水母的外形非常美丽梦幻，游动起来姿态特别优美。本活动的设计者将这一题材引入小班绘画活动，并用"跳舞的水母"这一情境贯穿始终，特别适合小班幼儿，既能让他们感受到水母的美丽，又能通过添画不同方向的长直线和波浪线，成功地表现出水母变化多端的舞姿。

对于小班幼儿来说，根据水母的不同姿态自主地表现不同方向的线条其实还是有一定难度的。教师巧妙地通过三个策略化解了这个难题。首先，通过肢体动作的体验和模仿，让幼儿在和水母一起跳舞的过程中，潜意识中感觉出方向与变化；其次，有重点地带领幼儿逐图欣赏；最后，借助水母半圆形身体在画纸上的粘贴与位置变化，给幼儿积极的暗示和帮助，让幼儿在讨论和探索中自然而然地将水母触手的线条方向与代表身体的半圆形相联系。这些策略巧妙地支持幼儿成功地解决创作中可能遇到的难点，既给予幼儿技能表达方面的隐性支持，又为小班幼儿自主创作跳舞的水母留下了一定的表达空间。

此外，本活动提供了半圆形白纸、水粉、棉签等绘画材料，让幼儿通过贴贴画画制作水母，降低了表达的难度，让他们更容易获得成功！

中班

22. 有趣的云朵

设计教师：黄花 评析专家：余晖
幼儿园：南京军区实验幼儿园

设计意图

本活动来源于秋天这个主题，主题中的散文欣赏活动"云彩与风儿"激发了幼儿对于秋季云彩的兴趣，他们开始关注天空。他们发现天气晴朗的时候，白云有着各种各样的形状，像小狗、像白纱。看到幼儿对云彩这么感兴趣，特地设计了这次美术活动。为了创造立体感，活动选择了棉花作为媒材，因为棉花经过拉扯会自然变幻成各种形象，有助于幼儿自由想象表达云彩。

活动目标

(1) 学习使用棉花粘贴表现天空中的云朵。
(2) 探索用拉、扯、揉等方法，将棉花变长、变圆、变厚、变薄，大胆表现多变的云朵。
(3) 欣赏天空中千变万化的云朵，感受蓝天白云的美丽。

活动准备

(1) 经验准备：结合季节天气特点，幼儿经常能看到千变万化的云彩；欣赏过散文《云彩与风儿》，会模仿散文的语言表达自己的想象。
(2) 材料准备：棉花，人手1张A4大小蓝色底纸，集体创作时用的2米长蓝色绒布，胶棒，抹布，有关云彩欣赏的PPT图片，背景音乐。

活动过程

1. 欣赏云彩导入活动

(1) 组织幼儿到户外观察云彩，引导幼儿运用散文中学习过的语言大胆表述："天上的云朵真有趣，天上的风儿真能干，吹呀吹，云朵变成了……"结合幼儿所述，分析云朵的造型特点，如圆的、长的、一丝丝、一团团，厚的、薄的等。
(2) 师幼共同欣赏云彩的范例图片，弥补户外看不到云彩造型的不足。

2. 探索撕贴棉花的技能，交流撕贴的经验

(1) 引导幼儿尝试撕贴各种各样的棉花云朵。

师：看到白白的云朵，你们会想到什么东西呢？（"棉花"）

师：请你拉一拉、扯一扯、揉一揉、撕一撕，看看棉花会变成什么样子的云朵？（发给幼儿人手一张A4作业纸和一团棉花，尝试将棉花变长、变圆、变厚、变薄等并粘贴）

（2）选择具有典型特点的幼儿作品，引导幼儿观察、交流，看一看拉、扯、揉、撕等不同的动作产生的不同效果。

①提问：蓝天上飘来一片又轻又薄的云彩（见图22-1），你是怎样做出来的？（引导幼儿发现撕一撕、拉一拉，棉花就会变得很薄）

②提问：这些一团团厚厚的云朵（见图22-2）也是用撕、拉的方法变出来的吗？（引导幼儿发现用揉一揉的方法可以把棉花变成团状）

③提问：有的云彩变成一丝丝很细的样子（见图22-3），你能用棉花做出来吗？（引导幼儿发现综合运用拉、扯、揉、搓、撕等方法，可以变化棉花的造型）

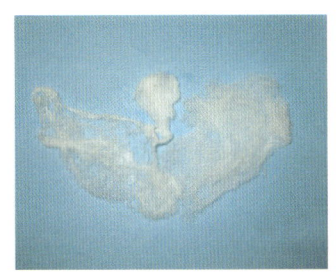
图 22-1

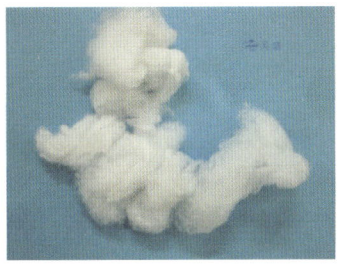
图 22-2

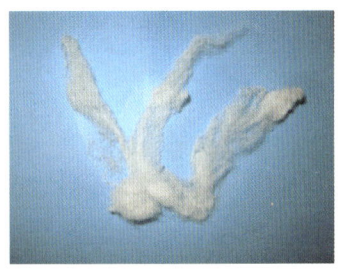
图 22-3

3. 集体创作《有趣的云朵》

出示2米长的绒布，引导幼儿集体创作：天上的云朵真有趣，我们的小手真能干，变呀变……我们一起让白云飘在蓝天上。

播放背景音乐，引导幼儿将棉花拉、扯、揉、撕，摆成自己喜欢的造型，贴在蓝色绒布上，共同合作完成《有趣的云朵》。（教师要鼓励幼儿大胆表现，在造型、构图上给予适当的技能支持）

4. 作品展示与欣赏

由两名教师撑起绒布，让幼儿钻在"蓝天"下欣赏，体验成功的快乐（见图22-4）。

图 22-4

专家评析

本活动饱含着教师对儿童的用心和爱心。在"秋天"主题的实施过程中，教师关注并发现了幼儿的兴趣，为了满足幼儿表现和表达的欲望，设计出这样充满变化、充满尝试、充满探索的活动。从这个角度看，教师让美术活动为幼儿提供了一次表现自己对社会、对生活认知的机会。

本活动操作看似简单，不就是对棉花的撕撕、拉拉、贴贴吗？其实不然。在拉扯棉花的过程中，幼儿需要感受纤维的走向和使用的力度，只有力度适宜，才能使团状的棉花变成片状。幼儿通过自己的探索，与材料互动，与同伴互动，获得了操作经验的提升。此外，云朵是没有固定的外形的，幼儿需要发挥自己天马行空的想象，大胆表现多变的云朵。活动中，教师还自然融汇了散文中的语言，激发幼儿的想象、创造和表达欲望，促使幼儿多通道参与美术活动。

活动最后，教师提供了一块像天空一样的"超大"绒布，使得幼儿"身临其境"地创造属于自己的"天空"，让这个活动始终伴随着想象、创造和变化，陪伴着孩子们做好玩的事！

23. 美丽的热带鱼

设计教师：秦红　评析专家：陈学群

幼儿园：江苏省南京市梅花山庄幼儿园

设计意图

热带鱼具有鲜明的外形特征，它们的身体小巧玲珑，并配有清晰的条块状、点状等花纹，显得活泼可爱，非常适合中班幼儿欣赏和表现。因此，本活动从热带鱼入手，鼓励幼儿操作彩泥表现热带鱼的外形和身上的条纹，帮助幼儿感受自由创作的快乐，同时锻炼幼儿精细动作的发展。

活动目标

（1）通过观察、比较和交流，感受热带鱼可爱的外形和亮丽的色彩花纹。

（2）尝试使用彩泥，通过团、捏、搓等方法塑造热带鱼的外形，并用鲜艳的色彩和简单的线条、色块装饰美丽的热带鱼。

（3）体会自由创作的快乐和成功。

活动准备

热带鱼的视频、图片；彩泥、泥工板、塑料片、玻璃瓶等；背景音乐《水族馆》。

活动过程

1. 欣赏热带鱼的视频，引发活动兴趣

师：在海底世界住着一群可爱的热带鱼，你们看它们都游来了。（利用视频画面展现海底热带鱼的动态形象，有利于幼儿整体感知热带鱼的多姿多彩，从而引发对热带鱼的喜爱之情）

2. 观看图片，欣赏热带鱼的外形、花纹和色彩

（1）欣赏热带鱼亮丽的色彩（见图23-1—23-3）。

图 23-1

图 23-2

图 23-3

师：你们觉得这些热带鱼漂亮吗？哪里漂亮？它们身上都有哪些好看的颜色？

（2）欣赏热带鱼的外形和花纹（见图23-4—图23-6）。

图 23-4

图 23-5

图 23-6

师：除了颜色不同，这些热带鱼的身体形状都一样吗？它们看起来像什么？热带鱼在水里用什么游泳？在热带鱼身体的上面、下面、后面还有什么？（引导幼儿关注热带鱼身体形状的不同，如圆形、椭圆形、三角形，丰富幼儿对热带鱼外形的认识，也为幼儿积累创作经验）

师：再仔细看看热带鱼身上还有哪些美丽的花纹？你最喜欢哪条热带鱼，它身上的花纹又是什么样子的？

小结：热带鱼有好看的颜色和各种各样形状的身体，有的像大圆盘，有的像橄榄球，还有的像三角形。它们身体的上面、下面、后面还有不同的鱼鳍。热带鱼身上的花纹也是不同的，有的是一条条的，有的是一点点的，有的是一圈圈的……花纹有的粗，有的细，有的大，有的小，都很漂亮。

3. 制作热带鱼

（1）出示玻璃瓶和彩泥，提出制作要求。

师：今天请小朋友们用彩泥来制作美丽的热带鱼。想一想，你要制作一条什么样子的热带鱼？它是什么颜色的？身上有哪些美丽的花纹？

（2）师生讨论制作方法。

师：我们可以用什么方法制作椭圆形、三角形的身体？鱼鳍是怎么制作的？请小朋友来试一试。（引导幼儿运用泥塑经验尝试塑造出不同形状的热带鱼身体；通过个别幼儿的示范，引导幼儿相互学习塑形经验；鼓励幼儿根据自己的经验和能力，用连接或伸拉的方法自由表现鱼鳍）

小结：先用彩泥做出小鱼身体的形状，再贴在瓶子上，添上鱼鳍、鱼尾，最后做出装饰花纹。你可以多做一些海洋动物，还可以填上海洋植物呢！

（3）幼儿制作，教师观察指导。

指导幼儿用团、搓、压、捏等泥塑方法制作热带鱼，并使用塑料片辅助切泥塑形。

4. 作品欣赏与评价

（1）引导幼儿将自己制作好的热带鱼小心地粘贴在玻璃瓶上，布置成"海底小世界"（见图23-7、图23-8）。

（2）带领幼儿欣赏自己制作的热带鱼，着重从外形、色彩和花纹方面进行欣赏。

师：你喜欢哪条鱼？你为什么喜欢它？

图 23-7　　　　　图 23-8

专家评析

本活动选材适合中班幼儿，有一定的挑战性。彩泥是幼儿非常喜欢玩且常用的美工游戏材料，但如何利用彩泥不断地提升幼儿的精细造型能力，一直是教师们感到困惑的问题。要解决这个问题，首先要从选材上体现，要选择幼儿感兴趣且富有一定挑战性的内容，引导幼儿观察与表征。而本活动选择了热带鱼，不仅是因为幼儿喜欢看游来游去的鱼，还因为热带鱼的造型简单、花纹明显、色彩艳丽，更受幼儿喜欢。在教师层层递进的引导下，幼儿细致观察，迁移以前彩泥制作的经验进行团圆、压扁、搓长、粘贴组合等，做出形态各异的鱼。

本活动表现形式生动，吸引了幼儿主动参与。教师选择了从平面转换为立体的表征方式，即在玻璃瓶上粘贴热带鱼，这样鱼儿仿佛在水中游动，既激发了幼儿制作的兴趣，又让幼儿直接感受到成功和自豪。同时，这个活动也体现出了较高的审美价值。从热带鱼和彩泥丰富的色彩，到鱼儿身上不同形状和疏密的花纹，无一不渗透着艺术教育的审美熏陶价值。

此外，还有以下几点建议：

(1) 若没有热带鱼的视频，也可以运用幻灯片的动画效果，营造生动、有趣的欣赏氛围，提高幼儿活动的兴趣。

(2) 在幼儿塑造热带鱼时，不要强求外形的准确，如椭圆形、三角形等，重点放在整体造型美感上，如色彩和花纹的搭配。

(3) 在幼儿制作好后，可以启发他们在瓶中添加蓝色或者其他颜色的水，增强灵动感和趣味性。

24. 下雪啦

设计教师：朱水莲　评析专家：余晖

幼儿园：江苏省南京市鼓楼幼儿园

设计意图

下雪几乎是每个幼儿都喜爱的天气，大自然的馈赠让世界变成了一个白色的天地，这神奇的变化每次都会让幼儿的心灵受到震撼。因此，每当天空中飘落雪花，幼儿的心中都种下了一个白色的梦。此外，幼儿喜欢玩沙、玩面粉，细小的颗粒和纷扬流动的质感总是给予幼儿莫大的惊奇。而白白的面粉这种生态性的、生活化的材料除了可以做蛋糕、捏面人外，还可以让幼儿玩喜欢的下雪游戏。

基于以上两点考虑，生成了本节活动。在玩下雪游戏这样一个有趣的情境中，本活动引导幼儿运用漏勺漏洒面粉创作面粉漏印画。

活动目标

(1) 欣赏雪景的美丽，尝试运用漏勺、面粉和拼版积塑玩具等材料创作雪后印记作品。

(2) 在观察、探索、讨论、交流的过程中获得运用新工具进行漏印的基本方法。

(3) 喜欢玩"下雪"的游戏，感受创作面粉漏印画的乐趣。

活动准备

(1) 经验准备：幼儿认识漏勺，知道漏勺可以漏细小的东西。

(2) 材料准备：盒子、漏勺、拼版积塑人手1份，面粉，黑色KT板，幻灯片，照相机，视频。

活动过程

1. 观看幻灯片，欣赏雪中世界的景色，感受落雪后的意境

师：瞧，下雪了，雪花一片片飘飘洒洒地从天空中落下来！雪落在花朵上、小芽上、长椅上、大树上、路灯上、房顶上像什么？（见图24-1—图24-4）

图24-1　　　　　图24-2　　　　　图24-3　　　　　图24-4

2. 探索运用漏勺均匀漏洒面粉的方法

(1) 认识工具材料，探索运用漏勺均匀漏洒面粉的方法。

师：我们也来玩下雪的游戏吧！想一想用什么材料当雪呢？这里有白白的面粉，还有妈妈在厨房里烧菜用的漏勺，使用它们就可以在小朋友拼好的"小天地"里玩下雪的游戏了。

师：怎样让雪纷纷扬扬地飘落下来呢？谁来试一试？（邀请个别幼儿尝试）

小结：少舀一点面粉，轻轻敲击漏勺边缘，让"雪"均匀地飘下来。

(2) 观看视频，学习一边拍漏勺一边移动漏勺漏洒面粉的方法。

师：小朋友们想出了好办法，老师也有一个好办法，一起来看看。（播放视频）

师：如果这里不需要雪，该怎么办呢？"小天地"边上空的地方也要落满雪花哦！小朋友的椅子底下就有一把漏勺，拿出来试一试这个方法吧！（幼儿跟随视频尝试边拍边移的方法）（见

图24-5)

3. 讨论欣赏，理解漏印画的方法

师："小天地"里落满了白色的雪，变成了白茫茫的一片。要是把雪花片移走，会是什么样的呢？（教师示范移走雪花片）看好，伸出两个手指捏住雪花片的边缘，轻轻提、慢慢移，把它放回小筐里。呀！你发现了什么？（见图24-6）

图24-5

师：如果把雪花片全部移走，会是什么样的呢？（教师移走全部雪花片后，引导幼儿欣赏）

师：真是一幅非常好看的黑白作品啊！平时我们小朋友的作品都是五颜六色的，原来只用黑色和白色也能创作出好看的作品来。

图24-6

4. 运用漏勺、面粉、拼版积塑等工具材料在黑色KT板上创作雪后印记作品

（1）介绍材料。

师：你们已经等不及了吧？瞧，小筐里有拼版积塑，请你拿出来在底板上拼出喜欢的场景，然后用漏勺和面粉玩下雪的游戏。最后要小心翼翼地、轻轻地把积塑移走，看一看它们留下的印记。

（2）幼儿创作，教师巡回指导

表扬使用漏勺仔细的孩子，提醒幼儿尽量不要触碰到摆放好的场景，以免移位影响效果。

5. 作品展示

师：哇！大雪落满了黑色的土地，一切都被盖住了。我们小心地把它们拿开后看到了什么呢？（展示幼儿的作品，见图24-7—图24-9）

师：除了用漏勺漏洒面粉作画外，还可以使用漏勺漏洒什么样的材料呢？生活中有很多物品都可以用来创造美的东西，小朋友平时要留心观察和发现哦！

图24-7　　　　　　　图24-8　　　　　　　图24-9

专家评析

先在雪花片上漏洒面粉，再把这些雪花片拿掉，会是怎样的场景呢？这些疑问和好奇使操作过程伴随着可能和不确定，伴随着期待和惊喜，带给幼儿非常奇特的体验。

就其材料看，这个活动的常规材料有黑色卡纸和插塑玩具，非常规材料有漏勺和面粉，把这些组合在一起操作就是一次"探险"；就其学习和操作方式看，仅仅使用观察和语言是不够的，更需要幼儿自己尝试和探索；就其成果看，虽然不能像普通绘画作品或手工作品那样以实物形式保存，但这样的表征形式以及操作中的任何一个决定或行动都会改变结果的创作方式，让幼儿个个专心致志。这个活动除了创造一种艺术的表征方式，还对幼儿的耐心操作、细致动作、身体控制以及空间思维能力有着独特的价值。

此外，还有以下几点建议：

(1) 漏洒完面粉，移走薄薄的雪花片时会有一定的困难。教师可以在雪花片上粘上一个简易的自制小把手，当然这个小把手可以请幼儿事先在美工区完成。

(2) 漏勺是幼儿平常见过但是不太使用的物品。在漏勺里装上面粉进行抖动的时候，幼儿不太能够控制抖动的频率和幅度，容易泼洒出来。因此，教师在个别指导的环节要仔细观察，帮助有困难的幼儿握稳勺柄，平稳抖动。

(3) 面粉不是越多越好，只要在盒子里放2厘米左右的面粉就够了，过多容易泼洒出来造成"雪灾"，过少难以完成作品。

25. 美丽的花园

设计教师：黄花　评析专家：余晖

幼儿园：南京军区实验幼儿园

设计意图

《指南》艺术领域目标中提出，"在欣赏自然界和生活环境中美的事物时，关注其色彩、形态等特征。"孩子们喜欢花园，喜欢花朵，以花园为主题，引导幼儿表现美丽的花园，既契合幼儿的生活经验，又能让孩子们把喜欢的事物用艺术的方式表达出来，感受到色彩带来的奇特而又愉悦的美。

活动目标

(1) 观察色彩滴在湿的纸面上慢慢渗透的变化。

(2) 能根据画面色彩块面,大胆想象并用线条添画花朵的外形及细节。

(3) 喜欢自己和同伴的作品。

活动准备

浸湿的纸,水笔,颜料,滴管,报纸,托盘,花园及花朵的图片。

活动过程

1. 滴画,观察色彩滴在纸面上渗透的变化

(1) 出示托盘、浸湿的画纸以及滴管。

师:今天我们用滴管和湿的纸来制作一张画画用的底纸吧。

(2) 边讲解边示范操作方法。

师:用吸管吸一些你喜欢的颜料滴在画纸上,滴下颜料后,什么也不做,看看会发生怎样的变化。再换一种颜色,滴在画纸的其他地方,这样就做好了画画用的底纸。

(3) 幼儿操作,为自己制作有着丰富色彩的画画底纸。

师:现在大家来试着用滴画的方法,给自己做一张有着丰富色彩的底纸吧!(幼儿制作过程中,教师鼓励幼儿大胆尝试,和个别幼儿讨论底纸上的色彩变化,引导部分幼儿搭配协调的色彩)

(4) 平铺作品待干。

2. 欣赏花园及各种花朵图片,了解各种花朵的外型特点

(1) 出示花园和花朵图片,调动幼儿的已有经验,引导幼儿观察、欣赏花的外型特点和花瓣色彩的变化。

师:花园里开满了鲜花,你认识这些花吗?它们长的什么样?

师:这朵花瓣是什么样子的?什么颜色的?

(2) 出示幼儿刚制作的画画底纸,和幼儿讨论底纸上有没有花的颜色。

师:画面上哪里有花的颜色?眯着眼睛,想象一下,画面上哪里是花?有些什么颜色的花?

(3) 请个别幼儿示范用线条画出花朵的外形和细节。

小结:看看你的画画底纸,眯着眼睛,想象一下画面上的花园,用线条把花朵和花园添画出来。

3. 在自己制作的花园底纸上,添画形态各异的花朵,成为花园

(1) 师:刚才我们用水彩颜色滴出了美丽的花园,请你画出花园里各种各样的花吧。

(2) 幼儿操作,教师指导。

4. 作品欣赏

(1) 请幼儿自由介绍自己的花园（见图25-1—图25-6），说说自己是怎样发现花园的花朵并把它们画出来的。

(2) 请幼儿为自己的花园起个有意思的名字。

图25-1　　　　　图25-2　　　　　图25-3

图25-4　　　　　图25-5　　　　　图25-6

专家评析

表现美丽的花朵有很多种形式。教授中班幼儿画花，多数教师会引导中班幼儿围绕花芯绘出花瓣，而花朵的色彩、形状和大小由幼儿自行选择。本活动转换角度独辟蹊径，充分运用水粉颜料在浸湿的水粉纸上具有流淌晕染的特性，引导幼儿关注晕染过程中色彩的变化，发现晕染出的色块外形与花朵之间的联系，启发幼儿借形想象，调动幼儿对花朵外形的已有经验（圆形、三角形、放射状等），添画出各种各样的花，突破了幼儿欣赏与表现"花园"的传统概念。

从探索操作美术材料入手，是该活动的另一巧妙之处。对新工具或材料的发现与探索，同样可以激发幼儿创作的兴趣和热情。晕染的过程直观地再现了自然界花朵色彩的神奇变化，既丰富了幼儿对花的审美经验，又帮助幼儿通过这一新的表现形式创造了神奇的花园。

在延伸活动或区域活动中，教师可以引导幼儿继续运用这种形式表现其他具有色彩晕染效果的主题，如"秋天的树林"等。

26. 纸盘娃娃

设计教师：夏涓　评析专家：陈学群

幼儿园：江苏省南京市实验幼儿园

设计意图

纸盘是人们生活中经常使用的东西，幼儿园也经常运用纸盘开展一些绘画活动，如青花瓷盘、纸盘彩绘或制作飞碟玩具等。而中班幼儿开始能够表现人物的部分细节，因此本活动从人脸的五官开始，把圆形纸盘当作脸，鼓励幼儿尝试用其他材料添上五官，做成纸盘娃娃，这样既锻炼了幼儿的动手能力，也加深了他们对五官的认识和了解。

活动目标

（1）在认识人脸五官及相对位置的基础上，尝试将自制的五官贴在纸盘上。

（2）利用适当的废旧材料制作五官，掌握双面胶粘贴的技能。

（3）体验手工活动带来的惊喜和快乐。

活动准备

1张大脸娃娃的图片，小镜子人手1面，纸盘，毛茛，小绒球，彩色小木棍，吸管，双面胶，剪刀，各色毛线。

活动过程

1. 看图片，初步了解五官的位置

师：瞧，老师带来了一个大脸娃娃，可爱吗？

师：脸的最上面这个黑黑的东西（指向头发）是什么？头发的下面是什么？有几只眼睛？这两个眼睛是并在一起的还是分开的？被什么分开了？（"鼻子"）鼻子下面是什么呢？（"嘴巴"）

2. 看一看、摸一摸，进一步感受五官的位置及特点

（1）利用小镜子，仔细观察自己五官的位置。

师：你的脸上也有五官吗？你的五官位置和大脸娃娃的一样吗？（通过照镜子和师幼问答的形式，让每个幼儿直观地了解自己五官的位置）

（2）照镜子，仔细观察五官的形状。

师：你的眉毛在哪里？是什么颜色的？像什么？（"毛毛虫"）

师：你的眼睛是什么样子的？看一看睁开的眼睛是什么样子？（"大大的，圆圆的，往上弯……"）闭着的眼睛是什么样子的？（"一条线，往下弯"）笑一笑，眼睛又变成什么样子了呢？（"细细的，弯弯的，往上翘"）

师：鼻子在哪里？摸一摸，你的鼻子像什么？

师：小嘴巴在哪里？笑起来的嘴巴是什么样子的？（"弯弯的，嘴角往上跑"）不开心的时候，嘴巴是什么样子的呢？（"嘴角往下跑"）

3. 欣赏纸盘娃娃，想象用废旧材料制作娃娃的五官

师：瞧，这是什么？（"纸盘"）

师：纸盘娃娃很羡慕小朋友有头发和五官，他觉得这样才好看。他也想要拥有五官和头发，我们一起来帮助他吧！

师：用什么来做娃娃的眉毛呢？我们这儿有什么材料像眉毛呢？

师：啊，毛茛。毛茛短短的小毛像眉毛。还有什么像眉毛呢？哦，卷卷的吸管像眉毛。还有呢？（这是本活动的重点，引导幼儿利用教师提供的废旧材料的形状，进行夸张的组合，达到创作的目的）

师：除了眉毛，纸盘娃娃脸上还缺少什么？可以用什么材料来做？

小结：可以用废旧材料制作娃娃的眉毛、眼睛、鼻子、嘴巴，还有头发。

4. 教师示范使用双面胶固定的技能

师：这些五官都摆好了，怎么让它们固定在纸盘上呢？

师：我们请来了好帮手——双面胶。把双面胶撕下一小段，一面贴在纸盘上，另一面贴上你选好的材料。瞧，这里是老师给他装上的五官，漂亮吧！（出示做好的纸盘娃娃）

5. 幼儿操作，教师巡回指导

师：你的想法一定比老师奇特、有趣，请你也做一个好玩又可爱的纸盘娃娃吧！

指导要点：

- 耐心地对个别幼儿进行引导。
- 尊重幼儿独特的想法，并鼓励他们按照自己的想法实施。
- 必要时，可以提供帮助。

6. 作品展"我的娃娃真好看"

展示幼儿的作品（见图26-1—图26-3）。

师：谁愿意把自己的作品和大家分享一下，说一说自己的纸盘娃娃是怎样做的。（在幼儿描述自己作品的时候，教师要引导其他幼儿注意倾听。必要的时候提一些小问题，组织大家一起讨论，并充分肯定幼儿的作品，寻找作品中的亮点）

图 26-1

图 26-2

图 26-3

专家评析

本活动有以下三个亮点：

（1）活动材料准备简单，活动主题容易实施。活动使用纸盘作为主要材料，而其他材料如毛茛、小绒球、彩色小木棍、吸管、双面胶等也很容易准备；所表现的对象是人脸，这也容易引导幼儿观察和感知。提供的材料有些可以直接成为半成品，比如小花片或纽扣可以成为眼睛等。

（2）将技能提升蕴含在操作过程中。幼儿在表现面部五官时，需要运用到粘贴、塑形等技能。其中，教师重点演示了双面胶的用法，教师的示范和讲解有助于幼儿在使用双面胶时应对可能出现的问题，比如粘贴的方向容易弄反等。幼儿在这种实践性的活动中最容易获得技能的提升或提高技能的熟练程度。

（3）教学组织中渗透整合教育的思想。《指南》指出，艺术教育要围绕"欣赏与感受"、"表达与创造"来进行。这个活动从引领幼儿仔细观察五官，到摸找自己的五官，到对制作作品的观察和欣赏，再到幼儿自己尝试表现，涉及认知发展、空间关系、创造想象等整合教育的思想。

为了使活动取得更好的效果，提出以下建议：

（1）活动前，幼儿最好已经具备使用毛茛、小绒球等材料的经验，也尝试画过人脸，这样可以减少幼儿对材料的探索过程，为顺利创作奠定基础。

（2）对于中班幼儿来说，仅仅知道五官的位置和其原有形状还不够，他们还需要加入夸张的或奇妙的想象，让纸盘娃娃更有趣、更有生命力。

（3）活动结束后，可以把幼儿的作品做成挂饰悬挂在活动室里，或者使用展出架将作品立体摆放。

27. 纸团拓印添画

设计教师：乔卉　评析专家：余晖

幼儿园：江苏省南京市市级机关幼儿园

设计意图

日常生活中我们发现，幼儿常常能由一个简单的形状想象出无数的象形物。因此，本活动通过纸团拓印出的不规则的形状或色块，引导幼儿通过观察进行多方面、多角度的借形想象，并将想象与绘画结合起来，通过想象、添加、变化，创造出丰富多彩、童趣十足的绘画作品。

活动目标

（1）能根据纸团拓印出的色块、纹样进行多角度的创意想象。

（2）运用纸团大胆随意地拓印，并进行添画。

（3）体验借形想象创作的乐趣。

活动准备

颜料3组（每组2种颜色），纸团，8开水粉画纸，黑色炫彩棒，抹布，护衣；拓印想象画范例图1张，半成品图1张；视频展示台，一体机（或白板），背景音乐。

活动过程

1. 情境导入，激发兴趣

（1）在视频展示台上演示拓印过程。

师：有一个调皮的小纸团偷偷跑出来玩，一不小心踩到了颜料，它这里走走，那里走走，留下了很多的小脚印，你们看这一片脚印像什么呢？

（2）欣赏拓印想象画范例图，引导幼儿观察、想象、讨论（见图27-1）。

图 27-1

师：有位画家把这些脚印变成了一幅漂亮的图画，看看这幅画里藏着谁？瞧，这幅图很调皮，翻了个跟头，再看看还有谁藏在里面？（通过转动画纸让幼儿发现拓印想象画的有趣，激发幼儿的审美情趣）

小结：这幅图里藏着这么多的东西，真有趣！

2. 演示添画，拓展思维

（1）引导幼儿根据纸团拓印出的色块、纹样进行多角度的创意想象。

师：小纸团又走出了一大片的脚印（出示半成品图，见图27-2）。请小朋友看一看、找一找，在这片脚印里你能发现什么？都藏了谁？

师：换个方向又能发现什么？（变换画纸方向，引导幼儿充分想象）

小结：同一张画纸变换不同的方向，里面的图形就可以想象成更多奇妙的物体。

（2）师生共同尝试添画的方法。

师：谁愿意上来把你刚才发现的物体用笔简单地勾画出来呢？

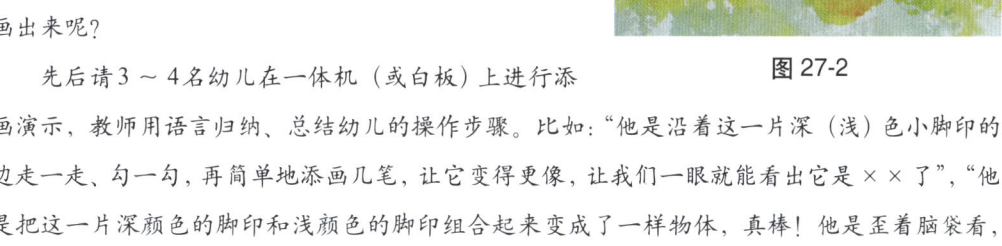

图27-2

先后请3~4名幼儿在一体机（或白板）上进行添画演示，教师用语言归纳、总结幼儿的操作步骤。比如："他是沿着这一片深（浅）色小脚印的边走一走、勾一勾，再简单地添画几笔，让它变得更像，让我们一眼就能看出它是××了"，"他是把这一片深颜色的脚印和浅颜色的脚印组合起来变成了一样物体，真棒！他是歪着脑袋看，把×色的部分变成了××"，等等。

（3）总结作画方法。

师：现在我们都知道这幅画的秘诀了。我们要先让小纸团在纸上到处走一走，然后看一看、想一想它走出来的脚印像什么。之后，再转动画纸看一看、想一想，它又像什么。最后，用笔简单地添画几笔，让它变得更像。

3. 交代要求，想象创作

师：今天，请小朋友也让小纸团在画纸上走一走，然后进行简单的添画，变出一幅美丽的图画吧。

播放背景音乐，幼儿进行创作（见图27-3），教师巡回指导。

图27-3

指导要点：

● 鼓励幼儿运用纸团大胆随意地拓印。

- 引导幼儿根据拓印出的色块、纹样进行多角度的创意想象，并进行简单添画。
- 接纳幼儿想象的多元性、自由性和自主性，对幼儿的表现方式和技能技巧给予适时、适当的指导。

4. 作品展示、欣赏与评价

把幼儿的作品张贴在展示板上（见图27-4）。

师：你最喜欢哪幅画？你看到这幅画上有什么？（引导幼儿欣赏想象合理、添画独特新颖的作品）

图 27-4

专家评析

想象是对记忆的表象进行加工改造的一种形象思维，也是一种创造性形象思维。借助纸团印画留下的不规则的形状或色块，引导幼儿根据外形轮廓进行借形想象、添画创作，既满足了中班幼儿无主题绘画的内在需求，又通过对外形轮廓的勾勒环节帮助幼儿在联想与表达之间架构联系，将想象的抽象的"形"落实为纸上某一具体事物的外形特征。

不过，在利用半成品讨论拓展的环节，教师要选择好拓印想象画的半成品，图上的形象要似像非像，通过变换角度使其具有多种可能的想象空间，给幼儿的借形联想提供足够的支持和启迪，间接帮助幼儿添画出他所想象的画面。

此外，为每组幼儿提供的两种颜料最好是同一色系的，这样画面会比较协调。

28. 撕贴菊花

设计教师：黄花　评析专家：余晖

幼儿园：南京军区实验幼儿园

设计意图

菊花造型特点鲜明，色彩丰富，在树叶凋零的秋天显得格外骄艳。幼儿园花坛里盛开的菊花为幼儿提供了发现美、感受美的环境，幼儿在日常散步时经常为菊花所吸引，观察它的花瓣造型。因此，特地以菊花为主题设计了这一手工制作活动。活动引导幼儿欣赏各种菊花的摄影图片，帮助幼儿了解菊花花瓣的典型特征。在欣赏的基础上，再引导幼儿用撕贴的方法制作出一朵朵千姿百态、充满活力的菊花。

中 班

活动目标

（1）观察菊花，欣赏菊花鲜艳的色彩和丰富的造型。

（2）关注菊花花瓣的造型，大胆尝试用撕贴的方法表现菊花的基本形态。

（3）乐意自己动手制作菊花，喜欢自己的作品。

活动准备

幼儿园花坛内已种菊花，菊花特写摄影作品，桔色、黄色、绿色等各色彩纸，黑色底纸，胶棒。

活动过程

1. 花坛散步，欣赏菊花

师：秋天来了，花园里开满了各种各样的菊花，让我们一起去看看。（教师带领幼儿，欣赏菊花）

师：你喜欢的菊花是什么颜色的？它的花瓣是什么样子的？（引导幼儿进一步仔细观察）

2. 欣赏各种形状的菊花特写摄影作品

师：请小朋友欣赏摄影师们拍摄的各种形状的菊花，看看这些菊花和大家经常见到的一样吗？（见图28-1—图28-3）

图 28-1　　　　　　　　图 28-2　　　　　　　　图 28-3

小结：菊花由很多长长短短的花瓣围在一起，有的花瓣是弯弯的，有的花瓣是直直的，有的花瓣是细细的，有的花瓣是宽宽的……组合成了千姿百态的菊花。

3. 探索用彩纸撕花瓣的方法

（1）教师出示彩纸，提问：菊花真美！我们也来撕一撕，看看能撕出什么样的菊花。（请幼儿尝试撕一撕，并与同伴对比，找一找直直的花瓣、细细的花瓣，探讨卷花瓣的方法）

图 28-4

小结：先撕出一条条直直细细的纸条，还可以把纸条卷一卷。要多撕一些纸条，因为做菊花需要很多花瓣。

（2）师：请你用很多花瓣围合成一朵完整的菊花。

小结：把纸条的一端涂上胶水，把另一张纸条的一端粘上去。依次类推，一张张纸条形成一个中心粘起来，让菊花的花瓣像太阳的光芒一样绽放（见图28-4）。

4. 幼儿操作

鼓励幼儿选择自己喜欢的颜色，撕贴菊花，教师从旁指导。

指导要点：

- 指导幼儿注意花瓣的大小与摆放的位置。
- 鼓励幼儿大胆撕贴。

5. 作品展示、欣赏与评价

展示作品（见图28-5），引导幼儿互相欣赏，体验成功的快乐。

图 28-5

专家评析

花卉是幼儿美术活动常常表现的内容，菊花是秋天的花卉，因其造型特点明显，在幼儿美术教学中常常作为表征的对象。孩子们喜爱花卉，不仅因为花卉美丽、颜色鲜艳，还因为相对于其他物体来说，花卉也比较容易表现。自小班以来，幼儿已经具备了一些花卉表征的经验，到了中班就开始表征某种花卉，如菊花、郁金香、梅花等。

美术教学内容来源于生活，又要高于生活，这正是美术教育带给幼儿的审美价值。这节美术活动精心选择了两种不同的范例：实物范例和艺术作品范例。在清新美丽、宽松自由的环境中，实物菊花作为幼儿观察学习的范例，为幼儿的创作提供了模仿对象；而菊花摄影作品带着幼儿进入艺术作品的欣赏氛围中，透过摄影师的镜头突出菊花花瓣的造型，有效地帮助幼儿迁移欣赏过程中获得的经验并运用到自己的撕贴创作中。这种运用"范例"的教学法，提倡"教是为了不教"的观点，以点概面，为幼儿留下足够的时间、空间，让幼儿自己去迁移、去学习、去理解、去发现。最后，幼儿不仅表现了菊花的造型特点，更表现出了自己的个性特点，从中获得了极大的快乐，积累了宝贵的美术经验！

撕纸的技能在小班就开始运用，从随意撕到块状撕、条状撕，不同活动有着不同的操作要求。而此次活动则是运用撕条的已有技能，尝试卷曲线条并围着中心组合粘贴成立体花朵，这对中班幼儿有一定挑战性。但经过努力，他们是可以做到的。最后，使用黑色卡纸便于突出菊花的艳丽和姿态。

29. 大花蛇

设计教师：黄花　评析专家：余晖
幼儿园：南京军区实验幼儿园

设计意图

随着年龄的增长，越来越多的中班幼儿开始对大自然感兴趣。一些男孩子整天围在一起，看有关恐龙、昆虫、蛇、鸟等动物的书籍。大花蛇虽然"恐怖"，但特征明显，充满神秘感，又能满足一些孩子探索的兴趣。引导幼儿利用生活中的废旧物品，综合使用绘画、粘贴等技能制作花蛇的花纹，运用螺旋剪的方式展示蛇扭扭曲曲的身体姿态，肯定能吸引幼儿参与到活动中来。因此，特地设计了本活动。

活动目标

(1) 欣赏日常生活中不同的线条图纹、有序的排列组合产生的装饰美。
(2) 迁移生活中积累的装饰经验，用简单的线条、图纹、颗粒物等有序排列，装饰大花蛇。
(3) 展示作品，体验成功的快乐。

活动准备

(1) 经验准备：日常生活中，引导幼儿观察身边有规律的图纹装饰物、服装、包装袋等，积累图纹装饰的经验。
(2) 材料准备：生活中的线条装饰（树叶、蝴蝶的花纹等）图片，剪成螺旋状的圆形卡纸，勾线笔，日常收集的一些颗粒状、点状装饰物（如扣子、小瓶盖、彩珠等）。

活动过程

1. 欣赏生活中的线条装饰，观察图纹的排列组合规律

出示树叶、蝴蝶等图片（见图29-1、图29-2），提问：这些树叶（蝴蝶）漂亮吗？是什么样的花纹把它们打扮得这么美的？（结合范例欣赏，与幼儿共同寻找一些图纹的组合方式）

图 29-1

图 29-2

2. 迁移见过的线条图纹有序排列，形成花纹

（1）拎起剪成螺旋形的卡纸，提问：看，谁来了？（"一条蛇"）

师：这条蛇也想变得漂亮，穿上花衣服，你们可以帮助它吗？

（2）师：你想给蛇穿上怎样的花衣？（幼儿可以指着范例中的花纹表述自己的构思，教师及时鼓励幼儿：这样的花纹把蝴蝶打扮得很美，用这个图形一定能让大花蛇变得很好看）

3. 大胆装饰，让大花蛇更漂亮

出示绘画材料、勾线笔、颗粒状物品，重点介绍彩珠、纽扣等（见图29-3）。

师：看这里有什么？它们可以让花蛇变得更漂亮吗？（引导幼儿讨论，将这些半成品按规律排列、粘贴，达到装饰的效果）

师：请大家先给大花蛇画上花纹，再粘上这些点点，大花蛇会更好看的！（教师观察指导，提醒幼儿排列半成品时先调整位置，自己满意了再粘贴，见图29-4）

图 29-3

图 29-4

4. 作品展示

请幼儿手提花蛇，体验画面变化后的喜悦，互相欣赏作品。

专家评析

这个活动设计得很巧妙,首先是把一张椭圆形纸沿螺旋线剪开后就成为一条弯弯曲曲的长蛇。其次,大花蛇的装饰纹样借鉴了大自然天造地设的奇妙花纹。最后,亮晶晶的小饰品让大花蛇变得如此温柔、可人,让害怕蛇的小朋友也不再害怕。

这个活动流程清晰,以线描装饰为主,其他小饰品装饰为辅。在线描装饰纹样的引导中,提供了日常生活中的装饰欣赏图片,取材广泛,这样可以开拓幼儿的思维,避免简单模仿。在教师的引导下,幼儿学习并迁移相关经验,把好看的花纹变成蛇的花衣,让蛇变得好看。

不过,由于线描装饰沿螺旋线所形成的块面面积比较大,建议放在"花瓶装饰"之后。这样幼儿在线条装饰的经验基础上,可以迁移生活中观察到的图文有序排列的经验,用自己喜爱的方式让蛇的花纹更丰富,提升表现美的能力。

30. 漂亮妈妈

设计教师:朱水莲 评析专家:余晖

幼儿园:江苏省南京市鼓楼幼儿园

设计意图

妈妈是孩子们心里永远的依靠,他们对妈妈的感情是无可替代的!每个孩子都会从心底觉得自己的妈妈是世界上最漂亮的妈妈!而中班幼儿绘画正面人物的能力开始发展,通过绘画自己的妈妈,他们学习画人物的头像,表现出妈妈的主要特征,同时表现出对妈妈的深切情感!

活动目标

(1)感知妈妈五官的主要特征,能用大构图画单一主体的方式画出妈妈的头像,在脸型、五官或发型等某一方面表现出妈妈的特征。

(2)通过观察、讨论、示范了解画头发、脸型、眼睛的方法,巩固画正面人像的技能。

(3)以画像的方式表达爱妈妈的情感。

活动准备

幼儿妈妈的肖像画2幅,背景音乐《神秘园》,幼儿人手1张自己妈妈的照片,水彩笔,绘画纸。

活动过程

1. 导入活动，引起兴趣

师：小朋友们，我们每个人都有妈妈，妈妈都很爱自己的孩子。请你说一说妈妈平时是怎样爱你的。（引导幼儿用较连贯的语言表达妈妈对自己的爱）

2. 观看照片讲述妈妈的特征

师：许多小朋友都说自己的妈妈是世界上最漂亮的妈妈。请你说说你的妈妈什么地方最漂亮？（重点引导幼儿说说妈妈的脸型、发型和五官特征，为画妈妈肖像做准备）

3. 欣赏范例，与照片进行比较，了解正面人像的内容

出示图30-1、图30-2，提问：这是两位小朋友为自己妈妈画的画像，你们能够认出来是谁的妈妈吗？（在幼儿讨论后，呈现这两位妈妈的照片）

图30-1　　　　图30-2

师：画像上的妈妈和照片上的妈妈一样吗？（引导幼儿从发型、五官等方面进行比较）

小结：想想妈妈的样子、妈妈的脸型、妈妈的发型和妈妈的特别之处，把自己的妈妈画出来，要像自己的妈妈哦！

4. 交代要求，幼儿作画

指导语：让我们一起来画一画自己的妈妈吧！画出妈妈最美的地方！（在脸型、发型、表情三方面做重点提示，教师巡回指导幼儿要把妈妈画大）

5. 评价作品：夸夸我的妈妈

师：我们都画了自己的妈妈（见图30-3—图30-6），让我们来夸一夸自己的妈妈吧！找一个好朋友相互夸一夸！

师：请小朋友向大家介绍自己的妈妈，讲讲自己的妈妈和照片上的区别。（体验用作画的方式表达爱）

图 30-3　　　　图 30-4　　　　图 30-5　　　　图 30-6

专家评析

在每一个幼儿的心中，妈妈都是世界上最美的人！对于幼儿来说，画人是一种充满情感色彩的绘画活动，表面上看幼儿要表达的是对所画的人特征的认识，其实无论是观察发现妈妈的特征还是绘画表达的过程，幼儿一定会投入对妈妈深厚的情感。将绘画主题定位在"漂亮妈妈"非常恰当，在这个情感脉络下，幼儿对妈妈的观察会分外主动和投入，唯恐落后于小伙伴，妈妈漂亮的特征自然更容易被捕捉和强化。

活动过程中，教师不必要求每个幼儿都能发现和绘画出妈妈的脸型、五官和发型的特征。对于中班幼儿来说，他们只要能对一至两个点的特征加以表征就是一种成功。但要注意提醒和鼓励幼儿用大构图的方式，尽量将妈妈的头像画得大一点。

31. 妈妈的相框

设计教师：朱水莲　评析专家：余晖

幼儿园：江苏省南京市鼓楼幼儿园

设计意图

在上一次的"漂亮妈妈"活动中，孩子们绘画了妈妈的画像，用画笔描绘出妈妈的脸型、发型、五官、衣服和简单的姿态。妈妈的画像出炉了，我们决定引导幼儿尝试亲自动手为妈妈制作一个相框，将漂亮的画像装裱进去，成为一份别具心裁的礼物，送给亲爱的妈妈！本活动尝试利用生活中的废旧纸盒、泡沫板进行创意加工，变成艺术品美化我们的生活，不仅能变废为宝，增强幼儿的环保意识，而且能拓宽幼儿的思路，让幼儿知道生活中有的物品有多样的功能！

活动目标

(1) 欣赏各种各样美丽的相框,感受用对称与不对称两种方法装饰的相框。
(2) 了解相框的装饰方法(对称、间隔),学会用适当、适量的材料进行装饰。
(3) 积极尝试将相框立起来,体会制作完成以后的成就感。

活动准备

视频投影仪,相框幻灯片,音乐《神秘园》;妈妈的画像,剪刀,双面胶,彩色记号笔,胶水,纽扣,塑料珠,泡沫胶,三角支架,刷好底色且已经干透的纸盒。

活动过程

1.回忆生活经验,交流相框的特点

师:小朋友,你们家里哪些地方有照片?是用相框装扮的吗?

师:照片为什么要放到美丽的相框里?(引导幼儿知道照片用相框装帧以后更好看,更利于展示、保存)

师:你都见过什么样的相框?什么形状的?什么颜色的?上面有什么样的装饰物?

2.欣赏相框图片,观察相框的装饰方法

师:老师这里也有几个相框,我们一起来欣赏一下(见图31-1—图31-3)。

图 31-1

图 31-2

图 31-3

师:你喜欢哪一个相框?说说看它是什么样的?相框的周围是用什么装饰的?除了粘贴的立体材料,还有什么图案?相框两边一样吗?上下一样吗?什么地方是对称的?这些图案是怎么排列的?

小结:这些相框本来是光秃秃的,没有装饰物,添加上图案、其他的小装饰品就变得更加漂亮了!有的装饰是对称的,有的是不对称的。装饰的材料不是越多越好,而是要选择合适的

材料。

3. 提出任务，示范半成品相框的制作方法

（1）示范平面装饰方法。

师：前两天我们一起为妈妈画了一张像，今天我们做一个漂亮的相框把画像装裱起来送给妈妈，好吗？

师：这里有小朋友们刷好底色的纸盒，想一想，怎样把它变成一个漂亮的相框呢？（引导幼儿观察纸盒的形状，与刚才欣赏的范例建立起联系，思考制作过程）

师：谁来说一说、试一试？（师生一起示范相框的装饰方法）

小结：要把纸盒变成相框，先要把画像放进来，再比画一下周围留下多少空间，用笔做出印记。在剩余的地方画出喜欢的装饰图案，可以是对称的，也可以不对称。最后用胶水粘贴立体装饰品。

（2）观察尝试怎样将相框立起来。

师：相框制作好以后，要立在桌子上才能方便别人观赏。怎样才能将相框立起来呢？（引导幼儿寻找合适的着力点和角度，将三角形支架用泡沫胶固定在纸盒背后，见图31-4）

图 31-4

4. 幼儿制作，教师巡回指导

师：小朋友们一定很想为自己的妈妈做一个漂亮的相框吧！请你们选择一个刷好的纸盒，带着妈妈的画像找一个位置坐下来，为妈妈制作相框吧！

幼儿制作，教师指导。

5. 作品展示、欣赏与评价

将幼儿做好的相框放在展示台上（见图31-5—图31-7）。

图 31-5　　　　　　　　图 31-6　　　　　　　　图 31-7

师：我们一起来欣赏你们给妈妈制作的相框，说一说你们是用什么方法制作的。

师：请你们把相框带回家送给亲爱的妈妈，给妈妈一个甜甜的吻并对妈妈说："我爱你，妈妈！"

专家评析

给漂亮妈妈的画像配个相框，作为送给妈妈的节日礼物，很有意义。中班幼儿因为能力有限，操作不能过于复杂，往往就需要教师提供较多的半成品，这对教师开展美术活动是一个挑战。在这个活动中，最重要的材料就是相框底板，可以是硬纸板，也可以是马粪纸或者KT板；可以在底板上刷上彩色颜料，也可以贴上彩色底纸。

这个活动从谈论幼儿身边的相框到观察真实的相框照片，从半成品相框再到为妈妈装饰相框，引导细致，突出欣赏相框周边装饰的对称或是不对称。教师引导中把重点放在画的图案构成所产生的装饰效果，而立体小饰物只是点缀其中，以增加立体感和创意美感。中班幼儿在部分位置进行装饰和粘贴立体小饰物都有一些难度，教师要鼓励幼儿别着急，稳稳地画上螺旋线、圆圈、爱心等图案；使用胶水时，指导幼儿要等待胶水变干才不会脱落。在等待的过程中，可以让幼儿玩变戏法的游戏，让幼儿一口气念"阿姆阿姆阿姆阿姆……变"，增加活动的趣味性。

有一点教师应注意，要引导幼儿先把妈妈的画像贴在半成品相框上后再去装饰。画像可以是整张的，也可以用剪刀将画像沿边缘剪下来再贴。有了画像给幼儿作为参照，幼儿就不会把装饰画到整个平面上了。

32. 薰衣草

设计教师：钟成珍　评析专家：余晖

幼儿园：江苏省南京市辰龙幼儿园

设计意图

生活中的花千姿百态，装点着人们的生活。薰衣草以它独特的芳香、浪漫的色彩让我们为之心醉。薰衣草由深深浅浅的紫色构成一团团一簇簇的花朵，远远望去，像满天的繁星点点。本次教学活动设计正是将点彩的绘画方式和薰衣草的特征完美结合。活动拟通过观察远处的薰衣草和近处薰衣草的图片，引导幼儿充分感受薰衣草的色彩美和花的基本结构特征，感受其围绕花茎密集生长的造型特点，并在已有点彩经验的基础上尝试表现薰衣草的花型特征，创作自己所感知的美丽的薰衣草。

活动目标

(1) 感受薰衣草的美，尝试运用点彩的方法表现薰衣草的色彩及外形特征。
(2) 初步运用插空的方法完整构图，表现高低不一的薰衣草。
(3) 对点彩画感兴趣。

活动准备

水粉颜料（紫色、白色、绿色），毛笔，洗笔筒，薰衣草系列图片。

活动过程

1. 交流自己生活中见过的花，唤起已有经验

引导幼儿讨论生活中见过的花，交流关于花的色彩以及形态特点。

2. 欣赏图片，感受薰衣草的美

(1) 欣赏薰衣草远景图（见图32-1），了解薰衣草的色彩特点和形态特征。

师：这些薰衣草是什么颜色的？你发现了哪些不同的紫色？

师：我们看见这么一大片的薰衣草，近处的薰衣草是什么样的？远处的薰衣草又是什么样的呢？（引导幼儿了解近处完整、远处局部的关系）

师：远远望去，这一片薰衣草会给我们带来什么样的感受？（引导幼儿发现薰衣草有疏有密，以及画面中的留白）

图 32-1

(2) 欣赏薰衣草近景图（见图32-2），知道薰衣草有各种颜色，每一种薰衣草都是由深浅不一的颜色构成的。

(3) 再次欣赏薰衣草近景图，了解薰衣草的外形特征以及花的生长特点。（引导幼儿观察薰衣草的花生长在花茎的周围，花朵之间紧紧挨着，非常密集）

3. 探究表现薰衣草的绘画方式

(1) 探究点彩法的运用。

图 32-2

师：今天我们就用颜料来表现薰衣草，你觉得怎样画最合适？（通过师幼合作的方式，了解点彩法的基本运用特点）

小结：用水粉笔蘸一种颜色，用点点来画画，一点一点连成一片。

(2) 尝试色彩的运用。

师：怎样才能够表现出深浅不一的紫色呢？（引导幼儿点原色，再用白色在基础原色上随意点，就会呈现出深浅不一的颜色）

鼓励幼儿在点彩过程中大胆操作，点得密集，相互重叠，形成深浅不一的紫色。

4. 幼儿操作，教师指导

引导幼儿大胆构图，尽量将作品布局得满一些。

5. 欣赏作品

把幼儿的作品张贴在展板上（见图32-3），引导幼儿与同伴共同欣赏作品，感受薰衣草的美！

图32-3

专家评析

薰衣草紫色的花簇让人赏心悦目，无论是从远处欣赏薰衣草无边的紫色，还是近看薰衣草一簇簇饱满的花枝，都有其特别的美丽。选择薰衣草作为中班幼儿的美术教育素材，引导幼儿从色彩的角度加以欣赏，用点彩的方式创作表达其花簇的造型，特别恰当。

在感受欣赏环节，教师分三个层次选择由远而近从不同的角度欣赏薰衣草的美。对于从远处欣赏的薰衣草照片，引导幼儿感受薰衣草紫色色彩深浅不一之美，感受一大片薰衣草画面中疏密有致的美和画面留白的运用；对于从近处欣赏的薰衣草照片，则引导幼儿观察薰衣草花簇围绕花茎密集生长的造型之美。

点彩画法是幼儿喜欢的近乎游戏的创作形式，在幼儿对薰衣草充分感受欣赏的基础上，师幼共同探究用点彩的方式表现薰衣草的外形特征，探讨怎样才能点出密集的感觉或稀疏的感觉，以及怎样点才能让深紫色的薰衣草和浅紫色的薰衣草相互交错融合。这样的探索以及探索过程中对幼儿的肯定和鼓励，有利于幼儿在作画过程中敢于尝试和相互借鉴。

33. 小兔的连衣裙

设计教师：焦阳　评析专家：余晖

幼儿园：江苏省军区机关幼儿园

设计意图

《我的连衣裙》是一本能打动人的绘本，书中图案简单，文字简洁明了，会让人不由自主地产生一种快乐的情绪。这一绘本还蕴含诸多美术元素，首先书中兔子的形象简单可爱，线条明快；其次，随着情节的发展，画面在不断变化，又在变化中重复，而孩子们喜欢这种重复，也很期盼这样的重复；此外，绘本中的各种裙子，如花裙子、雨裙子、草籽裙、小鸟裙等，也是一些图案的不断重复。因此，选择这本绘本，在幼儿充分阅读的基础上，鼓励幼儿运用绘本中的图案装饰方法和自己已有的经验，想象并创作出不同花色且富有个性的有重复图案的连衣裙。

活动目标

(1) 欣赏绘本《我的连衣裙》，发现绘本图画中图案重复运用所带来的美。

(2) 乐意联系自己的生活经验，用绘画的方式为小兔子设计一种或几种图案重复的花布。

(3) 大胆想象与表现，体验为小兔子设计出连衣裙图案的快乐。

活动准备

(1) 经验准备：幼儿读过绘本《我的连衣裙》。

(2) 材料准备：绘本《我的连衣裙》PPT，背景音乐《夜的钢琴曲》，水彩笔，勾线笔，油画棒，铅画纸，双面胶，人手1张画好的小兔子模板（小兔子的连衣裙部分已被挖空，见图33-1）

图 33-1

活动过程

1. 出示一块白布，引入活动

师：绘本《我的连衣裙》中，小兔子用这块白布做了一件什么衣服？这是一件什么样的裙子？（引导幼儿回忆绘本中小兔连衣裙的图案特点和装饰特点）

2. 欣赏绘本PPT，了解小兔连衣裙上图案重复变化的特点

(1) 播放绘本PPT，讲故事，随故事情节发展引导幼儿观察小兔子裙子的变化。

提问：故事中小兔子都去了哪些地方？连衣裙上图案又变成了什么样子？（帮助幼儿分析连衣裙上的图案随着环境的变化而发生着变化）

(2) 播放PPT，将绘本中不同的连衣裙展示在一起。

提问：你喜欢哪一件连衣裙，为什么？

小结：小兔子的连衣裙有的是一种图案重复出现，有的是几种图案重复出现，这些图案的重复出现让连衣裙变得很美。

(3) 引导幼儿思考，拓展经验。

提问：你最想让小兔子走到哪里？想让她的连衣裙上变出什么图案呢？（迁移幼儿的生活

经验,引导他们想象不同的环境会有什么样的花纹重复地出现,比如到了海底会有贝壳、小鱼、水草、泡泡等图案的重复等)

(4) 继续播放PPT,演示一些花布图案,进一步拓展幼儿的思路。

3. 幼儿绘画

(1) 师:请你为小兔子设计一块花布,花布上的纹样可以是一种图案的重复,也可以是几种图案的重复。(幼儿自由创作,教师指导)

(2) 师:画完后可以让桌上的小兔子试穿一下。(小朋友们设计好花布后,粘贴在小兔子模板上,可以体验到创作的乐趣,同时这种模板可以重复使用,让幼儿不断地感受到成功的喜悦)

4. 作品欣赏与评价

师:请每个小朋友将自己的作品展示在展板上(见图33-2—图33-5),互相交流自己的小兔子到了哪里,以及连衣裙上变出了什么美丽的图案。(鼓励幼儿大胆表述自己的作品,并引导其观察作品中有独特表现的地方)

图 33-2

图 33-3

图 33-4

图 33-5

专家评析

《我的连衣裙》是一本富于想象、充满童趣和视觉美感的绘本,随着情节的发展,小兔子在不同的情境中会换上有着相应图案的连衣裙,这样幼儿在跟随绘本情节之时,也融入了对画面中裙子图案的重复欣赏,而且画面蕴含了文字无法表达的意思,可以引发幼儿产生丰富的联想。在欣赏绘本时,他们会不由自主地迁移自己已有的经验,设想接下来小兔子可能会去的场景,想象她可能会穿上什么图案的连衣裙,这无疑给孩子们插上了想象的翅膀。

在欣赏感受环节,教师重点引导幼儿感受连衣裙图案连续装饰的特点,让幼儿发现重复装饰的形式下其实有规律可循;拓展经验环节,教师引导幼儿迁移生活经验,讨论小兔子还会去的其他场景，以及可以用哪些与场景相呼应的图案装饰连衣裙，为幼儿的自主创作给予丰富的支撑，给他们的创作尽可能地拓展更大的空间。

不过，在活动中小兔子的模板最好选择彩色的，这样幼儿在白色纸上设计的花布，在彩色卡纸的映衬下会更漂亮。活动结束后，教师可将模板投放在美工区，鼓励幼儿在区域活动时间继续为小兔子设计好看的连衣裙，让活动有延展性。

34. 节日的烟花

设计教师：居君　评析专家：余晖

幼儿园：江苏省南京市第三幼儿园

设计意图

《指南》指出，4—5岁幼儿的艺术发展目标为"在欣赏自然界和生活环境中美的事物时，关注其色彩、形态等特征"。烟花的形态和色彩很别致，它不仅富有动态美，而且变化多端、造型各异，它的色彩也是五彩斑斓、灿烂生动的。烟花的特点让幼儿有意愿去关注、去探索、去发现它与众不同的美。本活动设计中还用到了多样的绘画媒材——砂画纸，这种新型的材料让幼儿能够体验到油画棒在上面描画的新鲜感。在操作中，幼儿运用砂画纸来表现具有动态美的烟花，从而也习得了砂纸画的创作方式和方法，提高探索新事物的能力以及对美的多种表达方式的感知能力。

活动目标

(1) 感受烟花斑斓的色彩、变化多端的形态等特征。

(2) 尝试用围绕中心画放射状长短直线、弧线的方法，在砂画纸上表现节日的烟花。

(3) 体验砂纸画带来的与众不同的感受。

活动准备

(1) 经验准备：幼儿有用油画棒画物的经验。

(2) 材料准备：烟花绽放的视频，各种烟花的图片，砂纸画范例2幅，暗色砂画纸、油画棒以及幼儿事先剪贴好的房屋若干。

活动过程

1. 欣赏教学视频,感受烟花绽放的壮观场面

师:小朋友们,你们看过放烟花吗?一般什么时候我们会放烟花呢?今天老师请小朋友看一看烟花绽放时的场景。(播放视频,幼儿欣赏)

师:你看到了什么样的烟花?颜色怎样?用动作学一学烟花绽放的样子。(通过体态、语言等多种形式的表达,丰富幼儿对烟花具体特征的了解)

小结:节日到来的时候,我们会在夜晚燃放烟花庆祝节日,用烟花来增加节日喜庆的气氛。烟花有很多种,色彩和形状富有变化,使节日的气氛更加浓烈。

2. 欣赏烟花的图片,探索不同烟花的表现方法

(1)师:我这里还有一些烟花的图片(见图34-1—图34-3),看看它们是什么样子的。(逐一出示,引导幼儿观察烟花放射状长短线的特征,帮助幼儿归纳烟花的线形表现,并尝试画一画)

图 34-1　　　　　图 34-2　　　　　图 34-3

(2)出示砂画纸,提问:请小朋友摸摸,感觉砂画纸与普通的纸有什么不同,并用油画棒在砂画纸上画一画。(引导幼儿感受砂画纸表面粗糙、坚硬的特征)

3. 学习在砂画纸上表现烟花的整体构图

提醒幼儿绘画时的构图要点:先选一些夜晚的房屋贴在画面下方或中间,然后画烟花。画纸可以竖着放,也可以横着放。

4. 创作砂纸画"节日的烟花"

幼儿尝试自己创作,在有明确目标的指引下大胆创意、表达,并体验边创作边调整的富有变化的创作过程。

指导要点:

- 提醒幼儿先想想房子贴在什么地方,再在空的地方画出烟花。
- 鼓励幼儿大胆表现丰富多彩、五彩缤纷的画面,对构图有困难的幼儿给予恰当的

提示和帮助。

5.作品展示与评价

（1）请幼儿自己把作品贴在展示板上（见图34-4—图34-6）。

（2）引导幼儿和同伴相互欣赏彼此的砂画作品，分别说说自己的砂纸底板是什么颜色的，选择了哪些颜色进行装饰，以及运用了哪些线条画烟花。（鼓励幼儿大胆地表述自己的作品，发现其中的闪光点，及时给予表扬，使幼儿获得能力的提升）

图 34-4　　　　　　　　图 34-5　　　　　　　　图 34-6

专家评析

烟花是幼儿在节日里常常可以看到的美好事物。它五彩缤纷的色彩以及由中心向四周放射开放的形态，具有特别的审美价值。活动中感受欣赏部分巧用资源，通过播放视频向幼儿直接呈现烟花绽放的美丽场景，视听震撼会极大地激发幼儿进一步欣赏发现和创作表现的热情，快乐的情绪会一直延伸至活动结束。接下来的重点图片欣赏部分，师生共同对盛开的烟花的几种经典形态进行观察欣赏。由流动的声色画面到精选画面的定格，由对烟花色彩的欣赏到对烟花构图特点的分析，不断丰富和提升幼儿对烟花审美特征的感知，为幼儿自主流畅地创作属于自己的烟花奠定了良好基础。

在美术工具材料方面，本活动选择了砂画纸和油棒。暗色的砂纸与夜晚的天空如出一辙，而当使用油画棒在粗糙的砂纸上绘画时，其稳定的着力方式保证了烟花的色彩均匀密实，无形中给了幼儿边创作边思考的时间和空间。

不过，在提供油画棒时，教师应注意选择浅色和明亮的色彩，这样易于在砂纸上呈现对比效果。延伸活动时，还可以尝试小组组画或者拼装画。比如，每一张砂纸表现画面的一个局部，然后组装起来成为一幅完整的画，形成马赛克似的大型烟花作品。

35. 手工制作水母

设计教师：朱水莲　评析专家：余晖
幼儿园：江苏省南京市鼓楼幼儿园

设计意图

随着年龄的增长，幼儿活动的范围不断扩大，其中海洋馆是孩子们非常爱去的地方。多彩的海底世界让孩子们流连忘返，特别是那蠕动的水母，在灯光的映衬下如梦如幻！水母独特的造型、有趣的运动方式，让孩子们惊叹不已！本活动旨在引导幼儿用纸碗制作水母的身体，用弯卷的彩带制作水母的触角，通过操作废旧材料，组成一个绚丽的海底世界！

活动目标

(1) 欣赏、感受水母的造型。
(2) 学会将纸碗进行装饰并与彩带连接，拼贴出水母的形态。
(3) 集体创作水母世界，感受集体力量的强大。

活动准备

水母录像，水母幻灯片及水母制作方法幻灯片，音乐《海洋》，纸碗，颜料，排笔，双面胶，彩带。

活动过程

1. 欣赏水母录像，感受水母世界的奇幻美妙

师：今天，老师播放一段录像，带小朋友们到海底去看一看，看完了告诉老师你们都看到了什么，有什么感觉？（教师播放录像）

师：录像里是谁？你欣赏完了有什么感觉？

2. 欣赏水母幻灯片，分析水母的构造

(1) 回忆已有经验，交流对水母的认识。

师：你以前见过水母吗？你看到的水母是什么样子的？

(2) 观看水母的幻灯片（见图35-1—图35-4），分析水母的构造。

师：我们再来仔细看看水母长得什么样。你喜欢几号图的水母？它长得什么样？（教师根据幼儿的意愿点击相应的幻灯片，放大后让幼儿观察）

图 35-1　　　　　图 35-2　　　　　图 35-3　　　　　图 35-4

小结：水母有很多种类，有不同的颜色，有的有花纹，有的没有花纹。但是水母都由两个部分组成，即像伞一样的身体和细长的触手。

3. 寻找材料，探索制作水母的方法

（1）提出制作建议，思考制作材料。

师：我们把这个漂亮的水母世界搬到幼儿园里来吧！想一想，可以用什么材料来制作水母呢？什么材料看起来像水母伞状的身体呢？什么材料飘飘荡荡像水母的触手呢？（引导幼儿根据日常对材料的了解与水母的身体形状进行匹配，帮助幼儿建立以物代物的思维）

（2）思考制作步骤，尝试制作水母。

师：请小朋友观察桌上的材料，想一想、说一说怎样制作出水母。（幼儿根据自己的制作经验进行讲述）老师这里也有一种方法，想看看吗？（教师播放水母制作步骤幻灯片）

小结：制作水母的时候，先用淡色的水粉颜料将纸碗外面刷上一层底色，然后用深色的水粉画出花纹，再将彩带剪成需要的长度，用双面胶固定在纸碗口边缘，最后将彩带撕成宽宽窄窄的细条进行整理，一个水母就完成了！

4. 制作水母

师：小朋友们想出了自己的方法，老师也介绍了老师的方法。现在请大家到操作区，选择一个大小合适的纸碗和彩带进行制作，看谁做得又快又好！

教师巡回指导，给予幼儿帮助和建议。

5. 作品展示与评价

将幼儿制作的水母悬挂在合适的空间进行展示（见图 35-5—图 35-7）。

指导语：请小朋友说一说，你喜欢哪一只水母？

小结：这么多的水母在一起真漂亮啊！你们真的把美丽的水母世界搬到幼儿园里来了！你们真能干，给自己鼓鼓掌吧！

图 35-5　　　　　　　　图 35-6　　　　　　　　图 35-7

专家评析

本活动具有以下几个亮点：

(1) 课题选材别具一格。喜欢动物是幼儿的天性，运用绘画或者手工制作的方式表现动物是幼儿园美术活动中常见的内容。通常，教师会选择鱼、鸟、小兔、长颈鹿、大狮子等，因为这些动物常见且形象鲜明。海底世界中，水母以其晶莹剔透的身体和在水中悠然自得游动的样子让人过目不忘。《指南》中指出，要"充分创造条件和机会，在大自然和社会文化生活中萌发幼儿对美的感受和体验"。本活动正是选择了这一美的精灵，把"她"带到了孩子们的审美世界，让人和自然融合在一起，仿佛置身在海底世界中。

(2) 教学组织周密。比如，在引导幼儿制作水母的时候，先将纸碗刷上一层淡底色，再画花纹。在等底色干透时，请幼儿先来准备水母的触手，这样统筹安排节约了时间，也不需要幼儿等待。水母的身体可以用纸碗制作，也可以用透明的塑料碗制作；水母的触手可以用彩带制作，也可以用皱纹纸制作，这样让幼儿在自我选择中成长。教师不必强求幼儿一定要用自己教授的方法，鼓励幼儿自己创意和实践，积累自己的制作经验。

(3) 表征方式形象生动。本活动选择纸碗作为主要媒材，配套使用了包装彩带。从纸碗的色彩看，以淡雅通透为主，再用稍深些的同种颜色勾画简单的图案；触手则用大大小小的彩带从碗的中心固定，这样倒扣下来后，彩带随风摆动，倒真像是在海水中漂漂浮浮。

(4) 展现方式独具匠心。活动最后，教师将幼儿的作品展示在风能吹到的上空，还布置有淡蓝色的薄纱，营造出海底般的世界，给幼儿美的体验和身临其境的感受。教师有爱美之心，才能发现这世间美的事物，才能培养爱美、爱生活的孩子。

36. 摩天大楼

设计教师：何凯黎　评析专家：余晖
幼儿园：江苏省南京市鼓楼幼儿园

设计意图

随着现代社会的发展，高楼越来越多，外形也是多种多样。靠近幼儿园的紫峰大厦引起了孩子们的关注，他们经常问："老师，紫峰大厦怎么这么高呀？它像一把超级神剑呢！"孩子们的视角总是不同于成人，本活动通过让幼儿欣赏、了解世界范围内那些独特的摩天大楼，从而激发他们创作摩天大楼的愿望。对于中班的孩子来说，表现高楼并不难，关键在于能根据自己的想法进行创作与设计，能大胆地在长条纸上构图表现。

活动目标

(1) 欣赏并观察摩天大楼，感受其高耸入云的外形特征。
(2) 大胆依据自己的想象，尝试在长条纸上勾勒表现自己设计的摩天大楼。
(3) 体验创意绘画的乐趣，萌发对未来生活的期望。

活动准备

(1) 经验准备：幼儿在生活中观察过周边的高楼。
(2) 材料准备：用大纸箱做好的四面立柱和三面立柱若干，高度低于纸箱立柱的长短不同的长条形云彩纸若干，彩色油性笔，双面胶，摩天大楼PPT。

活动过程

1. 欣赏范例PPT，感受摩天大楼的外形特征

(1) 出示紫峰大厦图片，激发幼儿了解摩天大楼的愿望。

提问：在我们南京有一幢非常有名的高楼，你们知道是什么楼吗？

提问：你觉得紫峰大厦特别在什么地方？外形看起来像什么？

提问：为什么这座大楼看起来特别高？（引导幼儿关注大楼与周围其他建筑物之间的高度差异）

(2) 呈现几幢世界著名的摩天大楼图片（见图36-1—图36-4，依次是迪拜大楼、台北101大楼、广州电视塔和世贸双子塔），根据幼儿的选择拓展欣赏。

图36-1　　　　　　图36-2　　　　　　图36-3　　　　　　图36-4

提问：你看到这栋摩天大楼有什么感受？它像什么？有什么特别之处？（引导幼儿观察摩天大楼的外形特征以及摩天大楼高大的特点）

2. 讨论关于摩天大楼的设计想法及表现要点

（1）邀请幼儿相互讨论并说说自己的想法。

提问：如果你是一名摩天大楼设计师，你会设计一栋什么样的摩天大楼呢？

讨论：怎样才能让自己画的大楼看起来特别高？（引导幼儿归纳"运用其他建筑物和地面物体对比的方法"画高楼，以及表现其他空中参照物来说明大楼高耸入云，如云朵、小鸟、低矮的汽车树木等）

（2）出示长条纸和勾线笔。

师：今天老师为大家准备了不同长短的长条纸和勾线笔，请小朋友画出自己设计的或者喜欢的摩天大楼，并给自己的摩天大楼起个特别的名字。注意，别忘记在绘画长条形纸时用到高高的标记点！接下来，小小设计师们可以创作啦！

3. 幼儿创作，教师巡回指导

指导要点：

● 幼儿能依据自己的想法在长条纸上勾画摩天大楼独特的外形。

4. 作品欣赏与评价

将纸盒立柱布置在教室中间，协助幼儿用双面胶将作品贴在纸盒立柱上。

提问：你喜欢哪一栋摩天大楼？喜欢它的什么地方？

小结：可以邀请你的好朋友到美工区一起把我们的摩天大楼装饰得更加漂亮。

专家评析

从古到今，世界各地各个城市、各个民族都会通过各种建筑表现它们对美的理解。摩天大楼不仅是许多城市地标性的建筑，也是视觉审美文化的一种呈现方式。大班幼儿对普通楼房的外形特征已有初步的感知经验和表现能力，在此基础上，引导他们对高耸入云的大楼感知欣赏以及对大楼外形特征的设计表达非常合适，不仅可以引导幼儿关注这些地标性建筑，享受高耸入云带来的震撼美，还可以激发幼儿主动关注所在城市其他特殊建筑物的造型特征，提升他们对生活中建筑审美的敏锐性。

观察欣赏与讨论环节，除了引导幼儿感受和设计高楼的造型特征，教师还注意引导他们通过对高楼周围参照物的对比分析，主动发现和解决表现技法上的难点。除此以外，为了帮助幼儿更顺利地表现出大楼的"高"，教师指导幼儿先在长条纸的顶端做一个标记点再开始画，这样可以尽量地将纸画满。

延伸活动中，教师还可以引导幼儿围绕他们创作的立体高楼，进行辅助物的延伸创作。比如，利用废旧纸盒制作相对低矮的汽车、小房子、树木、花卉等。

37. 彩糊想象画

设计教师：乔卉　评析专家：余晖
幼儿园：江苏省南京市市级机关幼儿园

设计意图

日常生活中我们发现，把画纸覆盖在涂有彩色糨糊的瓷砖上，画纸上就会印出纹理，这些纹理色彩丰富、形状不规则，具有极大的想象空间。本活动旨在引导幼儿围绕彩糊纹理的整体或局部从不同角度进行想象添画，丰富幼儿的审美经验，同时对幼儿的表现方式和技能技巧给予适时、适当的指导，发展幼儿的想象力、创造力，使幼儿体验自由表达和创造的快乐。

活动目标

(1) 在瓷砖上大胆地涂抹彩色糨糊，感受按压出的纹理的美丽多样。
(2) 从不同的角度观察彩糊的纹理，并进行想象添画。
(3) 体验创作和想象的乐趣。

活动准备

瓷砖，铅画纸，彩色糨糊，水粉笔，水粉颜料，黑色记号笔，抹布，视频展示台，液晶投影仪，背景音乐。

活动过程

1. 欣赏彩糊画,激发兴趣

师:今天老师用彩色糨糊给小朋友变个魔术。用水粉笔蘸颜料随意平涂在瓷砖上(可多选择几种彩色糨糊),再用铅画纸覆盖在上面轻轻压一压,然后掀起铅画纸,纸上就会出现彩色糨糊的纹理(见图37-1)。

图37-1

师:请小朋友看一看、想一想、说一说,彩色糨糊的纹理像什么?哪一个部分像?或者是像某个物体的哪一个部分?转动画纸的方向,看看彩色糨糊的纹理又像什么?(通过观察、想象、交流,拓宽幼儿的思路,引导幼儿围绕彩糊纹理的整体或局部从不同角度进行想象)

教师根据幼儿想象的内容用记号笔进行简单添画,变成一幅美丽的彩糊画。

2. 创作彩色糨糊纹理

(1)师:你们也来做小小魔术师,看看彩色糨糊能变出哪些不同的纹理。

指导要点:

- 提醒幼儿均匀地平涂糨糊,不要涂得太多,且覆盖压印时不能移动纸。
- 鼓励幼儿尝试用多种颜色的糨糊涂色。

(2)引导幼儿对彩色糨糊的纹理进行想象。

师:请你和同伴讲一讲自己画纸上彩色糨糊的纹理像什么。

在视频展示台上展示部分幼儿制作的彩色糨糊的纹理,引导幼儿围绕纹理的整体或局部从不同的角度进行想象。(了解并倾听幼儿艺术表现的想法,领会并尊重幼儿的创作意图。同时,留有时间等待彩色糨糊变干)

3. 想象添画

师:请你们用记号笔简单地添画,让你的作品变得更加完整。

播放背景音乐,幼儿进行创作,教师巡回指导。

指导要点:

- 引导幼儿从不同的角度观察彩糊纹理,并大胆地进行想象和简单添画。
- 在幼儿自主表达创作的过程中,教师不做过多干预或把自己的意愿强加给幼儿,在幼儿需要时再给予具体的帮助。

4. 展示作品,欣赏与评价

将幼儿的作品贴在展板上(见图37-2—图37-7)。

师：看一看，大家把彩色糨糊的纹理变成了什么？什么地方最像？（尊重每个幼儿的想法和创造，肯定和接纳他们独特的审美感受和表现方式，分享他们创作的快乐）

图 37-2　　　　　　　图 37-3　　　　　　　图 37-4

图 37-5　　　　　　　图 37-6　　　　　　　图 37-7

专家评析

《指南》指出："艺术领域的学习关键在于充分创造条件和机会，萌发幼儿对美的感受和体验，丰富其想象力和创造力，用自己的方式去表现和创造美。"本活动就是这样一个通过彩色糨糊与压印动作的结合而产生的一次借形联想，并鼓励幼儿用自己的方式去表现想象的活动。

活动中教师的引导作用除了体现在平涂彩色糨糊进行压印的动作要点上外，更重要的是要引导幼儿围绕纹理的整体或局部两个方面进行想象，变换不同角度进行观察。操作时对于能力稍强的幼儿，还可以引导他们在瓷砖上的颜料没有干时，尝试再换一张铅画纸覆盖在上面，压印出和前一张大致相同的纹理（色彩、外形可能会稍有不同），然后请幼儿用记号笔简单地添画，将相同的纹理变成两幅不同的作品。教师可以引导幼儿转动画纸方向变成两个不同的物体，也可以不转动画纸把同一个方向的纹理变成两个不同的物体。此外，彩色糨糊要稍微稠一些，如果太稀画面则不易干而无法添画。

38. 纸袋上的城堡

设计教师：焦阳 评析专家：余晖
幼儿园：江苏省军区机关幼儿园

设计意图

随着人们生活中越来越推崇环保的理念，教师应该有意识地引导幼儿开展一些有关环保的活动。纸袋城堡的绘画活动就是其中之一，目的是让环保的生活变得更有乐趣。选择城堡作为装饰在纸袋上的内容，对于中班幼儿来说更易于创作表现和体验成功的喜悦。活动中，通过对一些代表性城堡的欣赏和结构的分析，幼儿在教师的引领下进入一个神奇而美妙的城堡世界，提高了审美能力。而牛皮色的纸袋衬托着幼儿绘画的彩色城堡，更突出了古典的韵味。

活动目标

(1) 欣赏城堡的造型美和组合美，了解城堡的外形特点。
(2) 运用油画棒在纸袋上表现出彩色的城堡，尝试将城堡连接起来。
(3) 喜欢设计、装饰环保袋。

活动准备

教学课件"城堡"，久石让的"*Merry Go Round*"，牛皮纸拎袋，油画棒，黑色勾线笔。

活动过程

1. 欣赏课件"城堡"，了解城堡童话般梦幻的建筑风格

(1) 观看城堡的图片（见图38-1），感受城堡的意境美。

(2) 欣赏现实中的城堡，感受城堡的造型美和组合美。

提问：你看到的城堡是什么样子的？（引导幼儿关注不同的城堡其房子与房顶的不同，如有圆形房顶、三角形房顶等；城堡中的城楼一个挨着一个，有高有矮，错落有致）

2. 探索城堡的绘画表现方法，尝试表现城堡的特征以及将一个个的城堡连起来

(1) 引导幼儿欣赏动画故事中的城堡（见图38-2），

图 38-1

提问：这些城堡是怎么画的？（帮助幼儿理解将现实中的城堡转化为卡通世界的城堡后，色彩可以更加鲜艳，并分析城堡由多个城楼组成，一座挨着一座）

（2）请个别幼儿先来绘画一个城楼，鼓励他表现出楼顶，加上窗户和门。再请一名幼儿接着画，画的时候紧靠旁边的城楼。

图 38-2

指导要点：

- 在第二名幼儿绘画时，引导他理解这座城楼是紧靠旁边城楼的，所以只要画出半边的线条就可以了，并加上不同的房顶和窗户。

3. 绘画表现城堡

师：我们在纸袋上画一画美丽的城堡吧，让纸袋变得漂亮，然后把纸袋送给爸爸妈妈出去购物。

指导要点：

- 除绘画城堡外，还可以添画一些事物，让画面更加完整和丰富。
- 城楼一座挨着一座，可以设计出不同的屋顶和窗户。

4. 作品展示

师：请小朋友们拎着自己绘制的小纸袋互相欣赏交流（见图38-3、图38-4）。

图 38-3　　　　　　　　图 38-4

专家评析

在幼儿美术活动中，教师不断地把生活环境中、社会生活中美的事物以艺术的方式呈现给幼儿，培养幼儿发现美、感受美甚至是表现美、创造美的能力，这就是美术的教育价值。环保袋体现出时代的发展和进步，教师运用牛皮纸袋作为主要媒材，其颜色和质地具有自然、淳朴的原生态感,非常适宜表现色彩丰富且具有装饰效果的图案。教师选择了城堡这一具有魔幻魅力的建筑,引导幼儿遐想、欣赏和表现,是一个很好的创意。做个属于自己的环保袋,无论是自己使用还是馈赠家人,不仅具有审美意义,更具有社会意义。

在这个活动中,幼儿可以借鉴以往使用油画棒绘画的经验和绘画楼房的经验,来迎接全新的挑战和体验。一是要表现出城堡的独特造型,需要更为细致的表达方式来表现出高低不同的楼房以及不同形状的房顶与窗户;二是要表现出城堡是一个挨着一个连成一片的,这对喜欢画独立楼房的中班幼儿来说,也需要探索和尝试。此外,不同于平时在画纸上绘画,在纸袋上绘画要求幼儿从心理上更加小心地对待此次活动。不过,即使把城堡画小了,还可以在旁边画更大一些的,这让幼儿可以不断地修正和完善自己的作品。

活动结束后,教师可以在"班级环保设计展览"上展出幼儿的作品,也可以把它们放在游戏区中作为购物袋使用。当然,这么美丽的作品还可以作为礼物送给亲人和朋友,与他人分享。

39. 纸盒小人

设计教师:居君 评析专家:余晖

幼儿园:江苏省南京市第三幼儿园

设计意图

纸盒是家庭中常见的物品,丢之可惜,将其变成幼儿手工制作的材料,倒是大有用处。纸盒可以做成电视机、冰箱、汽车、高楼、机器人等,当然它也可以用来制作纸盒小人。用纸盒做成的小人,其方方的头配着方方的身体,再加上僵直的胳膊和腿,看起来笨拙又可爱。不过,用纸盒拼接头部、胳膊和腿对于中班幼儿来说还是有难度的,改成用添画的方式就容易得多,本活动也因此产生了。

活动目标

(1)运用废旧纸盒和圆形纸片的组合,想象、添画制作纸盒小人。

(2)能将水粉、线描的多种媒材合理搭配,创造出象征自己形象的小人。

(3)体验媒材组合创作纸盒小人的乐趣。

活动准备

(1)经验准备:幼儿有使用棉签和画小人的经验。

(2)材料准备:纸盒人的图片,组合想象范例2幅,贴好双面胶的废旧纸盒人手1个,贴好双面胶的圆形纸片若干，棉签，水粉颜料，黑色勾线笔，平面纸盒底板。

活动过程

1. 欣赏纸盒人的图片，了解纸盒的用途

师：小朋友们，今天老师带来了一个特别的娃娃图片，想不想看看？

师（出示图39-1）：这个娃娃是用什么做的？你怎么看出来的？他在干什么？

师（出示图39-2、图39-3）：纸盒小人还会表现各种动作，你觉得他们在干什么呢？

小结：原来纸盒不仅可以做成娃娃，还可以根据人们的想法做出不同动态的小人呢！

图39-1　　　　　图39-2　　　　　图39-3

2. 提供制作纸盒小人的材料，探索制作属于自己的纸盒小人

（1）师：刚才我们看到的纸盒小人，他们都长得一样，其实我们也可以做出不一样的纸盒小人。

师（出示不同大小和形状的纸盒以及圆形纸片）：你们看，我这里有一些纸盒和圆形纸片，看看圆形纸片像小人的什么？纸盒又像小人的什么？请小朋友来组合，试着把它们组合成一个小朋友。（引导幼儿用新的材料，帮助幼儿探索小人的组合）

小结：圆形纸片可以做小人的头，纸盒可以做小人的身体，这个想法真好。

（2）师：还要再添画什么才更像小人呢？谁来试一试，给小人画上五官、头发和四肢。（鼓励幼儿试着大胆地画出人物的特征，让小人的形象更加生动）

师：小人的身体还可以用棉签涂上色彩呢！（教师用棉签随意地在纸盒上涂上各种颜色）

3. 观察范例，了解不同纸盒小人的不同操作

师：你们看，我这里也有制作好的男生纸盒小人和女生纸盒小人，他们有什么不一样？（"发型不一样"）你们也可以根据自己的性别设计并制作一个像自己的纸盒小人呀！（用范例来引导幼儿感受不同性别小人的发型特征，为幼儿提供创作支持）

4. 尝试组合制作

（1）介绍制作过程，引导幼儿2～3人合作，同时在一张底板上组合创作。

师：老师这里有一个大的底板，请小朋友在底板上组合，组合好后撕去双面胶粘贴。

（2）引导幼儿回顾、梳理制作步骤，提出制作要求。

师：组合好的小朋友记得先添画头部的五官和发型，再添画四肢，然后用棉签蘸颜料装饰纸盒。

（3）幼儿自由创作，教师指导。

指导要点：

- 鼓励幼儿大胆地画出人物的特征，大胆着色。
- 对组合有困难的幼儿给予支持，帮助能力弱的幼儿明确自己的操作方法，更好地体验操作过程和结果。

5. 作品欣赏与交流

（1）将幼儿的作品立起来摆放（见图39-4—图39-6），让幼儿互相欣赏，说说自己的纸盒小人。

（2）鼓励幼儿描述自己的纸盒小人在干什么，衣服的图案是怎样的。（赋予纸盒小人以生命，想象并描述纸盒小人正在干什么，让幼儿更好地延伸制作活动带来的乐趣）

图39-4　　　　　图39-5　　　　　图39-6

专家评析

大自然和生活中的废旧材料种类多样，应用途径又极为广泛，被很多热爱美术创意的人所喜爱。这个活动所提供的纸盒小人范例，透着纯真和美好，真是可爱。

中班幼儿对表现人物由衷地热爱，几乎每幅画都有人物的存在。他们这时开始表现四肢完整的人，也开始试图让人动起来，不过在细节表现上尚有不足。纸盒人其粗犷的造型和简洁的装饰，很适合中班幼儿表现。教师提供的圆形纸片、大小适宜的纸盒、平面纸盒的底板，降低了幼儿操作的难度。在用圆形纸片做头部后，幼儿可以迁移已有的经验，添画火柴棍式的手臂和腿，让纸盒娃娃做出动作姿态；底板则方便了幼儿的创作和同伴间的学习，他们可以边玩自己的纸盒小人边和同伴交流。当然，如果幼儿没有合作的经验，教师也可以人手提供一张硬纸底板让幼儿独立操作。

这个活动也可以分两个课时进行，第一课时在区域游戏时间段里进行，内容是为纸盒"穿上衣服"，即给纸盒刷上颜色。颜色可以是多样的，也可以是单色的，这是幼儿在为设计与制作纸盒小人而准备材料。涂了颜色的纸盒数量要大于幼儿的人数，可供幼儿在第二课时自由选择。第二课时主要内容是在有色的纸盒上进行小人的设计、粘贴与添画，便于突出生动的设计造型以及进行相应的装饰。

40. 可爱的小蜗牛

设计教师：秦红　评析专家：陈学群

幼儿园：江苏省南京市梅花山庄幼儿园

设计意图

蜗牛外形简单、形象可爱，适合中班幼儿观察和表现。蜗牛的外壳造型简洁，螺旋形的花纹非常适合用彩泥表现，幼儿可以通过卷曲彩泥和线条累加粘贴的方式进行创作，因此，教师在引导幼儿欣赏时就要从不同的角度展开，开阔幼儿的视角和创作思路。同时，提供一些必要的辅助材料，以降低幼儿的创作难度，增加制作的乐趣。

活动目标

（1）初步感知小蜗牛的身体形态特征，重点感知其外壳螺旋形花纹的特征。

（2）能尝试用简单的泥塑方法表现蜗牛的外壳，并恰当地运用辅助材料表现出蜗牛的整体姿态。

（3）在泥塑过程中感受与同伴合作创作的乐趣。

活动准备

（1）材料准备：蜗牛及蜗牛彩泥作品课件，彩泥，泥工板，火柴头，牙签，音乐《蜗牛与黄鹂鸟》。

(2) 情境准备：师生共同用纸板、皱纹纸等布置出草地场景。

活动过程

1. 欣赏音乐，引发活动兴趣

播放《蜗牛与黄鹂鸟》的歌曲，引导幼儿在歌曲声中模拟蜗牛的爬行动作。

师：你们见过蜗牛吗？小蜗牛是怎样爬行的？

2. 欣赏不同场景中的蜗牛，感知蜗牛的造型特征

(1) 播放课件（见图40-1），感知蜗牛的外形特征。

图40-1

师：这一只小蜗牛是什么样子的？它的背上有什么？是什么形状的？上面有什么？小蜗牛的身体在哪里？是什么样子的？看起来像什么？它的头上还有什么？（在幼儿讲述蜗牛外壳上的花纹时，引导他们用手指书空表现螺旋形花纹的特点，丰富幼儿对于线条表现形式的认知，知道和理解"螺旋线"的名称）

小结：蜗牛有一个圆圆的硬硬的壳，壳上有螺旋形的花纹，身体是长长的，头上有两个细细长长的触角，触角的顶端有两个小小的眼睛。

(2) 欣赏不同场景中的蜗牛（见图40-2—图40-4），感知蜗牛色彩、大小、姿态的不同。

图40-2　　　　　　　　图40-3　　　　　　　　图40-4

师：这些蜗牛长得都一样吗？（"颜色、大小不同"）它们的身体动作一样吗？这两只蜗牛（见图40-2）好像在做什么？（引导幼儿观察蜗牛身体和头部方向的不同，有的头向前伸，有的头向上伸；同时，欣赏富有情趣的场景，比如有的蜗牛好像在说话，有的蜗牛在奋力地爬树……增加欣赏的乐趣）

3. 制作彩塑：可爱的小蜗牛

(1) 欣赏彩塑蜗牛作品（见图40-5），师生共同讨论、示范制作方法。

师：这些美丽的蜗牛外壳是怎么做出来的？请小朋友猜一猜，试一试。（引导幼儿通过观察、讨论和个别示范，理解蜗牛外壳的不同制作方法：一种是将两种颜色的彩泥分别搓长、压平、重叠在一起卷曲形成有螺旋形花纹的外壳；一种是整体团圆外壳后，再累加上螺旋形的花纹）

（2）出示展示场景、辅助材料，提出制作要求。

图 40-5

教师首先出示布置好的桌面场景，即由绿色皱纹纸做的草地以及一些立体的彩泥花草营造出的大自然场景；然后，出示辅助材料——火柴头和牙签，和幼儿讨论：可以怎样使用它们？它们像什么？（把它们当作蜗牛的触角插在蜗牛的头部）

师：小朋友在使用这些材料制作蜗牛时，一定要注意安全。

（3）幼儿制作，教师指导。

指导要点：

- 指导幼儿选择不同的彩泥进行搭配，表现出螺旋形的花纹。
- 提醒幼儿细心地进行蜗牛外壳和身体的连接。
- 提示幼儿可以用辅助的火柴头、牙签制作蜗牛的触角。

4. 作品欣赏与评价

（1）幼儿将自己制作的小蜗牛摆放在"草地"的场景中。

教师引导幼儿在摆放过程中增加情趣性和想象性，如爬树的蜗牛、讲悄悄话的蜗牛、坐在妈妈背上的蜗牛等。

（2）师生共同欣赏。

师：谁来介绍自己制作的小蜗牛？它们在哪里？是什么样子的？在做什么呢？

专家评析

这又是一场彩泥造型的盛宴。蜗牛在雨天后常会出现，孩子们很喜欢看它们。它们软软的身体背着一个大大的壳，慢慢地挪动留下一条长长的印迹。

下面，通过分析本活动的教学流程与策略来看这个活动中体现的教育理念。首先，引入部分，教师用一首《蜗牛与黄鹂鸟》的歌曲，把幼儿带入愉快的艺术活动的环境氛围中。教师在和幼儿一同谈论蜗牛的过程中，引导幼儿回忆和分享对蜗牛的已有经验。其次，欣赏部分，教师运用了精美的有情趣的蜗牛照片，不仅引发幼儿对蜗牛外形特征的仔细观察，用手势模仿蜗牛的螺旋形外壳，还把幼儿带入一个艺术审美的境界中，猜测它们在干些什么。从外形到情感，引导幼儿多通道感知和欣赏蜗牛。再次，尝试制作部分，把重点放在彩色蜗牛壳的制作上。教师采用了和幼儿一同尝试、相互讨论并在此基础上总结梳理，以帮助幼儿获得制作蜗牛的方法。最后，作品分享部分，由幼儿自己把作品摆放在场景中，让幼儿不仅制作蜗牛，还可以安排蜗牛的生活，体验游戏的快乐。从这些环节教学策略的运用中可以看出，教学和游戏浑然一体，艺术和生活自然融合。

活动中，教师可以根据班级幼儿的学习特点和能力差异，选择1～2种彩泥蜗牛的制作方式，或者根据幼儿的能力降低制作难度，制作浮雕式的蜗牛，即平面的蜗牛。

41. 花瓶

设计教师：黄花　评析专家：余晖

幼儿园：南京军区实验幼儿园

设计意图

线条是美术中最基本的造型语言，变化多端的线条可以产生非常有魅力的画面效果。比如，有的作品全用勾线形式，通过线条的疏密产生明暗变化；有的作品把某些地方平涂成黑块，黑白对比强烈等。那么，怎样让中班幼儿理解线描画的黑白变化带来的美感呢？活动选择了日常生活用品的线描画范例，引导幼儿欣赏线描画的魅力，进而自己进行创作。

活动目标

(1) 欣赏线描作品，体验点、线、面的不同描绘方法所产生的黑白对比。
(2) 学习用不同的线条有序排列组合，表现花瓶图纹的深浅变化。
(3) 欣赏自己与同伴的作品，感受线条画黑白对比的美感。

活动准备

供欣赏的线条范例作品，记号笔，剪成花瓶形状的彩纸，黑色底纸。

活动过程

1. 欣赏范例（见图41-1），体验点、线、面的不同描绘方法所产生的黑白对比

提问：画中有什么？（"水瓶、杯子等"）

提问：这些东西上面有什么颜色的花纹？（"黑色"）

提问：这些花纹是什么样子的？你会画吗？（教师示范用描粗、涂黑等方法，画出面状的

花纹）

小结：粗、细、黑白的花纹可以让画面变得很好看。

2. 操作各色剪好的花瓶，探索绘画方法

师：这里有一些蓝色、紫色、白色的花瓶，你会用好看的黑白花纹把花瓶变得更漂亮吗？（引导幼儿选择自己喜欢的花瓶颜色，用黑白花纹装饰花瓶）

小结：用黑色画笔装饰花瓶，把自己喜欢的线条、纹样画出来，然后按照自己喜欢的规律组合排列这些图案。不过，要注意线条的粗细和纹样的黑白对比哦！

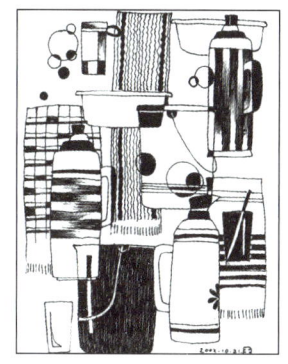

图 41-1

3. 幼儿绘画，教师指导

在幼儿创作过程中，教师应提示幼儿用描黑、加粗等方法，让画面更具黑白对比的层次。

4. 作品展示和欣赏

在黑色或蓝色卡纸上展示幼儿的作品（见图41-2—图41-5），帮助幼儿感受线条画黑白对比带来的美感。

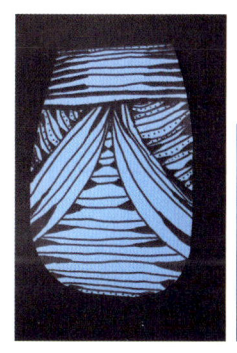   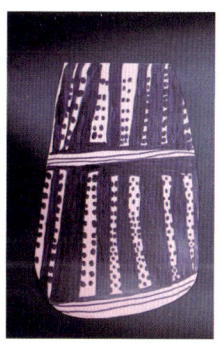

图 41-2　　　　　图 41-3　　　　　图 41-4　　　　　图 41-5

专家评析

对于中班幼儿来说，对色彩的感受和运用始终是一个重要内容。线描画以黑白灰主打的画面，会给幼儿不同的形式感，但如何让中班幼儿领悟其不同的美感，选择的范例非常重要。

本活动的欣赏范例表现的是日常生活中的常见用品，其简单的外形令幼儿感到熟悉而亲切。画面中的线条简单但粗细和疏密对比明显，简单的点、波浪线等图案装饰排列有序，黑白块面点缀其中，突出了线描画的审美特征，易于幼儿进一步观察发现，也便于幼儿迁移已有的绘画经验进行创作。

绘画材料采用不同色彩的卡纸做花瓶，让幼儿自由选择，符合幼儿的年龄特点，满足了幼

儿喜欢有颜色画画的心理需求。活动最后，教师还可以帮助幼儿为花瓶配上撞色强烈的底纸，更好地衬托出线描作品的层次感，让幼儿体验成功的喜悦。

42. 百合花

设计教师：黄花　评析专家：余晖

幼儿园：南京军区实验幼儿园

设计意图

百合花，其花瓣洁白无瑕，气味芳香怡人，令人陶醉。百合花鲜明的色彩和造型特征，最适合用手工制作的方式表现。但是，折叠百合花步骤较为复杂，对中班幼儿来说有一定的难度。不过，餐巾纸柔软又洁白，能否成为百合花的制作材料呢？带着这样的疑问，我尝试着用餐巾纸随意摆放、折叠，再添上淡黄色的花蕊，居然很像百合花，而且操作简便，适合中班幼儿学习和掌握。为了让幼儿进一步感受百合花皎洁无瑕的美丽，我提供了黑色底纸，通过黑白的明暗对比，突出表现了百合花的特点。

活动目标

(1) 欣赏百合花，尝试运用纸巾揉贴制作花朵。

(2) 能合理摆放花朵的位置，添画花蕊及花叶。

(3) 喜欢参加制作活动，能参与收拾工具材料。

活动准备

幼儿已完成的绘画作品《线描装饰花瓶》，16开黑色底纸，纸巾，胶棒，水粉色，水粉笔；实物百合花，欣赏课件"一束百合花"，背景音乐。

活动过程

1. 观察与欣赏百合花，了解百合花的造型特点与色彩

(1) 出示实物百合花，提问：认识这些花吗？它们叫什么？（"百合花"）百合花像什么？是什么颜色的？你们在哪里见过百合花？

(2) 欣赏课件（见图42-1），感受百合花洁白无瑕、晶莹雅

图 42-1

致的美。

师：你觉得百合花美吗？什么地方美？（引导幼儿从画面中的黑白对比来感受百合花洁白无瑕的美）

2. 尝试使用纸巾制作百合花

（1）出示纸巾，教师示范并讲解制作过程。

第一步：先平铺两张纸巾，注意纸巾的四角交错，露出八个角，类似八片花瓣。

第二步：找纸巾的中心，然后用手握住中心部位，将纸巾揉成立体状，再整理成花瓣的形状。

（2）幼儿根据教师的示范自己制作百合花，教师指导。

（3）请部分幼儿示范用水粉笔添画，完成作品。

师：用水粉笔蘸上黄色颜料，点在百合花的花瓣中央作为花蕊。

3. 把花朵插在花瓶中

师：请小朋友们动动手，让你们的花瓶里开满洁白的百合花！

（1）引导幼儿用水粉笔蘸上绿色颜料，从瓶口往上画出细长的枝条，再添画上百合花的叶子。

（2）在背景音乐中，幼儿用胶棒把做好的百合花粘在花枝上，教师巡回指导，提醒幼儿注意花朵摆放的位置，即一些花朵可以靠在一起，一些花朵可以散落一旁，让构图饱满。

4. 作品展示与欣赏评价

展示幼儿的作品（图42-2、图42-3），教师从色彩、构图上引导幼儿互相欣赏，体验成功的快乐。

图 42-2　　　　　　　图 42-3

专家评析

制作活动是深受孩子们喜欢的活动，他们会在制作活动中接触到各种各样的材料，然后制作自己的作品。当然，每个幼儿的能力不同，作品的制作难度也不同，但这一切毫不影响他们对自己作品的喜爱，这就是制作活动的魅力。

其实，制作活动对儿童的发展价值非常突出，表现为培养幼儿动手、动脑、爱自然、爱生活的能力。动手，制作过程锻炼了幼儿的精细动作和手眼协调能力；动脑，要想不同于其他小朋友的作品，幼儿就要有自己的设计和创意；爱自然，一些自然材料、立体材料被拼装、粘贴在作品上，幼儿在享用大自然的馈赠时，也会爱上大自然；爱生活，生活中随意丢弃的东西，因为好的创意成为工艺品或者玩具，这是在培养幼儿对生活的乐观积极态度和行为。此外，在制作活动中常常有各种各样的困难和问题需要幼儿去克服、去探索。

这个活动实际上需要两个课时，第一个课时需要幼儿完成一个漂亮的花瓶。为了凸显百合花的清新淡雅，花瓶可以是线描花瓶，也可以是彩色晕染花瓶，或者就是一色的花瓶，教师们可以自己发挥想象和创意，带领幼儿完成。第二个课时，幼儿继续在花瓶中"插花"。这个活动的重点放在制作百合花上，幼儿需要探索如何自由折叠摆放并粘贴在纸上，如何放射状添画花芯，如何补全花茎等。等待、观察、指导，这就是教师在幼儿制作过程中要做的事情。此外，教师在选择绘画材料时应准备深色调的底纸，利用明暗对比突出百合花晶莹洁白的美。

43. 舞动的蛇

设计教师：黄萍、陈庆　评析专家：余晖

幼儿园：江苏省南京市实验幼儿园方圆绿苗园

设计意图

幼儿对于身边所有的动物都充满了好奇。蛇的生活习性、外形特征，特别是蛇身上绚丽的花纹，都是幼儿乐于了解和发现的。不过，想要表现出不同形态的蛇及其身上的花纹，对于中班幼儿来说具有一定的挑战性，而通过绘画蛇的身体，然后添画出蛇的眼睛、蛇信与花纹，就会相对容易一些，因此设计了这节活动。

活动目标

（1）感知欣赏蛇的各种动态，感受其身体盘旋、游动时呈现出的各种线条所带来的美感。

（2）在对视频和图片的欣赏过程中，借助儿歌和身体动作体验归纳蛇的各种动态特征。

(3) 尝试用螺旋纹、波浪线等曲线表现出蛇的多种姿态。

活动准备

(1) 经验准备：幼儿观看过动物世界，了解蛇的外形特征以及它的生活习性。

(2) 材料准备：游动的蛇的一段视频，系列欣赏组图；有底色的画纸，棉签，各色颜料，水粉笔等。

活动过程

1. 观看视频，了解蛇的外形特征

(1) 观看视频引起回忆，并用肢体动作模仿蛇的外形特征。

师：我们在动物世界里看过许多的蛇，蛇的身体是什么形状的？

师：小蛇是怎么游的？游动起来的时候像什么？

(2) 播放音乐，引导幼儿用肢体动作来模仿游动的蛇。

师：我们一起来学一学小蛇游吧！（引导幼儿用自己的身体动作大胆模仿，既充分感受到小蛇游动时的线条特征，又增加了一定的游戏情境，有效地激发幼儿参与活动的兴趣）

2. 感知蛇行进时的各种姿态，讨论它的各种"舞步"

图43-1　　　　　图43-2　　　　　图43-3

(1) 欣赏图43-1，感知蛇身体的基本组成，为添画活动做铺垫。

师：蛇的头是什么形状的？蛇的眼睛和嘴巴在哪里？蛇信像什么？

小结：蛇的身体是细细长长的，行走起来像一条弯弯曲曲的线。蛇的头是椭圆形的，有两只眼睛，嘴里会吐出细细的蛇信。

(2) 欣赏图43-2，感受蛇身鲜艳的花纹和多样的图案。

师：蛇身上有哪些漂亮的颜色？有什么样的花纹？

(3) 欣赏图43-3，感受蛇行进时的不同体态。

师：这些小蛇游动起来弯弯曲曲、扭来扭去的，像在干什么呀？（"跳舞"）

师：这几只蛇是怎样跳舞的？像什么？它们在跳什么舞？伸出你的右手来学一学。

小蛇小蛇扭啊扭，好像在跳波浪舞。

小蛇小蛇扭啊扭，好像在跳圆圈舞。

小蛇小蛇扭啊扭，好像在跳芭蕾舞。

小蛇小蛇扭啊扭，好像在跳扭扭舞。

小结：小蛇游动的时候身体就像跳舞一样，跳的舞真好看，它会跳这么多好看的舞蹈，让小蛇在草地上跳舞吧！（把蛇的游动比喻成跳舞，以儿歌的形式引导幼儿边书空边说说蛇的不同动态，以此来解决活动的难点，为幼儿之后能大胆表现出不同姿态的蛇做好练习准备）

3. 讨论画蛇的方法

（1）师幼共同探讨画蛇的方法和步骤。

师：想一想先画什么？再画什么？

师：蛇的身上还缺些什么？

小结：先画出椭圆形的头，再画出它跳舞的动作即蛇身和尖尖的尾巴，最后用棉签添画眼睛、蛇信和漂亮的花纹。

（2）讨论：你想画一条跳什么舞的蛇？（让幼儿互相交流自己的想法）

4. 操作材料，绘画蛇

幼儿绘画，教师指导。

指导要点：

- 鼓励幼儿大胆表现舞动的蛇。
- 提醒幼儿作画时保持画面整洁与服装干净。

5. 作品欣赏与评价

（1）请个别幼儿介绍自己的作品（见图43-4—图43-6）。

（2）教师评价与鼓励，培养幼儿在生活与环境中寻找美的意识。

师：你们真棒，画出了这么多跳着不同舞蹈、有着各种花纹的小蛇。在我们的身边也有很多动物非常的可爱、美丽，你们发现了吗？让我们一起去找找吧！

图43-4

图43-5

图43-6

专家评析

许多人非常害怕蛇，但是当你仔细地去观察它们的时候，你会发现它们身体的颜色和图案非常绚丽，游动起来姿态特别优美。本活动的设计者站在一个特别的角度，将蛇定位为一个"舞者"，通过一系列图片，引导幼儿发现舞蹈中的蛇舞姿变化多端、姿态优美，引导幼儿发现蛇身体的色彩图案是多么鲜艳美丽，真可谓构思巧妙。

让中班幼儿表现不同姿态的蛇，其实是有一定难度的。活动中，教师引导幼儿边朗读儿歌边书空模仿蛇的舞蹈，将蛇的姿态特点与曲线线条相联系，巧妙地将幼儿创作中可能遇到的难点一一化解，既给予幼儿技能方面的适度支持，又为幼儿自主创作留下了一定的表达空间。

为了使幼儿操作起来更方便，画面效果更明显，教师可以引导幼儿用较粗的水粉笔表现蛇的身体外形和头部形状，用棉签添画蛇的眼睛、蛇信及身上的花纹细节。

44. 超级大苹果

设计教师：朱水莲　评析专家：余晖
幼儿园：江苏省南京市鼓楼幼儿园

设计意图

本活动是以美术欣赏为基础的创作活动。选材来自于比利时超现实主义大师勒内·马格利特的作品。马格利特运用超现实主义的表现手法，展现了苹果在现实生活中不可能存在的状态，清晰地反映出超现实主义表现手法的思维方式。在马格利特的作品中，最突出的是苹果与周围事物及背景的大小关系，这种颠倒的超越现实的比例关系是画家的思维方式，也是一种独特的艺术表现方式。选取这样的欣赏元素，可以帮助幼儿拓展欣赏作品的范围，了解更多的艺术表现手法。

活动目标

(1) 感受超现实主义作品夸张的特点，尝试表现超级大苹果。
(2) 理解苹果与周围物体的大小关系颠倒而产生的对比效果。
(3) 展开想象，大胆表现苹果与周围物体的大小关系。

活动准备

马格利特作品2幅，背景音乐《微风山谷》，纸质苹果，水彩笔，刷有底色的图画纸，胶棒。

活动过程

1. 欣赏马格利特的作品,感受画面中苹果的巨大

(1) 欣赏理解马格利特的作品(见图 44-1)。

师:你看到了什么?这是一个什么样的苹果呢?你从哪里看出它非常大?(引导幼儿从苹果与周围物体的比较中感受苹果的大)

(2) 进一步感受超现实的表现手法(见图 44-2)。

师:这幅画中苹果在哪里?画上还有什么?

师:看了这幅画你有什么感觉?猜一猜,画家是怎么想的呢?(引导幼儿分析苹果与周围物体的大小关系)

图 44-1

图 44-2

(3) 介绍画家。

师:这位画家运用了夸张的表现手法,画的苹果充满了整个房间。这位画家的名字叫马格利特。马格利特作品中的苹果都非常夸张,超过我们现实生活中正常的大小,我们叫它们超现实的作品。把生活中熟悉的东西进行夸张的表现也是一种艺术表现形式。

2. 探索表现超级大苹果的方法

(1) 讨论怎样通过周围物体的对比表现苹果的巨大。

师:大海中的这个超级大苹果还会漂到什么地方?那里有什么?

师:画的时候要注意什么?怎么画才能使苹果看起来显得更大?

(2) 分享交流自己的创意,了解创作步骤。

师:你有好的创意和大家一起分享吗?谁来试一试?

小结:画超级大苹果的时候,要先选择一个自己喜欢的苹果粘贴在纸上,然后想一想这个苹果在什么地方,周围有什么以及怎样才能证明这个苹果非常非常的大。

3. 创作超级大苹果

师：大家都很想赶快把自己想象的超级大苹果表现出来吧！为了方便小朋友们创作，老师准备了一些大大小小的苹果，选择你需要的一个或者几个进行组合，然后用水彩笔进行添画。

幼儿创作，教师进行个别指导。

4. 作品欣赏与评价

将幼儿的作品展示在底板上（见图44-3—图44-6），引导幼儿观察欣赏。

师：谁来向我们介绍自己的作品？说一说，你喜欢哪一幅？画面中的苹果给人什么样的感觉？

图 44-3

图 44-4

图 44-5

图 44-6

专家评析

超现实风格的作品，常常把生活中人们熟悉的东西进行夸张和颠覆，这种艺术表现形式既和幼儿无拘无束、天马行空的游戏心理相吻合，又与幼儿绘画行为中常常出现的比例失衡现象异曲同工，因此，特别容易被幼儿接受和喜欢。

选择以"苹果"为画面主体让幼儿感受超现实风格，尤其巧妙。苹果在中班幼儿的画面中一般以细节或从辅的角色出现，超现实的表现手法给予苹果颠覆性的画面感觉，特别吸引幼儿的注意力。在欣赏感受环节，教师除了引导幼儿发现苹果的"巨大"，更重要的是引导幼儿发现苹果与周围背景事物大小比例夸张颠倒的表现手法，让幼儿在享受欣赏乐趣的同时，获得进行类似创作的思想源泉。另外，幼儿创作的时候可能会简单地表现苹果与周围物体的大小，而忽略苹果与周围环境之间也可以发生一定的故事，因此教师可以通过引导幼儿讨论"苹果在这里干什么呢"，来帮助幼儿更加丰富地表现苹果与其他事物之间的关系，而不是简单孤立地表现大苹果。

45. 疯狂的头发

设计教师：乔卉　评析专家：余晖
幼儿园：江苏省南京市市级机关幼儿园

设计意图

吹画是幼儿并不陌生的一种作画方式。吹画看似简单，但对于幼儿来说实际操作起来有一定的难度，尤其是吹画的姿势、用力的角度、吹气时的力度等，都需要幼儿通过自己的实践积累经验。因此，我们借助电吹风吹起幼儿的头发，让幼儿直观感受、体验头发被风吹起来的样子，并且改变以往老师教、幼儿学的传统教学模式，增加幼儿自主探索吹画方法的环节，让幼儿在实践中探究发现、相互学习，自然而然地自我建构吹画的经验。

活动目标

(1) 在游戏、欣赏过程中，体验疯狂的头发带来的视觉冲击。
(2) 探索用吹画的方式大胆地表现颜色、造型夸张的发型。
(3) 感受颜料自由流动所产生的乐趣与美感。

活动准备

电吹风机，发型图片，画纸，油画棒，颜料，小勺，护衣，抹布，液晶投影仪，计算机，音乐。

活动过程

1. 创设游戏情境，激发幼儿兴趣

师：今天老师带来了一个秘密武器，猜猜是什么？（出示电吹风）
师：我们用它来玩个好玩的游戏，名字叫"疯狂的头发"。游戏开始啦！（播放音乐，请个别幼儿上来，用电吹风吹她的头发，引导幼儿直观感受、体验头发疯狂的样子。见图45-1）

2. 师生共同探讨吹画方法

师：我也想要个疯狂的头发，你们愿意帮我吗？我这里有纸和颜料，用小勺舀一些颜料淋在纸上，用嘴巴吹，让颜料飞起来，飞出疯狂的头发。你们想不想试一试？（幼儿尝试，见图45-2）

图 45-1

师：小朋友真棒，让头发飞起来了。我们请个别小朋友上来演示一下，看看他是用什么方法让头发飞起来的。（先后请2～3名幼儿演示）

小结：他们在吹的时候，身体是蹲下来的。小嘴靠近颜料，对准了用力向前吹，颜料就飞出去了。然后，再对准颜料向别的方向吹，用的力气越大，头发就飞得越远、越疯狂。如果想要让头发垂下来，就把纸转一转，倒过来吹，头发就往下飞了。（通过幼儿自主探索吹画方法的环节，让幼儿积极思考，并在探索后集体讨论、交流、相互分享吹画经验，激发幼儿再次尝试吹画的欲望）

图 45-2

3. 带领幼儿欣赏图片，感受夸张的头发造型

师：我这里有几张疯狂的发型图片（见图45-3—图45-5），我们一起来欣赏一下吧。

图 45-3

图 45-4

图 45-5

师：这些发型哪里疯狂？像什么？（丰富幼儿关于疯狂头发的审美感性经验和情趣，拓宽幼儿的创作思路）

小结：原来疯狂的头发不仅发型特别，颜色也很疯狂呢。

4. 交代要求，幼儿创作

师：看了这么多图片，小朋友也掌握了吹画的方法，现在自己来制作"疯狂的头发"吧！

师：先画脑袋，但是不能画得太满，要给疯狂的头发留出一些地方。然后，用颜料吹出疯狂的头发来。最后，再用油画棒添画上表情夸张的五官。看看谁的头发最疯狂，颜色最漂亮，表情最夸张。

播放背景音乐，幼儿进行创作（见图45-6、图45-7），教师巡回指导。

指导要点：

- 提醒幼儿吹颜料时嘴巴一定要靠近颜料，并且要用力地向前吹。
- 引导幼儿从色彩、造型方面去表现疯狂的头发。

图 45-6

图 45-7

5. 展示作品

把幼儿的作品分层展示在台子上（见图45-8）。

师：你觉得谁画的头发最疯狂？哪里疯狂？（引导幼儿用自己的语言、动作等描述颜料自由流动所产生的美感，以及疯狂头发的造型美）

图 45-8

专家评析

在幼儿的生活环境中，时尚搞怪的发型并不少见，这些发型往往色彩鲜艳、造型奇特，特别符合幼儿不拘一格求新求异的心理。吹画操作起来虽有一定的难度，需要选择好方向，还需要一定的力度，但是可以满足幼儿随心所欲地制作疯狂的头发的愿望，不失为一个好的创作形式。

在幼儿进行吹画时，教师要提醒幼儿靠近颜料，用嘴对准颜料用力向前吹，颜料就飞出去了。调制颜料时，要注意浓薄适度，过稀则色彩太淡，过浓则不容易吹出去。

46. 圆点装饰画

设计教师：夏涓　评析专家：余晖
幼儿园：江苏省南京市实验幼儿园

设计意图

这个活动源于幼儿在美工区自由创作时，有个幼儿用不干胶的圆点沿着自己绘画的线条边缘贴起来，他的圆点贴画作品得到了大家的认可。于是，我便有了引领孩子们创作圆点装饰画的想法。本活动从装饰画的构图入手，引导幼儿欣赏感受装饰画构图大胆、夸张的特点，鼓励幼儿用圆点来创作一幅美妙的装饰画。

活动目标

(1) 初步感受装饰画的风格，学习使用与底色对比鲜明的圆点进行装饰构图。
(2) 愿意尝试不同的绘画类型，积极投入活动。

活动准备

(1) 经验准备：幼儿在绘画活动中用过圆点贴纸。
(2) 材料准备：事先在活动室里布置一些装饰画，教师的圆点贴画作品，8开彩色卡纸人手1张（幼儿自选颜色），彩色圆点贴画、勾线笔、油画棒若干。

活动过程

1. 以参观画展引起幼儿的兴趣

师：活动室里正在展览一些漂亮的画，让我们一起进去看一看吧！（见图46-1—图46-3）

图 46-1　　　　　　图 46-2　　　　　　图 46-3

师：展览的画好看吗？它们都有什么特别的地方？

小结：这些画都有一个共同的特点，画面中所表现出的物体都很突出，有的还是变形的，很夸张，很好笑……放在家里做装饰非常漂亮、特别！

2. 探索圆点装饰画的创作方法

（1）出示范例作品（见图46-4），师幼共同探索创作方法。

师：有个小朋友也创作了一幅装饰画，你能猜到他用的是什么方法吗？

小结圆点装饰画的创作方法：先勾线再贴圆点，最后用油画棒适当涂色。

（2）探索圆点装饰画构图的特点（构图大胆，不画细节）。

图 46-4

师：要想创作一幅圆点装饰画，需要注意什么？（在探索中，师幼共同解决活动难点）

小结：图要画得大，不要画太细小的内容。

（3）请幼儿思考自己的创作内容，个别幼儿尝试示范。

师：如果你来画，准备画什么？谁想来试一试？（给幼儿短暂思考的时间，让幼儿有目的地绘画，为创作做铺垫）

3. 幼儿创作，教师巡回指导

（1）介绍创作材料及创作场地。

（2）幼儿自由选择喜欢的卡纸颜色进行创作（见图46-5—图46-7）。

指导要点：

- 指导幼儿大胆构图，线条流畅，选择对比色圆点进行拼贴，用油画棒适当涂色装饰等。

图 46-5　　　　　　　　图 46-6　　　　　　　　图 46-7

4. 展览作品，幼儿交流、互评

（1）将幼儿的作品展览在活动室里，引导幼儿欣赏（见图46-8）。

师：你们的作品太棒了，让我们也把这些画放到展览馆让更多的人欣赏吧！

（2）鼓励同伴间相互评价。

图46-8

专家评析

将幼儿喜欢的创作方式加以充实和丰富后变成幼儿美术教育活动的内容，是本活动的一大亮点。本活动中，教师很好地抓住幼儿在美工区用圆点进行画面内容轮廓线的装饰这一素材，引导幼儿进行创作，是非常值得肯定的，因为这种绘画方式更容易被幼儿喜欢和接受。

能否体现活动的价值，关键在于教师如何引导幼儿将圆点装饰的审美价值和创作空间加以丰富。本活动中，教师首先在色彩方面引导幼儿感受和尝试使用与底色对比鲜明的圆点进行装饰，并在材料投放上适当控制。在图案内容方面，教师引导幼儿将装饰主体尽量画大，鼓励幼儿夸张表现，避免因为细节太多给装饰带来难度。

活动中，教师提供的圆点颜色应尽量丰富，最好有黑色和白色，起到色彩调和作用；也可提供黑色卡纸作为底板，用彩色圆点做装饰，对比鲜明。在教学活动中，教师应把重点放在欣赏与探索环节，创作环节可以和区域活动相结合。

47. 大大的花朵

设计教师：朱水莲　评析专家：余晖

幼儿园：江苏省南京市鼓楼幼儿园

设计意图

花是大自然给人类的馈赠，也是孩子们生活中的朋友。不仅孩子们喜欢花，许多艺术大师也以花为素材创作出很多不朽的艺术作品。从艺术大师的作品中汲取营养，丰富孩子们的审美素养和表征方式，是幼儿园美术教育需要做的事情。美国最负盛名的现代主义大师奥基弗，被称为沙漠中的女画家。大自然对她一向有着强大的吸引力，在她的作品中一朵朵大大的花就能绽放出迷人的光辉。这种对花朵的独特构图，打破了幼儿的常规构图方式，能够拓展幼儿的绘画表达方式。让我们一起用水粉颜料在纸上画出心中那一朵大大的色彩渐变的花吧。

活动目标

(1) 欣赏大师作品,感受放大的花卉图片色彩的变化特点。
(2) 尝试用饱满的构图和渐变的色彩表现自己喜欢的单朵花卉。
(3) 欣赏花卉的美,萌发热爱生活的情感。

活动准备

花卉照片以及画家奥基弗的绘画作品幻灯片,范例纸,背景音乐《春野》,卷轴底板,同类色水粉,水粉笔,水桶,抹布,黑色正方形卡纸。

活动过程

1. 欣赏花卉照片,感知色彩、造型的美

指导语:在大自然中,有很多漂亮的花。请你看一看,它们是什么样子的?造型和色彩有什么特别的地方?(播放花卉照片的幻灯片,见图47-1—图47-5,根据幼儿的选择点击放大欣赏)

图47-1　　　　图47-2　　　　图47-3　　　　图47-4　　　　图47-5

小结:这些花儿造型、色彩都不同,有的是连在一起的一片大花瓣,有的绽放着很多片花瓣。色彩有的是从深到浅,有的是从浅到深,还有的中间深两头浅,但是这些花都很美。

2. 欣赏奥基弗的作品,学习表现色彩渐变及画大花的方法

(1) 欣赏大师作品,分析色彩渐变的方法。

指导语:有一位叫奥基弗的美国女画家,她特别喜欢画花,我们来欣赏一下。(播放奥基弗作品的幻灯片,见图47-6)

师:你看了她画的花以后有什么感觉?花儿的颜色是怎样变化的?

小结:她画的花,其色彩从靠近花芯的柠檬黄渐渐变化到橘黄再到红,再渐渐变化到橙色。花瓣的色彩是渐变的。

图47-6

(2) 再次欣赏大师作品，分析构图方法。

指导语：这张纸上画了几朵花？这朵花让你感觉怎么样？为什么你会感觉它画的花很大呢？（"画面上只有一朵花，而且铺满了整张画纸。画纸边缘留下的空白地方很少，有的花瓣都伸到外面去了"）

(3) 通过图片对比再次理解构图方法。

指导语：这儿有一朵小小的花，它要变变变，变成一朵大大的花。为什么同样是一朵花，左边的很小，右边的看起来很大呢？

教师播放小花渐渐变大的幻灯片，引导幼儿对比讨论。

小结：花瓣要画大，画纸边缘留下的空白地方要少，也可以让花瓣伸到画面外面去。

3. 师生共同探索花朵的表现方法

指导语：今天我们也来学一学画家奥基弗，画一朵自己喜欢的美丽的大花。老师给你们准备了水粉颜料，请你们给花儿涂上渐变的色彩。谁愿意来试一试，涂出马蹄莲渐变的色彩。先用什么颜色？再用什么颜色？

请一名幼儿上来涂色，教师帮助总结方法：在色彩交接的地方用按住压提的方法让渐变更加自然。

4. 交代要求，幼儿创作

指导语：老师给你们准备了水粉颜料，有冷色系的，也有暖色系的。请你们选择自己喜欢的色彩去画一朵自己喜欢的大大的花。可以先想一想，自己要画一朵什么样的花？花瓣是什么形状的？颜色是怎么变化的？想好了就可以开始了。

幼儿创作，教师指导。

5. 展示作品，欣赏与评价

教师将幼儿的作品展示在教室的墙面上（见图47-7—图47-10）。

师：你最喜欢哪一幅作品？喜欢它的什么地方？

师：请小朋友到花园里去看一看，还有哪些美丽的花，以后我们也把它们画下来，装饰我们的教室。

图47-7

图47-8

图47-9

图47-10

专家评析

大自然里花朵遍地，有原野上摇曳的小花，有小池中羞涩的睡莲，有太阳下旋转的向日葵……孩子们喜欢花朵，但平时绘画时花朵一般是装点在画面中的，因而容易画得小。在这个活动中，教师将美国画家奥基弗的花朵作品巧妙引入。在她的作品中，单一的花朵构图以及花朵色彩的渐变晕染使花朵的美夺人心魄，而这种美恰恰是我们希望也是孩子们愿意被感染的。借鉴奥基弗的作画方式，既可以改变幼儿不敢画大的心理，又为幼儿感受和学习表现花朵的色彩美提供了丰富的资源和探讨平台。

由于受之前的绘画习惯影响，幼儿很容易把花朵画小，所以教师不仅要在活动中注意解决这个难点，提醒幼儿先在一张纸上画一朵大大的花，在个别指导的时候也要注意观察幼儿落笔的情况，对于花瓣画得小的幼儿给予语言上的引导。在准备颜料的时候，每个小组尽量选用同类色且每组颜料中都有白色，这样在黑色卡纸上的色彩对比会更加明显突出，画面效果会更好。

48. 运动小人

设计教师：王晓玲　　评析专家：陈学群

幼儿园：江苏省南京市第二幼儿园

设计意图

奥运会体育图标是奥运重要的视觉形象元素之一，它将运动和人有机整合，以简洁的线条图案表现出鲜明的运动特征、优雅的运动美感和丰富的文化内涵，达到了"形"与"意"的和谐统一。幼儿喜欢毛茛的色彩和可变，他们常常摆弄毛茛，让毛茛成为造型的一种材料。根据幼儿的兴趣，本活动利用毛茛可以自由弯曲、组合的特性，让幼儿表现运动小人，既可以培养幼儿的观察能力、想象能力和创造能力，又能锻炼幼儿的小肌肉精细动作。

活动目标

(1) 欣赏奥运会常见运动项目的图标，感受各种运动的主要特征。

(2) 尝试用拧、绕、组合等方法表现运动姿态。

(3) 喜欢制作活动，愿意和同伴分享快乐。

活动准备

课件"奥运会运动图标"，毛茛，剪刀，北京奥运会宣传视频。

活动过程

1. 欣赏奥运会宣传视频，引起兴趣
师：我们来看一段视频，你知道这是在说一件什么事吗？（"奥运会比赛"）

2. 观看运动图标，感受运动时不同的动作造型
（1）出示奥运会运动图标（见图48-1），初步了解不同的运动项目。

师：看，图标上有什么？都有哪些运动项目？你是怎么知道的？你可以学一学动作吗？（引导幼儿通过学习图标的动作感受运动项目的身体姿态）

（2）集体欣赏"篮球运动"的图标。

师：这是什么运动？你是怎么知道的？打篮球时的投篮是这个动作吗？

小结：运动小人是奥运会运动项目的标志，代表着不同的运动项目。

图 48-1

（3）再次观看图标，鼓励幼儿自由交流：我最喜欢的运动。

师：和你旁边的小朋友讨论一下，你最喜欢哪个运动呢？你喜欢的运动有什么特有的动作吗？（让每个幼儿都有自己喜欢的动作，为后期的创作打下基础）

3. 学习使用毛莨制作运动小人
（1）教师示范，和幼儿共同探讨制作方法。

师：看，这里有毛莨，今天我们来学习使用毛莨制作自己喜欢的运动小人吧！

师：如何用拧、绕、组合等方法来表现运动姿态呢？（教师一边示范，一边启发幼儿积极参与，也可以邀请个别幼儿参与到示范的环节中）

小结：弯曲毛莨拧出头部，再做出身体。可以用拧线或组合的方式表现运动小人的手臂、腿以及身体姿态，也可以用毛莨做出运动器械。

（2）介绍操作材料，幼儿操作，教师指导。

师：你们的桌上也有毛莨，我们一起来制作一个奥运会的小人国吧！

指导要点：

● 幼儿在操作时，教师可将运动标志图展示在屏幕上，也可以将打印的图片放在桌上，方便幼儿参考。

4. 欣赏作品
把幼儿制作的运动小人放在展示台上（见图48-2）。

师：哪个是你制作的运动小人呢？你可以和你的小人做一样的动作吗？

师：运动小人好玩吗？为什么？

师：我们除了用毛茛做运动的小人，还可以用什么来做运动的小人呢？

专家评析

图 48-2

中班幼儿在参与制作活动时有两个特点，一是他们喜欢独自操作和摆弄，他们的自我意识开始萌芽，渴望独立操控而不受干扰，这相对于小班幼儿来说是一个巨大的进步；二是他们的能力发展尚不成熟，会因为一些想做而又做不到的事情大受打击，甚至表现为情绪失控。因此，教师在开展制作活动时，要选择既能让幼儿获得成功又有一定挑战性的内容；要选择具有多种可能性的、多种层次的且幼儿可以根据自己的能力进行创造性表达的内容，毛茛制作就是一个较好的活动。

运动小人，从选材上看，其简洁的线条和鲜明的人物特征适合幼儿表征；从操作难度上看，幼儿可以表现各种运动姿态，难易程度由幼儿自我调控；从学习策略看，幼儿可以根据自己的需要参照图标，模仿同伴或者自己探索；从幼儿作品看，只要能表现人的样子，再通过简单的弯曲或者添上某种运动器械等，即可表现出人物的运动姿态，容易获得成功，也容易有多种表现造型的可能性。

在活动中，教师还应注意以下三点：

(1) 请给每组幼儿准备尽可能多的运动图标，方便幼儿参照。

(2) 鼓励幼儿尽量大胆操作毛茛，在造型需要的时候可以选择一些短的毛茛进行组合。

(3) 给幼儿提供作品展示用的泡沫，使运动小人立起来，这样更能激发幼儿的创作激情。

49. 漂亮的指印画挂

设计教师：何凯豫　评析专家：陈学群

幼儿园：江苏省南京市鼓楼幼儿园

设计意图

指印画游戏的特点是材料简单，操作便利，能激发想象力。但是，由于单独一个指印画面较小，不容易形成富有视觉震撼力的作品，所以，如何激发幼儿的想象力使作品内容更为多样化，以及有没有更好的呈现方式以解决作品表现零散的问题等，是教师组织幼儿指印画活动需要考虑的。《指南》指出,要"丰富其想象力和创造力,引导幼儿学会用心灵去感受和发现美,用自己的方式去表现美和创造美","鼓励幼儿用自己的作品或艺术品布置环境"。基于这些考虑,本活动以挂件为载体,把分散的指印画作品组合起来,既增加了视觉美感,又让幼儿成为布置装点教室的主人,感受到创造的成功与喜悦。

活动目标

(1) 通过欣赏、观察单个指印或由多个指印组合的指印画,了解指印画的基本方法,尝试指印想象添画。

(2) 能根据自己的想法,将指印画装扮成漂亮的挂件。

(3) 喜欢指印添画活动,能遵守操作规则。

活动准备

(1) 经验准备:幼儿已有图形想象添画的经验。

(2) 材料准备:指印画幻灯片,指印画课件,视频仪,计算机,背景音乐;各种形状的小纸片,勾线笔,各色印泥,回形针;每组1个小筐,每组2块抹布。

活动过程

1. 出示单个指印,引起幼儿兴趣

(1) 出示单个指印,激发幼儿想象。

师:这里有个图形,请小朋友们仔细看一看、想一想,你们觉得它像什么?

(2) 操作课件,使指印逐步变为一只小刺猬。

师:你们想不想知道它会变成什么?看老师变魔术!变!变!变!原来这个图形经过添画变成了刺猬!(引导幼儿观察图形变成刺猬的步骤,见图49-1—图49-4))

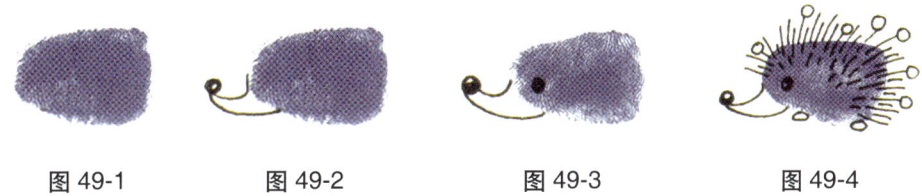

图 49-1　　　　图 49-2　　　　图 49-3　　　　图 49-4

小结:这种印好指印再进行添画的方法,叫指印画。让我们一起来学一学指印画,好吗?

2. 欣赏幻灯片，学习指印添画的基本方法

(1) 观看幻灯片（见图49-5—图49-7），了解单个指印想象添画的方法。

图 49-5　　　　　　　　图 49-6　　　　　　　　图 49-7

提问：指印变成了什么？请大家用手指比一比，看看可能是用哪根手指印的？指印还可以变出哪些水果（人/动物）？（帮助幼儿了解可以根据需要用不同的手指，用横印或竖印，进行印画）

(2) 对比欣赏用多个指印组合添画的指印画（见图49-8、图49-9）。

图 49-8　　　　　　　　　　　　图 49-9

提问：这两张指印画和前几张有什么不同？

小结：原来用不同的指印组合也可以变出有趣的指印画！

(3) 请幼儿与同伴交流自己的想法。

提问：请小朋友们想一想，你想把指印变成哪些形象，和旁边的小朋友说一说。

(4) 介绍工具材料，请幼儿探索操作方法（在视频仪下操作）。

提问：每一组都有一筐小纸片和一组印泥，谁愿意上来印指印？（引导幼儿观察直接的操作过程，并注意一些细节，如提醒幼儿用抹布擦手等）

(5) 提示创作的注意事项。

师：请大家选择自己需要的颜色在小纸片上做指印画，两面都要做，如果要换颜色可以和旁边的小朋友商量交换。

出示事先已做好的挂件，帮助幼儿了解穿挂件的方法：老师把指印画变成了漂亮的挂件，请你做好以后也用回形针把它们穿起来。

3. 幼儿印画，教师指导

(1) 提出制作要求：选择不同的小纸片，根据自己的想法印指印画，可以是单个指印的，也可以是由多个指印组合的。印完后添画，然后用回形针将小纸片穿成挂件。

提问：大家想一想，指印可以变成我们生活中的哪些东西？比一比，看谁画得多！

(2) 幼儿作画，教师指导。

作画重点：学习指印画的基本方法，能用简单的线条进行添画。

作画难点：能根据指印大胆想象，尝试用不同的指印画表现自己熟悉的事物。

指导要点：

- 鼓励幼儿大胆想象，敢于尝试不同形式的指印画。

4. 幼儿作品欣赏

请幼儿相互欣赏并介绍作品：请小朋友们拿着自己做好的挂件和旁边的小朋友相互欣赏、交流一下。

小结：今天我们做了许多漂亮的指印画挂件，回去以后我们把它们做成漂亮的窗帘或门帘装扮教室，好吗？

专家评析

中班幼儿的精细动作能力正在发展，他们开始可以描绘细节，他们对物体的主要特征有着来自于"直觉"的准确性，他们有许多"无厘头"的想法，游离在"想法"和"现实"中。我们常发现幼儿说的比画的好，在这个阶段，引导幼儿对形状进行想象或者变形想象，都能使幼儿把自己的想法变成现实。

指印画正是借助了印画和在玩中添画，把幼儿对形状的想象通过添画的方式表现出来，这需要激活幼儿的想象力，需要幼儿对物体特征的感知，也需要幼儿有一定的细致表现能力。教师运用了挂件的方式独具匠心，使得指印画以中国民俗的方式表征，既传承了中国文化，又渗透了审美教育，值得推荐。

不过，在活动中教师应注意以下几点：

(1) 这个活动旨在激活幼儿的想象力，而不是让幼儿模仿教师，所以范例应提供多种类型，如自然类、生活类等，多让幼儿大胆想象。此外，在添画时，幼儿只需要添画物体的部分特征，无须整体描绘。

(2) 在让幼儿了解指印画的过程以及制作挂件的步骤时，可以制作步骤图，方便幼儿自主学习。

(3) 在完整示范指印画的过程时，可以先拍好视频，这样能使幼儿看得更加清楚。

(4) 为调动幼儿参与的兴趣、丰富幼儿表达的内容，应提供多色印泥，或者利用海绵自制需要的颜色。

50. 好大一棵树

设计教师：秦红　评析专家：余晖

幼儿园：江苏省南京市梅花山庄幼儿园

设计意图

"能初步感受环境、生活和艺术中的美"是《纲要》艺术领域的目标。孩子们每天都在大树下嬉戏、玩耍，然而极少会去注意大树的美。大树粗壮的树干、自由伸展的树杈、密密麻麻的叶子以及树干上的疤痕印记等，既有整体造型之美，也有丰富的细节之美。于是，设计了本次活动，旨在把生活中真实的欣赏对象转换成艺术欣赏的对象。活动将一位民间老奶奶的作品作为主要欣赏对象。老奶奶的绘画稚拙、简单，较好地表现了大树的基本外形特征。在欣赏过程中，先从自然环境中不同形态的大树开始，引导幼儿观察欣赏，把握大树的基本特征，再引入老奶奶的绘画，帮助幼儿进行经验的转换。

活动目标

(1) 感受自然世界和民间作品中高大树木所特有的粗壮的枝干、茂密的枝叶等造型特征。

(2) 学习水粉笔的不同使用方法，尝试用粗细、曲直不同的线条饱满地构图。

(3) 体会创作的快乐，感受构图和色彩的和谐美。

活动准备

(1) 经验准备：幼儿观赏过幼儿园内的各种大树。

(2) 材料准备：自然界大树的照片，民间画家的绘画作品，水粉颜料，水粉笔。

活动过程

1. 欣赏并感知自然界高大树木的造型美

师：我们生活的世界有许多大树，让我们一起来看一看。（展示图50-1—图50-3，引导幼儿

发现每幅图片上大树不同的造型特点)

图 50-1

图 50-2

图 50-3

师：你喜欢哪一棵大树？它是什么样的？

师：这棵树看起来怎么样？你是怎么看出这是一棵很高大的树的？

师：它的树干、树枝是什么样的？枝条是怎么生长的？

小结：这些树看起来很高大，它们的树干都很粗壮，它们的枝条伸向四面八方，生长得很茂密，像一把撑开的大伞。

2. 欣赏老奶奶的作品，学习高大树木的造型和构图方法

(1) 欣赏图 50-4、图 50-5，了解高大树木的造型和构图方法。

师：有一位老奶奶，她画了许多树，我们来看一看她画的树是什么样的，以及它们的树干和树枝是什么样子的。

图 50-4

图 50-5

师：树枝一样粗吗？树枝是怎么分叉的？大树下面还有什么？它们和大树比起来怎么样？(两幅作品分别呈现不同的造型和构图方式，引导幼儿发现大树在画面中的不同构图，发现枝干伸向画纸外的构图方法)

(2) 小结：老奶奶画的大树有粗粗的枝干，有的大树的树枝很长，分叉很多；有的大树的树枝粗粗的、弯弯曲曲的，一直伸到画纸外面，这样的绘画方法也让大树看起来特别高大。

3. 幼儿创作，教师指导

（1）组织幼儿讨论绘画方法：怎样才能画出一棵很大的树？

请1~2名幼儿尝试使用水粉笔绘画，用笔的正面画粗粗的树干，用笔的侧面画细树枝。

（2）幼儿绘画，教师观察指导。

指导要点：

- 鼓励幼儿大胆尝试，用丰富的线条和饱满的构图表现自己喜欢的大树。

4. 展示作品，欣赏与评价

把幼儿的作品展示在展板上（见图50-6—图50-8），鼓励幼儿说说自己画了怎样的大树，有什么特别的地方要介绍给大家。（引导幼儿从大树的整体造型、树干上的花纹、树叶布局等进行交流。）

图50-6　　　　　　　　图50-7　　　　　　　　图50-8

专家评析

　　自然界的树木形态各异，是幼儿园审美教学活动的良好资源。该活动感受欣赏和创作表现的重点明确，突出树的高大特点，引导幼儿发现自然风景中大树的造型特点和民间艺人绘画作品开放式的构图特点，从对自然界大树的欣赏感知迁移到对平面作品的欣赏，环环紧扣，递进自然，帮助幼儿实现审美经验的转换和提升。

　　需要注意的是，教师要把握好两个欣赏环节的不同要点。在对自然界大树的欣赏环节中，教师可以着重引导幼儿关注三张照片中每棵大树不同的枝干造型特征，丰富幼儿对大树的造型经验；教师还可以通过"高大"的语言以及引导幼儿进行肢体动作模仿，来加深幼儿对高大树木特征的感知。在对老奶奶绘画作品的欣赏过程中，教师应关注幼儿对画面开放式饱满构图特征的发现，帮助幼儿理解树枝生长到画纸的外面可以使这棵树看起来更高大。

51. 创意邮筒

设计教师：孙毅敏　评析专家：陈学群

幼儿园：江苏省南京市雨花台区实验幼儿园

设计意图

中班幼儿正在开展"给你一封信"的主题活动，而作为信件中转站的邮筒对孩子们来说既陌生又奇妙，它就像神奇的魔法箱常给幼儿带来惊喜。那么邮筒都是什么样子的？有什么特点呢？本活动首先给幼儿展示了世界各地的邮筒造型，让幼儿在欣赏中拓展思维。初步了解邮筒后，如何设计一款美观独特的邮筒呢？这是本活动的重要内容。因为邮筒的基本造型都是圆柱形，所以活动选择薯片罐作为主材，引导幼儿设计投递口、邮筒标记等重要标志，然后启发幼儿将薯片罐装饰成各种夸张的人物、动物造型立在路边，仿佛在等待着小朋友把信件放在里面。对于幼儿来说，这是很美妙的期待。

活动目标

（1）在认识邮筒的基础上，欣赏形态各异的邮筒，感受其造型美和创意美。

（2）根据薯片罐的特点加以想象，在合适的位置上粘贴半成品，制作具有独特造型的邮筒。

（3）体验废物利用、一物多玩的乐趣。

活动准备

薯片罐人手1个，"独特的邮筒"课件；装饰材料，如彩色吸管、纽扣、亮片、瓶盖、卡纸、彩绳、彩色塑料花、毛茛等；邮筒标记以及投递口标记半成品，剪刀，双面胶，泡沫胶。

活动过程

1. 猜谜活动，引起兴趣

朗读谜语，请幼儿猜谜底：身穿绿衣裳，站在马路旁，专吃大饼干，日晒雨淋都不怕。这是什么？

出示图51-1，引导幼儿观察并讨论：邮筒是什么样子的？上面有什么？它有什么作用？（"圆筒状，有一个小口叫投递口，供写好的信投进去；还有一个取邮件的小门，邮递员叔叔取走信件，再送到要寄往的地方"）

图51-1

2. 欣赏别具一格的邮筒造型

师：下面让我们欣赏一组各种造型的邮筒（播放邮筒图片，见图51-2—图51-5）。

图 51-2　　　　图 51-3　　　　图 51-4　　　　图 51-5

师：你喜欢哪种造型的邮筒，说说喜欢哪里？

3. 创意设计独特的邮筒

(1) 引导幼儿发挥想象力，设计功能齐全、造型独特的邮筒。

组织幼儿讨论：可以把邮筒设计成怎样的造型呢？（"夸张的人物造型或者是动物造型，可以为邮筒添上帽子、眼睛、头发、衣服等"）

(2) 示范制作邮筒的关键步骤，帮助幼儿了解制作方法。

师：先选择一个桶装材料，再用各种废旧材料，如纸杯、彩纸、纽扣、毛茛等，通过剪、折、贴、画的方法，表现出创意邮筒的帽子、眼睛、嘴巴、头发甚至衣服。

(3) 请幼儿当设计师制作创意邮筒。

师：今天就请小朋友来当设计师，制作一款时尚、独特的邮筒，比比谁的邮筒造型最有创意。这里有各种制作材料，小朋友们可以自由选择。

(4) 幼儿制作，教师指导。

指导要点：

- 对个别操作有困难的幼儿，给予鼓励与指导。
- 提醒幼儿夸张地表现邮筒的特征。
- 提示幼儿合理使用各种废旧材料和工具。

4. 作品展示与欣赏

(1) 请幼儿介绍自己的创意有什么独特的地方。

(2) 举办"创意邮筒"展览会（见图51-6）。

图 51-6

专家评析

整个活动过程层层递进，流程清晰，充分体现了教师科学的教育理念和教育智慧。

在选择制作材料时，因为邮筒的形象简单，以圆柱形为主体，所以教师选择以薯片罐来制作邮筒再好不过了，这个想法体现了废物利用的环保理念。活动中，教师首先利用课件帮助幼儿积累对邮筒的感性认识，之后通过示范几个关键步骤让幼儿了解制作方法，最后启发幼儿利用教师提供的各种材料，想象创作一款独特、美观的邮筒。整个活动的组织过程清楚，材料丰富，有多种选择的可能，既给了幼儿支持，又为幼儿提供了创作的空间。

在活动中，教师还应注意以下几点：

（1）最好在中班下学期开展这个活动，因为邮筒对于幼儿来说是个陌生的事物，他们对此缺乏认识。同时，制作邮筒需要幼儿具备一定的制作经验才能完成。

（2）为了让幼儿制作的邮筒更具创意和美感，教师要准备丰富的半成品材料供幼儿选择。

（3）活动最后除了展示幼儿的创意作品，还可以把它们悬挂起来装饰教室。在区域活动时，教师还可以和幼儿一起用纸箱做一个大的邮筒，成为幼儿玩送信游戏的道具。

52. 美美的圣诞树

设计教师：汪婓 评析专家：陈学群

幼儿园：江苏省南京市实验幼儿园方圆绿茵园

设计意图

每年圣诞节来临前夕，孩子们都会在商场、超市、宾馆大厅等地方看到很多圣诞节的装饰，其中圣诞树是最常见的。圣诞树上挂着的小小饰物吸引着他们的眼球，让他们总是在圣诞树前流连忘返……为了让孩子们能亲密接触圣诞树，我设计了本节活动。活动先是引导幼儿用边挤压颜料边绘画的方法来作画，表现圣诞树三角形的外型特征，再用小小装饰物来点缀圣诞树。

活动目标

（1）尝试用挤压颜料的方法画出圣诞树的树型特征。

（2）结合生活经验大胆使用不同的材料装饰圣诞树。

（3）欣赏自己制作的圣诞树，感受圣诞节来临的快乐。

活动准备

(1) 经验准备：幼儿观察过圣诞树，听过关于圣诞节的故事，会唱圣诞歌曲。

(2) 材料准备：圣诞歌曲，范画1幅，圣诞树图片；卡纸底板，护衣，装有绿色颜料的挤压瓶人手1份，喷雾瓶，蝴蝶结，糖果，彩珠，剪切好的树干贴纸若干，小碗。

活动过程

1. 谈话导入活动，引起幼儿兴趣

(1) 幼儿听圣诞歌曲进场。

师：刚刚听到的这首歌曲告诉我们什么节日就要到啦？（"圣诞节"）你们开心吗？

(2) 出示圣诞树图片（见图52-1），引导幼儿观察。

师：圣诞节快要到了，幼儿园里摆放了许多圣诞树，它们看上去像什么形状？（"像三角形"）树上还有些什么？（"有糖果、蝴蝶结、礼物盒等"）

图 52-1

小结：圣诞树像一个三角形，上面挂满了很多礼物，看起来真漂亮。

(3) 引导幼儿用身体动作表现圣诞树的外形，体会圣诞树上小下大的造型特点，为接下来的创作提供支持。

2. 出示范画，探索作画方法

(1) 观察范画的特征和绘画的方法。

师：这棵圣诞树是怎样画出来的呢？

(2) 教师演示用挤压瓶挤出颜料，边挤边画的作画方法。

师：今天我带来了一个神奇的瓶子，用这个瓶子可以怎么画圣诞树呢？（教师示范，边示范边介绍：挤压瓶子来来回回地画，上下层颜料可以重叠。最后留一点空隙在下面，安上树干。树干与树冠要靠紧，圣诞树就画好了）

(3) 介绍装饰材料。

师：圣诞树画好后还缺了什么，怎样让它变得更好看？可以用什么来装饰呢？（引导幼儿结合自己的喜好选择与别人不同的材料来装饰与众不同的圣诞树）

小结：贴上树干和蝴蝶结，还可以用小碗到旁边的材料区取自己喜欢的材料装饰圣诞树。

3. 幼儿操作，教师观察指导

师：我们也来画出自己喜欢的圣诞树吧。

幼儿操作时，教师指导。

指导要点：

- 帮助能力弱的幼儿明确自己的操作方法，更好地体验操作过程和结果。
- 适时提醒幼儿在画好以后拿小碗里的小糖果、小礼物装饰圣诞树。
- 材料装饰好后，提醒幼儿挤压白色颜料添加雪花。

4. 幼儿互相欣赏并介绍自己画的圣诞树

（1）引导幼儿共同欣赏彼此创作的色彩鲜明、线条清晰、想象力丰富的作品（见图52-2）。

（2）带领幼儿一起围着圣诞树唱圣诞歌曲，延伸创作活动带来的乐趣。

图 52-2

专家评析

这个活动总体效果不错，有以下三个亮点：

第一，活动内容和方式吸引幼儿。吸引幼儿的不仅是圣诞树这一表现内容，也有表现圣诞树的操作材料——颜料挤压瓶，还有那些亮闪闪的装饰物和蝴蝶结。

第二，对中班幼儿有一定的挑战性。边挤颜料瓶边移动，这需要幼儿悬空自由操作，对幼儿手部和身体运动的协调性是一次锻炼。幼儿需要表现出圣诞树上小下大的特点，这对幼儿也是很有挑战性的。活动中，教师运用了观察、讨论、动作表现等多种方式让幼儿感知圣诞树的造型，这为幼儿的表现表达奠定了基础。

第三，容易让幼儿获得成就感。使用黑色卡纸和绿色颜料以及亮闪闪的装饰物进行操作，使得画面效果很漂亮；让幼儿自由地挥动手臂绘画，让他们自由地发挥想象设计自己喜欢的圣诞树，这让幼儿感觉自己很能干，从而树立自信心。幼儿的美术活动要重视表现出作品的美感，这需要教师的用心和爱美之心。

不过，活动中教师还应注意以下几点：

（1）这个活动最好在圣诞节前夕进行，这样班级中有一些圣诞氛围，方便幼儿观察和了解圣诞树。

（2）在边挤边画的过程中，教师的讲解很重要，要边示范边讲解。在讲解的过程中，要努力让幼儿参与到讨论中。比如，让幼儿来说如何做，教师来示范。

（3）材料的准备要充足。颜料应多准备一些，亮闪闪的小装饰也要多准备一些，这样才能让幼儿更加大胆地绘画，作品的效果才会更好。

大 班

53. 哈哈镜里的人

设计教师：居君　评析专家：余晖
幼儿园：江苏省南京市第三幼儿园

设计意图

幼儿翻看漫画时，经常会把自己当成漫画人物，自由自在地进行表演。如果让幼儿单纯地临摹漫画会扼杀幼儿的创造力和想象力，也难以激发幼儿的创作欲望。幼儿很喜欢照哈哈镜，不同变形效果的哈哈镜可以让幼儿体验镜子里不同的自己，而哈哈镜里的形象极度夸张，既激发了幼儿探索漫画人物的创作欲望，同时也给教育带来了契机。

活动目标

(1) 感受哈哈镜中人物身体夸张变形的多种形态。
(2) 能根据观察和想象用线条创造性地表现变形人物。
(2) 体验变形创作带来的诙谐幽默和快乐。

活动准备

(1) 经验准备：幼儿已欣赏、感受过一些经典的漫画作品，如《父与子》、《三毛流浪记》等。
(2) 材料准备：哈哈镜8面，各种形状的纸（各种几何图形、心形、水滴形、S形等），黑色勾线笔，剪刀，轻松诙谐的爵士风格音乐《幽默曲》，变形人物图片。

活动过程

1. 照哈哈镜，感受哈哈镜里变形的自己

师：我们一起来照照哈哈镜，看看镜子里的自己有什么变化？（播放《幽默曲》，鼓励幼儿对着哈哈镜摆出各种造型，见图53-1）

师：哈哈镜里的你变成什么样了？

2. 观察夸张变形的形象，进一步感受人物的变化

(1) 出示一组哈哈镜里变形人的图片，引导幼儿观察人物的变化。

师（出示S形图）：这个人是什么样的？学学他

图 53-1

的动作。

师（出示弧形图）：他又是什么样子的呢？学一学。（帮助幼儿进一步理解人物由实物变为画面是从空间到平面的过渡）

（2）讨论创作变形人的方法。

出示形状纸，组织讨论。

师：如果这是一张哈哈镜，里面的人会变成什么样呢？

师：请小朋友用笔在这张形状纸上画一个变形的人。

3. 创作"哈哈镜里的人"

师：请你根据纸的形状来设计变形人，要撑满整张纸；也可以自己裁剪形状纸，再根据形状画出哈哈镜里的人。

师：可以在桌上创作，也可以在舞台上创作。（幼儿创作，教师适时指导。见图53-2）

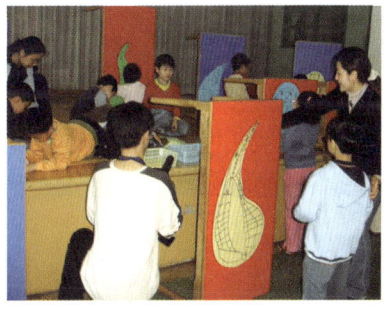

图53-2

在创作过程中，幼儿根据自己的已有经验有层次地创作，能力强的幼儿根据形状纸大胆地画出配合形状纸造型的人物，而能力弱的幼儿可以画好变形的人再沿轮廓修剪。

4. 用动作模仿画面姿态

在展示板上展示幼儿的作品（见图53-3、图53-4）。

师：你画的哈哈镜里的人在哪里？他是怎样变形的？学学他的动作，老师给你拍张照。（引导幼儿一边模仿滑稽变形的动作，一边体验作品的成就感）

师：以后我们再画一画各种各样哈哈镜里的人，好吗？

图53-3

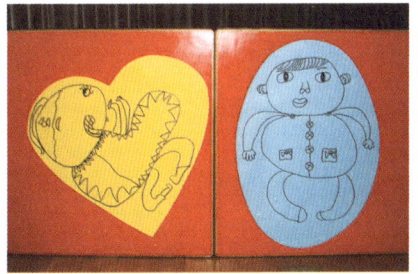

图53-4

专家评析

关于夸张的美术活动题材在幼儿园有很多，但大多是通过观察欣赏其他美术作品获得相应的审美经验。这个活动的设计令人耳目一新，自始至终都让幼儿在游戏情境和娱乐过程中完成，孩子们喜欢极了。

活动一开始就让幼儿照哈哈镜，观察体验镜子里自己身体形状的变化，让他们对哈哈镜中人物的变形特点有了初步的认识。接着通过观察哈哈镜中变形人物的图片，有机会对局部的夸张变形获得充分的感知，将原本直观的形象感受与画面联系起来，关于夸张表现手法的获得过程如此简单又有趣。

绘画纸的提供可以说是一个突破之举，既是前面感受环节的递进，也可以说是前面经验的迁移运用。各种规则和不规则的图形画纸，暗示了幼儿这些纸就是哈哈镜，可以假想里面是一个变形的人。创作时，幼儿可以根据形状纸的特征想象变形人的特征进行局部夸张。比如，看到"水滴形"的纸，很多幼儿就说这个哈哈镜里的人头部应该很小很窄，身体应该又圆又胖。不同形状的画纸为幼儿自主选择材料提供了空间。

活动中，为了满足幼儿表现完整人物的需要，教师还可以提供和幼儿身体一般高的形状纸，贴在墙上或画板上让幼儿创作。同时由于纸张较大，要提供粗的勾线笔或者炫彩棒等。

54. 彩绘椅子

设计教师：焦阳　评析专家：陈学群

幼儿园：江苏省军区机关幼儿园

设计意图

在生活中，很多家长会带着孩子参与一些DIY的活动，如手绘T恤、DIY蛋糕、DIY项链等。如果孩子们能够DIY一张属于自己的独一无二的椅子，将会是一件非常有趣的事情。本活动就为幼儿提供了一个充分展示自我、表达个性、想象创造的好机会。椅子与幼儿的生活和学习密切相关，而幼儿对于自己所熟悉的事物更能产生创造和表现的欲望。活动中，幼儿将有关条纹、藤蔓等图案的已有经验，迁移、组合、再创造地表现在椅子上，绘出了一把把富有创意的椅子。

活动目标

（1）感受条纹和藤蔓装饰所带来的艺术美，尝试组合两种图案进行装饰。

（2）按照自己的想法在椅子上大胆作画。

（3）体验在实物上装饰的快乐。

活动准备

(1) 经验准备：幼儿已欣赏过条纹和藤蔓图案。

(2) 材料准备：白色小椅子人手1把，抹布，桌布，护衣；条纹及藤蔓图片；丙烯颜料，水粉笔。

活动过程

1. 欣赏有条纹、藤蔓图案的图片

(1) 师：××小朋友的毛衣真漂亮，是条纹的。我们还在哪些地方看到过条纹呢？（迁移幼儿的生活经验，引导幼儿了解条纹图案在生活中的运用）

(2) 师生共同观赏图片（见图54-1、图54-2），回忆欣赏过的条纹与藤蔓图案，进一步熟悉条纹和藤蔓的构成。

图 54-1

图 54-2

提问：大家看一看，条纹图案是怎样的？（"条纹的变化是有规律的，有粗细的变化和色彩的变化"）

提问：藤蔓图案又是什么样的？（"藤蔓则是从主枝干上画出一条条螺旋形的线条，还可以辅以小树叶、蝴蝶等装饰"）

(3) 欣赏条纹图案和藤蔓图案在生活中的运用（见图54-3）。

提问：生活中哪里有条纹和藤蔓图案呢？（进一步拓宽幼儿的思路，让其了解不同图案与生活的关系）

2. 迁移经验，构思彩绘椅子

(1) 师：美丽的条纹和藤蔓图案不仅可以装饰在毛衣上、围巾上、鞋子上、包包上，还可以装饰在什么地方？

师：我们还可以把条纹和藤蔓图案装饰在小朋友坐着的椅子上。

图 54-3

(2)出示小白椅子,提问:如果让你来装饰这把椅子,你想用什么图案装饰它?椅面怎么装饰?椅背怎么装饰?椅子腿怎么装饰?(通过追问幼儿,引导幼儿观察椅子的构造,重点放在椅面的装饰上)

(3)提问:除了用条纹和藤蔓进行装饰,你还想添画些什么?(引导幼儿在关注用条纹和藤蔓进行主要装饰的同时,也可以再添画些其他图案,如小花、小鸟等)

3. 自选材料,想象创作

师:请小朋友为自己设计一把特别的椅子吧!

幼儿绘画,教师指导。

指导要点:

- 在幼儿绘画时,教师要注意引导幼儿先构思好绘画的内容,再进行创作。
- 提示幼儿从椅面开始装饰。

4. 相互介绍,欣赏作品

展示幼儿的作品(见图54-4、图54-5),并鼓励幼儿讲述自己的作品。

图54-4　　　　　　图54-5

专家评析

这个活动给幼儿带来的感受和体验一定会很深刻!理由有三个,第一,幼儿喜欢用水粉或者丙烯颜料作画,这样作品容易产生视觉震撼力;第二,条纹和藤蔓装饰的线条特征明显,装饰感强,容易表现;第三,幼儿很少有机会真正在实物上作画,尤其是在一个将来可能还会使用的椅子上作画,这是一种全新的、奇妙的作画体验。正是这样,即使教师需要花费较多的时间和精力去准备,也是值得的,因为孩子们需要,因为我们要影响孩子们不断地去追求生活的美好。

在生活中,总有一些废旧的东西,只要我们拥有一颗发现美和创造美的心灵,再加上独特的创意,就能把这些废旧物品制作成世上独一无二的艺术品。使用废旧材料或自然材料,然后运用装饰、造型等方式变废为宝,既环保实用,又能激发我们的艺术灵感,装点我们的生活。

这个活动所使用的椅子就是幼儿园中陈旧的椅子，把它们刷白，然后再运用色彩、图案进行装饰，使它们成为一把把富有创意的个性化的椅子。再如，把包装小盒两三个组合起来，表面贴上花纸，再做些动物装饰造型，就是一组有创意的笔筒或者是小小收纳盒。

关于本活动，还有以下建议：

(1) 让家长和幼儿参与到活动的准备中，比如提供椅子或其他废旧物品，参与刷白活动等，这样也会让幼儿对即将到来的活动充满期待。

(2) 活动中提供的是刷上白漆的椅子，其实椅子也可以是彩色的。让幼儿在红色、黄色、黑色等椅子上进行手绘，也会有不错的效果。此外，也可以用刷白了的桌子、瓶子、罐子等代替椅子。

(3) 可以是一个幼儿描绘一把椅子，也可以是两个幼儿描绘一把椅子。建议两个幼儿完成一个作品，这样幼儿边商量边绘画，也可以由一个人绘画椅面图案，由另一个人绘画椅背图案。

(4) 在幼儿绘画椅子时，鼓励他们除了以条纹和藤蔓为主外，还可以大胆地结合其他的图案，让手绘出的椅子更具个性。

55. 鞋底鱼

设计教师：朱水莲　评析专家：陈学群

幼儿园：江苏省南京市鼓楼幼儿园

设计意图

孩子的小脚长得快，鞋子小了就没有用了吗？不，可以废物利用！那么这些废弃的小鞋子可以怎样来美化我们的生活呢？可以把鞋面加工变成一双双展示的艺术鞋，或者把鞋底变成一条条快乐的小鱼。本活动正是引导幼儿通过借形想象，在鞋子底上进行绘画创作。

活动目标

(1) 观察鞋底形状，借形想象创作鞋底鱼。

(2) 通过观察、讨论确定鱼头、鱼尾、鱼鳍的位置，创造性地进行身体图案的装饰。

(3) 大胆细致地在鞋底描绘，体验变废为宝的快乐。

活动准备

鞋底鱼图片1张，用洞洞鞋创作的鞋底鱼范例2个，海洋鱼类幻灯片；幼儿人手1只鞋，油性笔，丙烯颜料，小号水粉笔，背景音乐。

活动过程

1. 欣赏海底鱼及鞋底鱼图片，感受鞋底鱼造型的独特

（1）配合音乐播放海底鱼幻灯片（见图55-1—图55-6），提问：小朋友们，你们见过什么样的鱼？它们长的什么样子？

图 55-1

图 55-2

图 55-3

图 55-4

图 55-5

图 55-6

小结：鱼类世界有很多独特且漂亮的鱼，它们的造型不一样，色彩不一样，花纹也不一样。

（2）出示鞋底鱼的图片（见图55-7），提问：你们见过这样的鱼吗？它长得像什么？它的名字叫鞋底鱼。

图 55-7

2. 欣赏在鞋底创作的鞋底鱼，感受借形想象的魅力

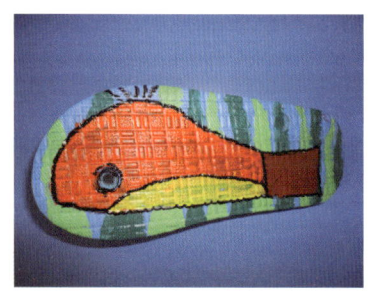
图 55-8

教师拿出一只洞洞鞋，提问：这是什么？看一看，鞋底让你想到了什么呢？这只鱼在哪里（见图55-8）？

师：这是在我们小朋友穿小了的洞洞鞋鞋底上画出的鞋底鱼。它的鱼头在哪里？鱼鳍在哪里？这样的鞋底鱼和真正的鞋底鱼有什么地方不一样？（"色彩更丰富，造型更可爱"）

师：再来看看这一条鱼（见图55-9），有什么奇特的地方？ ("鱼的头部更可爱，身上的花纹更有趣")

3. 探索创作鞋底鱼的方法

提问：这里有一只洞洞鞋，要想在鞋底上创作出自己喜欢的鞋底鱼，应该怎么做呢？谁来试一试？（请1～2名幼儿说一说、试一试）

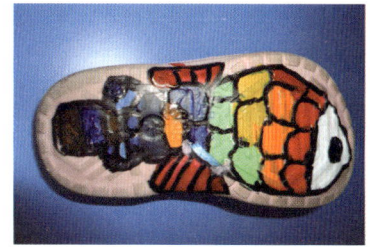

图 55-9

小结：在鞋底上画鱼时要先想一想哪一端做鱼头，哪一端做鱼尾。先画出身体的轮廓，再进行分割；先绘画出图案，再进行色彩填充。记住，用丙烯颜料填充颜色时要非常小心哦！

4. 创作鞋底鱼

指导语：你们欣赏了这么多的图片，想不想在自己的鞋底上创作一条鞋底鱼呢？你想画一条什么样的鱼？鱼身体上的花纹是什么样的呢？

幼儿创作，教师指导。

5. 作品展示、欣赏与评价

将幼儿创作的鞋底鱼挂在展示板的粘钩上（图55-10、图55-11）。

指导语：小朋友们画的鱼都游过来了！我们一起来观赏吧！你喜欢哪一条？为什么？

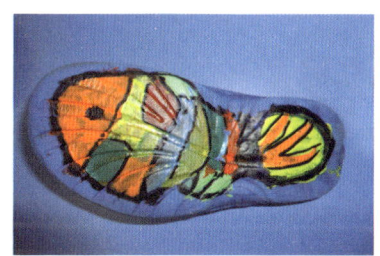 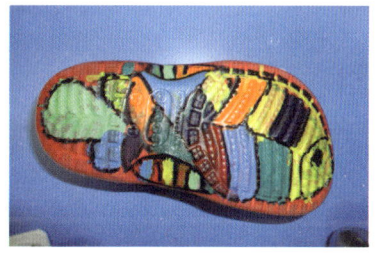

图 55-10　　　　　　　图 55-11

专家评析

这个活动对于大班幼儿的发展价值概括起来有以下几个方面：

首先，引导幼儿感受在不同的物体上作画，激发幼儿的作画热情。幼儿喜欢在不寻常的物品上作画，他们喜欢求新求异，而在鞋底上作画可谓大胆又富有挑战性。

其次，引导幼儿透过鞋子学会借形想象。鞋子底的形状和鱼有着相似的外形，透过鞋子的造型描绘鱼的造型，这是一种借形想象的方法。当然，对于鞋子的想象不止局限于形状，还可以有更多，如怪脸鞋子、鞋子拓印等。"无厘头"想象容易，但把想象变成现实不易，这就是这个活动的亮点。

最后，在完成作品的过程中需要克服困难，只有坚持到底才能有所收获。这个活动需要勾线，需要填色，需要在不平整的表面上绘画，需要小心使用丙烯，需要注意不把颜料弄得到处都是。幼儿要做到这些可不容易，他们会不断地遇到问题或困难，只有克服困难才能取得成功。正是因为如此，这个活动给幼儿带来的体验是深刻和难忘的。

在活动中，教师还应注意以下几点：

(1) 在鞋子上绘画对于幼儿来说有一定的难度，因此不必强求幼儿在桌子上绘画，也可以让幼儿把鞋子放在腿上用双膝夹住鞋帮绘画。

(2) 鞋底有各种各样的花纹，用油性笔绘画的时候会不太平整。因此，给孩子提供的笔最好出水流利，利于绘画。

(3) 可以把鞋底的造型想象成很多的物体，鼓励幼儿不局限于鱼，想象出更多的物体来。

56. 神秘的图腾柱

设计教师：王晓军　评析专家：余晖

幼儿园：江苏省南京市瑞金路幼儿园

设计意图

图腾是一种传统的祭祀文化，幼儿虽然不能深刻地理解其中的含义，但是图腾柱上夸张的人物形象及其具有民族风格的色彩，很能抓住幼儿的眼睛。本活动通过引导幼儿细致地观察、充分地感受图腾柱，尝试绘画五官表情来表现一种威严。

活动目标

(1) 观察、欣赏图腾（人物）形象的基本特征及其所蕴含的文化。

(2) 理解夸张变形的艺术表现方法，尝试用夸张的方法表现图腾（人物）形象。

活动准备

(1) 经验准备：幼儿已初步了解相关的图腾文化。

(2) 材料准备：图腾柱幻灯片，不同规格的黑色画纸人手1张，各色水粉颜料，画笔。

活动过程

1. 了解图腾形象的基本特征及其所蕴含的文化

(1) 欣赏单个头像图腾柱（见图56-1），了解图腾形象的基本特征，感受其威严和震慑感。

提问：有一根很特别的柱子，柱子上刻了什么？感觉怎么样？你们也来瞪大眼睛，张大嘴

巴,互相看一看,觉得怎样?(引导幼儿发现眼睛、嘴巴的特点,帮助幼儿简单了解图腾的基本特征)

小结:图腾柱看上去很高很高,柱子上会刻上一些人物和动物,这些人物和动物都瞪着大大的眼睛,张着大大的嘴巴。

(2)欣赏多个头像的图腾柱(见图56-2),感受图腾形象的丰富性。

图 56-1

图 56-2

提问:这根柱子上有什么?哪些地方用了夸张的方法?(引导幼儿按照从上到下的顺序观察欣赏,丰富幼儿的经验,为后面的创作活动做准备)

小结:这根柱子上刻的人都不一样,而且刻了不止一个人物形象。

(3)了解与图腾柱相关的场景及文化。

提问:图腾柱一般建在什么地方?为什么要建图腾柱?

小结:图腾柱,是北美洲印第安人部落放在屋后的木柱,表现了印第安人对祖先或一些传说的崇敬之意。他们相信它们能保护自己,还能给予他们超人的力量和勇气。

2. 尝试用夸张的方法一起制作图腾柱

师:我们也来做一根图腾柱。请每一个小朋友画一张脸,拼成一个高高的图腾柱。

师:我们要画一张夸张而又威猛的脸。怎样表现夸张而变形的五官呢?用怎样的线条和色块来表现出装饰感呢?

小结:可以表现动物、人物或者其他,造型可以夸张,甚至变形,描绘五官的线条要明显突出;要大胆用鲜艳的色块表现出装饰感,脸上的图案装饰既可以对称,也可以不对称。

3. 幼儿绘画,教师指导

指导要点:

- 鼓励幼儿尽量把画纸画满,以显示图腾的夸张特点。
- 鼓励幼儿大胆用色和变形五官,使图腾更为威猛。
- 提醒幼儿合理使用颜料和工具。

4. 作品欣赏与评价

把幼儿画的图腾柱张贴在墙上,引导幼儿欣赏(见图56-3)。

师:看看我们画的图腾柱,感觉怎么样?我们的图腾柱上画

图 56-3

了一些什么样的人?

专家评析

图腾柱起源于远古时代,那时的人们会在高高的柱子上刻一些夸张变形看上去很威猛的人,放在他们帐篷的旁边,希望能够得到保护,不受伤害。图腾柱上夸张的五官特点、民族风格的色彩特征,非常适合大班幼儿欣赏和创作。

活动开始部分在帮助幼儿简单了解图腾柱的外形结构后,引导幼儿先从图腾柱中选取一个特征鲜明的人物形象进行局部观察欣赏,引导幼儿发现眼睛、嘴巴夸张的表现特点,并在同伴相互之间的五官模仿和观察过程中充分体验,进一步强化对夸张后五官外形特征的感性认识。继而引导幼儿欣赏多个头像的图腾柱,帮助幼儿充分感受图腾柱中人物形象的丰富性。对图腾柱自上而下有序观察,不仅有利于幼儿养成良好的观察习惯,也在潜移默化中指导幼儿组合粘贴图腾柱的方法。

教师还特别重视幼儿对图腾柱相关文化的了解,重视幼儿对现代城市广场中图腾形象变化的发现,这对培养幼儿关注现实生活,建构更为丰富的审美经验,形成良好的观察学习品质非常有益。

此外,还有以下两点活动建议:

(1)在日常教育活动中可以引导幼儿通过故事、视频等方式初步了解图腾的相关文化背景,让幼儿积累一些前期经验。

(2)在区域活动中进行延伸,引导幼儿在美工区制作纸筒人,然后运用多种废旧材料,如树叶、纽扣、毛茛、彩色皱纸等,创意表现面部五官(见图56-4、图56-5)。

图 56-4

图 56-5

57. 创意撕贴添画

设计教师:乔卉 评析专家:陈学群
幼儿园:江苏省南京市市级机关幼儿园

设计意图

借形想象符合大班幼儿具象思维和善于想象的特点,可以拓展幼儿想象的广度和深度。幼儿经常进行撕纸活动，撕下来的纸形状自然、质朴、不规则，而本活动正是借助幼儿随意撕下来的纸，引导幼儿从多角度进行想象、添画，发展他们的想象力、创造性思维能力，提高他们表现美和创造美的能力。同时，使幼儿感受想象、创作活动带来的乐趣，激发幼儿对美术活动的兴趣。

活动目标

(1) 能大胆随意地撕纸，根据撕出的形状进行多角度的创意想象。
(2) 有目的地用线条进行添画，体验借形想象创作的乐趣。

活动准备

PPT课件，视频展示台，液晶投影仪，范例用纸（同一形状的撕纸4张），背景音乐；淡黄、橘黄色彩纸，小布袋，黑、红色油性笔，胶棒。

活动过程

1. 游戏导入，激发幼儿的兴趣

(1) 播放背景音乐，师生随意撕纸。

师：今天老师要和小朋友一起来玩撕纸的游戏，看看老师是怎么撕的。两只手靠在一起，撕一点换个位置，再撕一点再换个位置，想怎么撕就怎么撕。

师：你们椅子后面的布袋里也有一张纸，拿出来一起随着音乐试试吧！不过要记住哦，纸片要撕得大一些，看看谁撕得最有意思。

(2) 引导幼儿观察、想象、讨论。

师：请你们把撕好的纸片举起来看一看，互相说一说你撕出来的纸片像什么。

师：谁愿意把自己撕的纸片拿上来展示给大家看看？它像什么？还像什么？

2. 引导幼儿了解多角度创意想象、添画的方法

(1) 出示同一张纸片，变换四个不同的方向引导幼儿观察。

师：老师这儿有一张小纸片，看看它像什么？还像什么？哪里像？

师：这张小纸片调皮地翻了个跟头，看看它又像什么？还像什么？哪里像？

小结：同一张纸片变换不同的方向，可以想象成更多奇妙的物体！

(2) 共同探索添画的不同方法。

①邀请个别幼儿演示添画。

师：谁愿意上来试试，在这些纸片上简单地添画几笔，让它们变得更像、更漂亮，让我们一眼就能看出它们变成了什么。（邀请4名幼儿分别在4个不同方向的纸片上进行简单添画，见

图57-1—图57-4)

师：刚才4名小朋友分别把小纸片变成了河马、灯泡、蜗牛和小狗。

图57-1

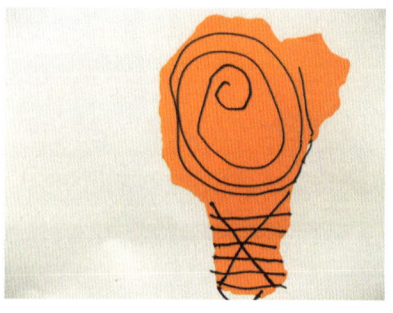

图57-2

图57-3

图57-4

②出示PPT课件，总结不同的添画方法。

师：我们一起来看看还有哪些添画方法呢？哪种方法更巧妙？（播放PPT课件，见图57-5）

图57-5

小结：可以在纸片的里面添画，变成一个物体；也可以在纸片的周围添画，变成物体的一个部分；还可以内外结合添画。通过添画，可以使形象变得更完整、更生动。

3. 交代要求，幼儿想象创作

师：接下来请你们也来创作一幅撕纸添画。先将纸随意撕成一个大大的形状，然后转动纸的方向摆一摆、说一说它像什么。可以和身边的同伴讨论一下，听听不同的想法。最后选一个合适的角度和位置，把它贴在作业纸上，简单添画几笔，让它变得更像。也可以把撕下来的碎纸片再利用起来，为自己的作品增加一些简单的背景，让画面看起来更丰富。

播放背景音乐，幼儿进行创作，教师巡回指导。

指导要点：

● 引导幼儿根据纸片的形状进行多角度的创意想象并添画。

● 鼓励幼儿用不同的添画方法，创作出与别人不一样的作品。

4. 展示作品，欣赏与评价

把幼儿的作品张贴在展示板上（见图57-6），引导幼儿相互欣赏。

师：你觉得谁的作品最有创意？为什么？（让幼儿相互学习、借鉴，互受启发，感受想象、创作活动带来的乐趣，激发幼儿对创意撕贴添画活动的兴趣）

图 57-6

专家评析

这个活动围绕着撕纸、想象和添画三个部分进行，有效地促进了幼儿的发展。首先，撕纸锻炼了幼儿的精细动作和双手协调配合能力，而撕出的纸其边缘有毛糙感，使得作品呈现出稚拙的效果。其次，借形想象和不同角度的添画方式，锻炼了幼儿的想象力。

本活动有三个亮点：第一，引导过程层层推进。从开始的玩撕纸游戏，随意想象，到引导幼儿从四个方向观察想象，进而引导幼儿从四个不同的角度添画，告诉幼儿同样的纸片有不同的添画方法，有无限的可能性。第二，添画方式打破常规。可以在纸片外添画，也可以在纸片内添画，还可以内外结合添画。尤其是在纸片内添画，打破了幼儿原有的思维方式，拓展了幼儿的添画表征方式。第三，审美要素的潜在体现。教师在选择撕纸、底纸以及勾线笔时考虑到了色彩搭配所产生的审美效果，这是一种潜在的审美影响，既凸显了美术活动创意无限，又体现了和谐之美。

此外，在活动中教师还需注意以下两点：

（1）请选择两种相邻颜色（如橘黄、柠檬黄或者草绿、淡绿）的撕纸和底板作业纸，这样搭配在一起画面会显得协调、统一。

（2）有电子白板的幼儿园，可以利用白板的复制纸片、转动纸片方向以及交互功能，灵活调整纸片的四个不同角度，激发幼儿的多种想象，让幼儿参与添画和修改。如果没有电子白板，使用投影仪也能达到上述效果。

58. 长颈鹿

设计教师：王晓军　评析专家：余晖
幼儿园：江苏省南京市瑞金路幼儿园

设计意图

幼儿对绘本《长颈鹿不会跳舞》很感兴趣，为长颈鹿杰拉德长长的脖子、温顺的性格和动人的舞姿所倾倒。有的幼儿甚至在美工区把杰拉德动人的舞姿画了下来。抓住幼儿的兴趣点，我设计了本次活动，为幼儿创造机会，让幼儿自由想象绘画长颈鹿。

活动目标

(1) 了解长颈鹿的外形特点，感受长颈鹿家庭成员间的温馨、互爱之情。
(2) 画2～3只不同姿态的长颈鹿，尝试表现它们相互间交流的情趣。

活动准备

(1) 经验准备：幼儿开展过科学活动"认识长颈鹿"。
(2) 材料准备：长颈鹿图片，底图，勾线笔，蜡笔。

活动过程

1. 谈话活动，唤起已有经验

师：今天我们要来画长颈鹿，长颈鹿是什么样的呢？（鼓励幼儿自由回答）

2. 观察、欣赏长颈鹿的图片，感受长颈鹿的不同姿态

(1) 浏览多只长颈鹿的图片（见图58-1—图58-4），整体感受长颈鹿的姿态特点。

图 58-1

图 58-2

图 58-3

图 58-4

师：说说你看到的长颈鹿吧。它们在干什么？

（2）欣赏单只长颈鹿图片（见图58-5—图58-7），了解长颈鹿的外形特征。

师：长颈鹿是什么样子的？它的头上有什么？像什么？

师：长颈鹿的眼睛是什么样的？脖子是什么样的？身体是什么样子的？

师：长颈鹿身上的斑纹像什么？

图 58-5

图 58-6

图 58-7

3. 欣赏感受长颈鹿之间相互交流时的姿态

（1）定格一幅作品（见图58-8），初步了解长颈鹿之间的交流。

指导语：这里有几只长颈鹿？它们是什么关系？在做什么？（引导幼儿猜测，自然过渡到下面的环节）

（2）定格四幅作品（见图58-9—图58-12），引导幼儿关注长颈鹿一家相互间的情感。

师：你最喜欢哪一幅？它们的身体姿态是什么样子的？脖子像什么？

图 58-8

师：用身体动作来学一学长颈鹿不同的姿态！

师：长颈鹿宝宝吃到食物后心情怎么样？长颈鹿妈妈怎么样？

图 58-9　　　　　　　　　图 58-10

图 58-11　　　　　　　　　图 58-12

4. 幼儿绘画，教师巡回指导

（1）讨论长颈鹿的画法。

师：我们也来画画长颈鹿，你准备画的长颈鹿在干什么，怎么画？先画哪里？可以怎样涂色？你还有什么问题和困难？大家一起来讨论。

小结：你可以先画长颈鹿长长的脖子，再画它的小头和大身体；也可以先画个近似三角形的小头，再画长脖子。要仔细看看长颈鹿的耳朵和眼睛，尽量画出来。长颈鹿的尾巴、腿和花纹也很有特点，请试着表现出来。

（2）鼓励幼儿画出2～3只不同姿态的长颈鹿，想想它们在干什么，教师适时指导。

5. 作品展示与评价

在教室墙面上展示幼儿的作品（见图58-13—图58-16）。

师：你画的长颈鹿在干什么？是什么样的？

图 58-13

图 58-14

图 58-15

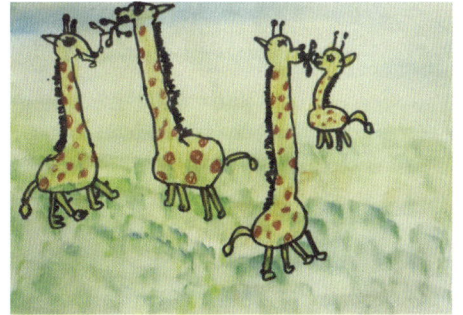
图 58-16

专家评析

　　让幼儿用绘画的方式表现出长颈鹿的基本特征并不难，但是感受和表现出有情趣、有故事的长颈鹿，才是幼儿喜欢做的事情。本活动较好地满足了幼儿的这一绘画需求。

　　活动开始部分，幼儿通过对多张图片的浏览，充分感知长颈鹿各种各样的姿态，体会长颈鹿动作中所表达的无声语言，初步感受到长颈鹿生动而充满活力的状态。接着，观察单只长颈鹿图片，了解长颈鹿的基本外形特征。在幼儿对长颈鹿的外形特征和多样姿态有了初步了解的基础上，重点感受长颈鹿之间相互交流时的姿态变化，尤其是长颈鹿与身体前后伙伴之间交流时的姿态变化。在这个环节每幅图片的观察侧重点不同，比如，"一家三口"的图片重点是引导幼儿观察长颈鹿正面和侧面的不同；而"吃草"、"喂奶"的两幅图片重点是引导幼儿观察长颈鹿的姿态和脖子的方向。为了让幼儿更好地体会长颈鹿之间相互嬉戏交流的愉快情趣，教师鼓励幼儿模仿图片中长颈鹿的不同姿态，在假想游戏中体会长颈鹿宝宝吃到食物后的心情以及长颈鹿妈妈愉快的心情，这样不仅让欣赏过程更富有情趣性，也让幼儿关注到长颈鹿的不同姿态与画面故事情节之间的关系。

　　如何能更好地体现情趣性，教师在绘画的底纸上也给予了适度的支持。比如，用湿画的方法和幼儿一起制作了有背景的底纸，底纸上有山坡、河流、天空等。背景纸的提供对画面构图有一个暗示的作用，同时还可以提高幼儿对绘画活动的兴趣。

59. 水中倒影

设计教师：乔卉　评析专家：余晖
幼儿园：江苏省南京市市级机关幼儿园

设计意图

在生活中，我们只要悉心观察，就一定会发现大自然是一个神奇美妙的世界。每当看到宁静的水面，我们就会被水中那奇妙的倒影深深地吸引。风清月朗的夜晚，漫步在湖畔，不经意间你会发现岸边的楼房和闪烁的灯光以及随风摇曳的垂柳都在水中摇荡，这些奇妙的视觉现象就是水中倒影。本活动围绕这一主题，引导幼儿用水粉颜料对印的方式来表现上下对称的倒影，既简便又巧妙、逼真。

活动目标

(1) 通过欣赏图片感受水中倒影的对称美，尝试用对印的方法表现出水中倒影的景物。
(2) 尝试运用水粉作画的方法表现景物的远近、遮挡关系。
(3) 体验对印创作的乐趣。

活动准备

水粉颜料、水粉笔、宽排笔、小画纸、A3画纸、抹布等若干，"水中倒影"PPT，背景音乐。

活动过程

1. 配乐欣赏水中树的倒影图片，感受倒影对称的美和意境美

师：每当看到宁静的水面，我们就会被水中那奇妙的倒影深深吸引。现在就请小朋友们随我到湖边水畔，一起去领略人间美景吧！（配乐播放"水中倒影"PPT，见图59-1—图59-3）

师：这些树的倒影漂亮吗？倒影有什么神奇美妙的地方？

小结：真实的景物和倒影之间被水面分隔开，上面是真实的景物，下面是倒影。倒影和真实景物的形状、颜色、大小是相同的，但方向相反是对称的。当水面平静时，倒影就很清晰；当水面荡起波纹时，倒影就有一种朦胧的美。

图 59-1　　　　　　　　　图 59-2　　　　　　　　　图 59-3

2. 师生共同探讨作画方法

(1) 鼓励幼儿尝试用水粉表现水中树的倒影。

师：这么美丽的倒影，可以用什么方法把它画下来呢？老师给你们准备了颜料和纸，请你们去试一试，画一棵树和它的水中倒影。

(2) 请个别幼儿在集体面前演示作画方法。

师：你是怎么画出水中倒影的？

(3) 演示对印作画的步骤。

师：先将纸对折再打开，中间的折线就是水面，在上半部分画出自己喜欢的景物。一阵微风吹过，水面荡起波纹（用宽排笔在下半部分刷上水粉）。谁来帮我用对印的方法印出水中的倒影呢？（请一名幼儿演示对折均匀按压的方法）看！水中倒影就印出来了。

3. 欣赏风景画的构图和布局

师：水里除了有树的倒影，还有什么景物的倒影呢？（见图59-1—图59-3）

师：你喜欢哪幅水中倒影图？喜欢它什么地方？哪个景物在前面？哪个景物躲在了后面？后面的景物是怎么画的呢？（"遇到遮挡的地方就跳过去"）（通过提问，帮助幼儿了解风景画的构图和布局，感受其远近、遮挡关系和丰富的色彩之美，拓展幼儿的审美经验）

4. 交代要求，幼儿创作

师：请小朋友用对印的方法每人画一幅美丽的水中倒影，先想好要画哪些景物。画景物时可以横构图，也可以竖构图；可以画近景，也可以画远景。画好后记得用宽排笔轻轻地刷出水面，然后再对印。

播放背景音乐，幼儿创作，教师巡回指导。

指导要点：

- 鼓励幼儿大胆地运用对印的方法，绘制一幅美丽的水中倒影。
- 引导幼儿尝试运用遮挡的方法表现景物。

5. 作品欣赏与评价

把幼儿的作品张贴在展板上（见图59-4）。

师：你喜欢哪幅水中倒影图？喜欢它什么地方？（引导幼儿相互交流，相互欣赏，共同提高）

专家评析

《指南》艺术部分指出："和幼儿一起感受、发现和欣赏自然环

图 59-4

境和人文景观中美的事物。"水中倒影正是自然环境中美丽而又神奇的一抹风景，从活动开始到活动结束，幼儿始终沉浸在对美丽画面的惊叹和不断的神奇发现中。

活动的第一个环节，先是让幼儿感受"树"这个主体单一的倒影画面，引导幼儿初步感受倒影画的意境美和对称美，感受真实景物和倒影是对称的，在形状、颜色、大小方面是相同的，但方向是相反的画面特点。继而提供水粉颜料引导幼儿运用已有的合印画经验，探索用对印的方法印出水中的倒影。然后，引导幼儿了解画面中景物之间的远近、遮挡关系和丰富的色彩之美，进一步丰富幼儿对水中倒影的审美经验。

第三个环节虽然同是对水中倒影画面的感受欣赏，却又在第一环节的基础上更为丰富，为幼儿创造性再现自己的水中倒影画以及在画面内容和布局构图方面拓展了思路。

不过，教师在组织这个活动前，要先让幼儿接触感知创作合印画。另外，所提供的水中倒影的图片要少而精，要能帮助幼儿理解色彩、远近、大小、高矮、遮挡等关系。

60. 树干上的花纹

设计教师：徐玲　评析专家：余晖

幼儿园：江苏省南京市游府西街幼儿园

设计意图

树在日常生活中随处可见，通常我们关注的是树的外形结构以及树叶的美丽，然而每棵树都有着不同的"皮肤"，也有不同的美。本活动旨在引导幼儿仔细观察树干上的花纹，并通过写生的方式表现出来。

活动目标

（1）观察大树树干上的花纹，能用写生的方式表现花纹细节。

（2）专注于作画活动并爱护自己的作品。

活动准备

画板，画纸，铅笔（或签字笔），范例图片3张。

活动过程

1. 回忆写生画的经验

师：什么是写生画？我们上次画写生画时是怎么画的？（引导幼儿回忆写生画的作画步骤以及工具材料的使用方法）

2. 观察并了解写生大树花纹的方法

(1) 带领幼儿到有各种不同树的地方。

(2) 引导幼儿观察大树花纹的不同。

师：今天我们来仔细看看大树（见图60-1—图60-3），上面有些什么？（引导幼儿观察大树树干上独特的纹理，在比较中发现树干上花纹的不同特征，如光滑树干上的横纹和点点、白桦树上的眼睛纹样、杉树树干上的竖形纹理等。）

师：大树上有好看的花纹呢！都有些什么样的花纹呢？花纹像什么？（引导幼儿将大树树干上独特的纹理进行口语化、拟态化的表述，进一步引发幼儿的联想）

师：我们怎么画大树树干上的花纹呢？（引导幼儿对今天的写生活动进行规划，讨论先画什么，后画什么等）

图 60-1

图 60-2

图 60-3

小结：先观察树的外形，尽量在画纸上画出大树的局部，不要担心大树没有被画全；再仔细观察树的细节，把观察到的树皮、纹路、小疙瘩都画出来，看到的是什么就画成什么，这就是写生画。

3. 选择自己喜欢的大树花纹进行写生活动

幼儿进行写生活动，教师随机指导。

指导要点：

- 鼓励幼儿将树干画高画粗，留有表现空间。
- 鼓励幼儿将观察到的树皮细节进行重复表现，产生韵律美，用细节填满整个树干部分。
- 鼓励幼儿添画相应的场景完善自己的作品，丰富画面内容。比如，大树下面有些什么，谁到大树下面来玩了等。

4. 作品展示与评价

展示幼儿的作品（见图60-4—图60-6），请幼儿相互欣赏与交流。

师：看看其他小朋友的作品中，大树有哪些好看的花纹呢？你喜欢谁的作品呢？讲讲为什么喜欢它。

图 60-4　　　　　图 60-5　　　　　图 60-6

专家评析

　　幼儿生活的周围有无数美好的事物，为美术活动的开展提供了丰富的素材。幼儿通常会发现，很多大树的树叶色彩和外形在一年四季会发生变化，大树的树冠也造型各异，但很少有人会关注树干丰富的纹理图案。引导大班幼儿关注这一题材，可以培养幼儿对自然世界中细节美的敏锐性，激发幼儿主动发现和关注更多的静静地躲在角落里的美。

　　在感受、发现树干纹理图案环节，教师设计了两个层次。第一层次是在观察比较中发现树干上花纹的不同特征，了解花纹图案的多样性；第二层次是在观察的基础上，将图案用拟态化的方式通过语言描绘进行联想和表达，比如，"××树干上的花纹有点像眼睛"，"××树干上的花纹就好像圆圈在排队"等，引导幼儿将树干的纹理特征与具体的图案进行联系。

　　在表现方法上，教师提供了写生画具，引导幼儿观察并用写生的方法表现树干纹理的图案美，这有利于幼儿对图案细节的观察，包括短横线、竖线、几何图形、象形纹等，有利于幼儿综合运用已有的图案重复、图案排列和疏密布局等方法，创造性地表达对树干纹理的认识。

61. 京剧脸谱

设计教师：焦阳　评析专家：余晖
幼儿园：江苏省军区机关幼儿园

设计意图

京剧脸谱中鲜艳的色彩和漂亮的图案深深吸引着孩子们，他们对于京剧脸谱的兴趣超越了京剧艺术本身，所以开展绘画京剧脸谱这一活动有助于幼儿进一步了解国粹京剧的文化。本活动通过引导幼儿听京剧、看京剧、欣赏脸谱图片，进而用彩色砂纸绘画脸谱，帮助幼儿充分感受京剧的独特魅力。

活动目标

(1) 欣赏京剧脸谱鲜艳的色彩和夸张的形象，了解京剧脸谱对称的特点。
(2) 探索砂纸画的绘画技巧，用不同的力度表现画面的层次性。
(3) 能大胆地在砂纸上绘画，感受砂纸画的美和京剧脸谱艺术的独特魅力。

活动准备

(1) 经验准备：幼儿已知道京剧是中国的国粹，了解有关京剧脸谱的简单知识。
(2) 材料准备：脸谱课件，京剧视频片段，彩色砂纸，油画棒，音乐《戏说脸谱》。

活动过程

1. 欣赏京剧视频，了解京剧脸谱鲜艳的对称图案和夸张的形象

师：看一看这些京剧脸谱，你觉得什么地方很有趣、很特别呢？（引起幼儿活动的兴趣）

师：京剧脸谱以什么为中心对称？（引导幼儿观察发现，它们是以鼻子为中心左右两侧对称的）

师：这些脸谱与我们的人脸有什么相同和不同的地方？

小结：京剧脸谱都有眼睛、鼻子、眉毛、嘴，但是它们以夸张的手法变成了不同的形状。

2. 观看课件，继续欣赏京剧脸谱，进一步感受脸谱的色彩和夸张的美

播放课件（见图61-1—图61-4），提问：你喜欢哪一张脸谱？为什么喜欢呢？

师：京剧脸谱的色彩是怎样的？（引导幼儿了解这些脸谱的颜色不仅鲜艳好看，而且有各自的含义。比如，红色表示忠勇正义，黑色表示刚烈勇猛，白色表示奸诈多计谋，黄色表示凶

狠残暴，蓝色表示性格刚直）

　　图 61-1　　　　　图 61-2　　　　　图 61-3　　　　　图 61-4

小结：这些脸谱的颜色很吸引人，让观众一看就知道是英雄还是坏人，是聪明的还是愚蠢的。

3. 用砂纸绘画脸谱

(1) 探索画对称脸谱的方法。

师：怎样才能将脸谱画得对称一些呢？（"将纸对折等"）

(2) 了解砂纸画的技巧。

师：用白色或黑色的油画棒勾画出夸张的线条和纹样，然后再着色。砂纸上浅的颜色可以被深的颜色覆盖，也可以让颜色自然融合与过渡，所以小朋友们在绘画时可以考虑运用这些技巧。

4. 作品欣赏与评价

(1) 播放音乐《戏说脸谱》，幼儿手持自己绘画的脸谱，听音乐唱歌跳舞。

(2) 引导幼儿互相欣赏同伴绘制的脸谱（见图61-5—图61-6）。

　　　　图 61-5　　　　　　　图 61-6

专家评析

幼儿对传统文化艺术的感知，很多是被这种文化所特有的视觉形象吸引而开始的。京剧脸谱特有的审美特征，以及脸谱背后所代表的人物及其个性，深深吸引着孩子们，特别适合大班幼儿欣赏和创作。

京剧脸谱本身不是孤立存在的，这些脸谱都对应着不同的人物和故事情节。因此，教师在活动开始部分以播放京剧视频片段的方式，让幼儿较快地融入到京剧的艺术氛围之中，激发幼儿进一步参与活动的兴趣。京剧脸谱的审美特征很明显，关键在于如何发现和归纳。教师在欣赏、感受环节分三个层次循序渐进地逐步引导幼儿，即从全面的欣赏——脸谱的色彩特点和图案特点，到对布局的欣赏——脸谱的对称特点，再过渡到对夸张手法的欣赏，引导他们发现这些京剧脸谱和我们的人脸一样，虽然都有眼睛、鼻子、眉毛、嘴，但是它们以夸张的手法变成了不同的形状。

活动中，教师还需注意以下两点：

（1）在选择范例时，"生"、"旦"脸谱宜选面部线条简单的，"净"与"丑"脸谱则线条相对繁复一些，需要重点观察与欣赏。特别是"净"，重施油彩，面部图案比较复杂，俗称"花脸"。

（2）砂纸本身是有颜色的，因此要有意识地引导幼儿巧妙地运用砂纸本来的色彩，比如，可以与其他色彩衔接等。此外，在砂纸上涂色时，还可以引导幼儿通过力度的大小表现出不同的层次感。

62. 藤蔓之美

设计教师：居君　评析专家：余晖

幼儿园：江苏省南京市第三幼儿园

设计意图

藤蔓风格的作品很丰富，在结合主题需要的情况下，本活动选取了幼儿能够理解和表现的关于"树"的藤蔓造型，以及奥地利绘画大师古斯塔夫·克里姆特创作的一幅跟树有关的藤蔓作品，通过对这些艺术作品的欣赏，让幼儿在观察、比较、游戏中感受螺旋线条的装饰特征，从而较好地理解和表现树的藤蔓之美！

活动目标

（1）欣赏具有藤蔓装饰风格的树的作品，感受螺旋形线条的延伸、变化。

(2) 尝试用珠光笔创作有藤蔓装饰风格的树，想象、粘贴树上的装饰图案。

(3) 体验藤蔓的装饰美，能大胆愉快地创作。

活动准备

(1) 经验准备：幼儿有画装饰线条的经验，对大树的造型有所了解。

(2) 材料准备：具有藤蔓装饰风格的树的图片，藤蔓的写实图片；肖邦的《玛祖卡舞曲》；示范用半成品2幅（画有树干的黑色卡纸），范例1幅；幼儿人手1张装饰画框纸（黑色），银色、黄色、蓝色、粉红色、绿色珠光笔，剪好的各种爱心型、花型、动物型等彩色装饰片，胶棒。

活动过程

1. 观察藤蔓实物图片，引起好奇

呈现图片（见图62-1、图62-2），提问：小朋友们，你们知道这是什么吗？是什么样的？用你的小手绕一绕。

图 62-1

图 62-2

小结：这是树的藤蔓，它们卷起来的样子很特别，像一种螺旋形。

2. 欣赏具有藤蔓装饰风格的树的作品，初步感受螺旋形的特征

师：因为这样的藤蔓很好看，还被设计师们用到了装饰画上，我们来看看这些装饰画。（见图62-3—图62-6，根据幼儿的选择点击放大欣赏）

图 62-3

图 62-4

图 62-5

图 62-6

师：这棵大树是什么样的？（造型）它的树枝是怎样的？（分析螺旋形的异同）请小朋友们用手绕一绕。（全体幼儿看着画面用食指绕一绕）

师：树枝上还有什么？（引导幼儿观察具有装饰意味的各种图案，如爱心、花等）

3. 欣赏大师的装饰画作品，学习螺旋形延伸、变化的特点

（1）出示大师作品（见图62-7），提问：这是奥地利绘画大师古斯塔夫·克里姆特创作的一幅作品，请你们看看他画的是什么，树枝是怎样的？用手绕一绕，看看和画家绕的像不像？（请幼儿个别尝试）

小结：绕完了一条还可以接着往外延伸继续绕，每一个树枝上都绕满了才好看。

（2）师：画家在树枝上也添了许多的装饰图案，都有些什么呢？

小结：画家用了许多螺旋形线条来画树枝，又在树枝上添了许多自己喜欢的图形、图案，让这幅画看起来很丰富、很美。

（这一环节通过对大师作品的欣赏，提升幼儿对藤蔓树特征的理解和升华，帮助幼儿感受螺旋线在环绕中的规整、均衡之美，拓展幼儿的经验）

图 62-7

4. 制作自己的藤蔓装饰画

师：老师也给你们准备了一种特别的笔和装饰画框，想让你们学着画家的方法制作一幅藤蔓装饰画——《树》。先用笔画出螺旋形枝干，再用老师给你们准备的各种装饰片粘贴、装饰。

师：要把藤蔓画得满一些、丰富一些才会更好看！

播放背景音乐，幼儿绘画。

5. 作品展示、欣赏与评价

展示幼儿的作品（见图62-8—图62-11）。

图 62-8　　　　图 62-9　　　　图 62-10　　　　图 62-11

师：你制作的是哪一幅？你是怎样画螺旋形线的？上面添了哪些自己喜欢的图案？你觉得有趣吗？（鼓励幼儿大胆描述自己的作品）

师：大家愿意把自己的作品装饰在教室里吗？好的，我们一起来布置。（师幼共同把装饰画挂在活动室的墙壁上，让这种美得以延续，同时让幼儿体验成功的喜悦）

专家评析

藤蔓装饰画在当今的家庭装潢装饰中被广泛运用，如蕴含藤蔓元素的墙面彩绘、墙纸等。许多生活用品的包装图案也使用了藤蔓，使得藤蔓成为一种时尚元素。带领幼儿感受这种在生活中随处可见的装饰美，帮助他们了解一种新的艺术表达形式，鼓励他们尝试创作藤蔓风格的装饰画，这类活动很受大班幼儿的喜欢。

本活动的重点是引导幼儿欣赏藤蔓之美以及以藤蔓为装饰元素的作品，感受螺旋形线条的延伸、变化。教师首先将自然界中神秘的藤蔓以树木照片的形式呈现在幼儿眼前，这种特别的植物以其优美的姿态吸引着幼儿的目光，调动幼儿继续发现的兴趣。接着，通过对4幅藤蔓树作品的欣赏，幼儿感受到藤蔓这一来自自然世界的图案元素在装饰画中的巧妙运用：藤蔓——螺旋线——树的枝条。对古斯塔夫·克里姆特作品的欣赏，拓展了幼儿对螺旋形图案的认识，帮助幼儿感受到螺旋线条的延伸、环绕以及造型的大小、粗细、长短的变化，进一步体会到画面的丰富和柔美。

活动中的绘画工具和画纸选择，也是本次活动设计的巧妙之处。各种彩色的珠光笔与黑色画纸的搭配，强化了幼儿绘画作品的装饰感，让幼儿更容易从自己的创作过程和作品中感受到藤蔓元素的美丽。当然，教师也可以根据情况用刮画纸、砂画纸等其他材料代替。

63. 飘向天空

设计教师：黄花　　评析专家：余晖

幼儿园：南京军区实验幼儿园

设计意图

广阔蔚蓝的天空，对孩子们充满了神奇的魔力。闲暇时间，天真可爱的孩子们常常会仰望天空，看那天空中飘来的朵朵白云，飞来的一只风筝，还有绚丽的气球……孩子们对天空有自己的幻想，天空中飘动的物体构成了孩子们的童话世界。俄罗斯画家瓦西里·康定斯基的名画《蓝天》运用"S"形的线条与构图，生动地表现出飘浮在天空中的景物。大班幼儿通过与大师作品的交流，在欣赏名作的同时可以尝试模仿大师的表达方式，大胆地表现自己心中的童话世界。

活动目标

(1) 欣赏康定斯基的名画《蓝天》,感受飘浮的景物产生的线条与造型的变化。

(2) 尝试用纸版拓印的方法表现天空的景物。

(3) 欣赏自己和他人的作品,体验纸版拓印创作带来的快乐。

活动准备

(1) 经验准备:幼儿有版画操作及风景绘画的经验。

(2) 材料准备:康定斯基的名画《蓝天》,A3大小的吹塑纸与黑色卡纸用透明胶相连,铅笔,各色水粉颜料,水粉笔,抹布。

活动过程

1. 回忆有关天空中的景物,初步体验"飘"的感觉

(1) 创设假想情境,组织话题讨论。

师:欢迎搭乘本次"空中旅行团"航班,我是本次航班的导游,请大家坐下来,系好安全带。

师:我们会在天空中看到哪些景物呢?("飞机、风筝、云、晚霞等")

(2) 鼓励幼儿尝试用身体动作体会"飞"和"飘"。

师:如果让你飘上天空,你会怎样飘呢?请你表演一下。(引导幼儿发现飘动路线的"S"形特点)

2. 欣赏康定斯基的名画《蓝天》,感受飘浮的景物产生的线条与造型的变化

师:俄罗斯画家康定斯基把自己看到的蓝天画了出来(见图63-1),我们一起来看看。

师:康定斯基绘画的天空中都有什么?你觉得天空中的东西在干什么?("飞、飘")你怎么看出来它们在飞?("弯弯曲曲的线条")

师:你能用动作表演一下这些东西是如何飘的吗?(鼓励幼儿用肢体模仿弯弯曲曲的线条,表现飘的状态)

3. 讨论绘画"飘向天空"的表现方法

(1) 讨论绘画内容。

师:如果你是画家,你想让什么飘在天空中?怎样让它们飘起来?(请幼儿示范用一些弯弯曲曲的线条表现物体飘的状态)

(2) 讨论绘画方法。

图 63-1

师：请你看看桌上的这些工具，你会用吗？谁来说说怎样用？（讨论版画制作的基本顺序）

小结：先用铅笔在吹塑纸上画出《飘向天空》的场景，再用给画面局部涂色块压印在黑卡纸上的方法，涂一块色块印一次，在颜料没有干的时候压印，直到完成一幅有趣的作品。

4. 幼儿绘画

引导幼儿多次着色，反复印制至完成作品。

指导要点：

- 鼓励幼儿大胆在吹塑纸上作画，尝试表现出飘动的物体，表现的物体要画得大一些，方便印色。
- 鼓励幼儿大胆涂色，敢于探索印制方法。
- 引导幼儿先为大块画面涂色印制，印制时敢于按压。
- 鼓励幼儿坚持到底，完成作品。

5. 作品展示

展示幼儿的作品（见图63-2—图63-4），引导他们相互欣赏彼此的作品，并大胆讲一讲自己的作品。

图 63-2

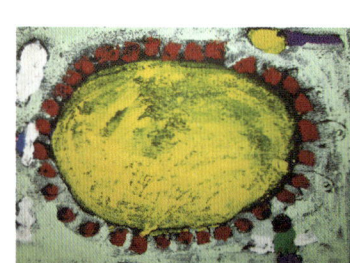
图 63-3

图 63-4

专家评析

现实中的天空对于幼儿来说并不陌生，他们对天空有着无限的想象和幻想，天空中飘动的物体构成了孩子们的童话世界。如何帮助幼儿理解天空中"飘着"的物体以及大师作品中"S"形构图的表现形式，教师设计了三个层次。第一层次是创设假想情境，请幼儿搭乘"空中旅行团"航班，交流自己在空中"看到"的景物，这是对幼儿已有经验的一种交流和回顾，为幼儿欣赏后创作飘在天空的画面打下基础。第二层次是鼓励幼儿用身体动作表现在天空中飘动的状态，体会和发现飘动中隐藏的"S"线路。之所以用动作表现，是因为当人们用身体动作表现张开翅膀在天空飞行的状态时，会不自觉地"飞"出一道弧线或"S"线。最后切入到对大师作品的欣赏，有了前两个层次的铺垫，幼儿就能比较容易地发现作品中飘浮的景物产生的线条与造型的变化，于是，抽象其实也就很形象了。

在引导幼儿观察大师的作品时，教师要注意从构图、造型、色彩三个方面进行分析，帮助幼儿理解作品中"飞"、"飘"抽象的构图特点，感受写实与想象的关系。通过与大师作品的交流，幼儿自然愿意尝试模仿大师的表达方式，大胆表现自己心中的童话世界。

纸版拓印的表现方式，很好地突显出幼儿稚拙的绘画风格，表达了幼儿自己内心的童话般的天空。

64.创意彩条装饰

设计教师：夏涓　评析专家：陈学群
幼儿园：江苏省南京市实验幼儿园

设计意图

本活动来源于对日常生活的观察。天气渐凉后，幼儿纷纷穿上了长袖T恤、毛衣、夹克等，其中很多衣服上都有漂亮的条纹，不但款式丰富，色彩也鲜艳纷繁，让孩子们喜爱不已。为了扩展孩子们的视野，我带领孩子们一起寻找还有哪些物品上也有彩色条纹。原来，彩色条纹在我们的生活中无处不在，大到灯箱广告，小到棒棒糖，其色彩或淡雅协调或五彩缤纷……但孩子们往往惊艳于一瞬间的视觉冲击，对于彩条的经验比较零散。而条纹的组合却是丰富多样的，能产生不同的视觉效果，而且条纹的表现方式简单，对技能要求不高，利于幼儿大胆表现。因此，我设计了本活动，旨在促进幼儿多方面能力的发展，提高幼儿发现美、欣赏美、表现美的能力。

活动目标

（1）欣赏生活中用彩色条纹装饰的物品，感受多种色彩搭配组合的美。
（2）尝试用一定的排列组合方式设计、绘画彩色条纹，装饰生活中的白色或单色物品。
（3）愿意大胆创新，体验创意设计的乐趣。

活动准备

（1）经验准备：幼儿在生活中关注过彩色条纹装饰，并使用过水粉颜料及工具。
（2）材料准备：生活中被彩色条纹装饰的物品图片；丙烯颜料，粗细不同的水粉笔，笔架，抹布；请教师和幼儿着彩色条纹服装入场。

(3)环境准备:利用师幼共同收集的生活中的白色或单色物品,如T恤衫、裤子、帽子、环保袋、伞、凳子、花瓶等,布置成"创意空间"。

活动过程

1. 观察彩色条纹服装,引起对彩色条纹的兴趣

教师着彩条纹毛衣进入教室,通过提问自然、直接、真实地唤起幼儿的彩色条纹经验。

师:小朋友们看看老师今天穿的毛衣上有哪些图案呢?("彩色条纹")

2. 欣赏生活中用彩色条纹装饰的物品,探索不同的搭配组合方式带来的不同视觉感受

(1)欣赏图64-1、图64-2,引导幼儿感受不同的色彩组合带来的不同视觉感受。

图 64-1

图 64-2

师:你喜欢哪件衣服?为什么喜欢?

①重点引导幼儿欣赏彩虹色条纹裙,引导幼儿关注彩条的不同排列组合方式。

②重点欣赏黑白条纹衫,引导幼儿关注彩条的间隔排列方式。

小结:原来彩条纹的排列方向可以不一样,可以是横的、竖的、斜的,还可以是绕圈圈的。

(2)引导幼儿寻找自己身上的彩色条纹,进一步发现彩色条纹的秘密。

师:你们身上藏着彩条吗?藏在哪里?彩条是什么样的?(重点引导幼儿剖析局部与整体的关系)

(3)欣赏图64-3—图64-6,感受生活中更多有创意的彩条物品。

小结:人们之所以喜欢用彩色条纹来装饰我们的生活,就是因为彩条的色彩丰富、变化多样。设计师真有创意,让彩条把我们的生活变得更加丰富多彩了。

图64-3　　　　　图64-4　　　　　图64-5　　　　　图64-6

3. 探索如何在白色物品上进行条纹装饰

(1) 介绍"创意空间",鼓励幼儿自由选择要装饰的物品和颜料,让幼儿成为活动的主人。

(2) 鼓励幼儿大胆构想如何用彩色条纹装饰。

师:如果你是设计师,打算怎么来设计?可以和你旁边的小朋友说一说。("构想"的环节让新知识有个短暂的内化过程,从而有目的有计划地绘画,同时利用集体教学中最好用的榜样教学,让幼儿从别人好的设想中吸取经验)

4. 自由结伴或独立选择材料进行创作

(1) 介绍颜料的分类摆放、作画区域以及简单的操作要求。

(2) 幼儿自由选择作画材料及位置,开始作画。

重点鼓励幼儿用不同的方法表现彩色条纹,鼓励幼儿大胆创作、积极探索并注意养成良好的操作习惯。

5. 相互欣赏作品,体验成功

(1) 引导幼儿将绘画作品布置在"创意空间"合适的位置(见图64-7、图64-8),体验创意设计的快乐。

(2) 师幼共同欣赏作品,相互分享、提升经验。

图64-7　　　　　　　　　　　图64-8

专家评析

在生活中,彩条纹样以各种不同的呈现方式被广泛应用到服饰、家居装饰中。人们越来越追求艺术品质和独特个性，这是社会的进步与发展，也为艺术教育提供了丰富的审美源泉。《指南》提出："幼儿艺术领域的学习关键在于充分创造条件和机会，在大自然和社会文化生活中萌发幼儿对美的感受和体验。"教师要不断地发现生活中美的事物，并用适宜的方式将美的事物带到幼儿园里，带给孩子们，丰富他们的审美感受和体验。

这次的彩条装饰活动有以下三大亮点：

第一，从生活中来，到生活中去。从活动的构思上看，活动课题的选择来源于生活。生活中彩条不同的组合方式、不同色彩的搭配所呈现的效果各不相同，或者黑白、红绿形成强烈对比，夺人眼球，或者同色深浅巧妙搭配，清新协调，令人心怡。此外，宽窄相间条纹的不同组合又极富变化。引导幼儿懂得欣赏美，善于发现美，并尝试表现美，就是这个活动的重点目标。最后，通过幼儿的创作又美化了我们身边的生活，这充分体现了从生活中来到生活中去的思想。

第二，从平面走向立体，从设计走向运用。这个过程体现了美术的实用功能，对儿童的发展价值也是多元的。幼儿在创作过程中会遇到许多问题和困难，首先是选择桌子还是椅子，是相框还是花瓶，幼儿必须做出决定；接着，准备怎样装饰，选择何种颜色来搭配，以及以怎样的组合方式呈现，这些思考和选择对幼儿来说非常重要，他们真正成为了主人。在作画的过程中，幼儿的专注、自信、坚持等个性品质得到了很好的锻炼。

第三，创设了"创意空间"的情境，让每个幼儿都能体现自己的价值。"创意空间"以娃娃家为原型，这样幼儿在"创意空间"里所做的努力和获得的成果都将成为环境的一部分，这实在是很有成就感的事情，幼儿会因此而特别认真地对待这次的创作活动。

此外，还有两点活动建议：

(1) 可以把幼儿的装饰作品放在活动室或者区角中呈现或使用。

(2) 颜料的摆放对幼儿的创作具有一定的暗示和引导作用。教师提供的颜料可以分别是一组暖色、一组冷色、一组无彩色和一组彩色。这样的安排不是刻意强调让幼儿在规定的颜料区内画画，而是通过潜在的暗示，让幼儿在不知不觉中发现色彩的秘密与美感。

65. 城门城门几丈高

设计教师：秦红　评析专家：余晖

幼儿园：江苏省南京市梅花山庄幼儿园

设计意图

本活动尝试将南京的地域文化资源——南京明城墙融入到幼儿园美术欣赏与创作活动中。从幼儿的认知经验出发，本次活动选择中山门、中华门、挹江门、玄武门这四个具有一定代表性的城门,作为重点欣赏的内容。通过引导幼儿欣赏、讨论、感受并表现城门城楼的高大、厚重、古朴及其特有的结构造型特点,为幼儿的绘画创作提供支持。

活动目标

(1) 欣赏南京的古城门,感受城门城楼的高大、厚重及其特有的结构造型。
(2) 能合理构图,表现出城门、城墙和城楼飞檐翘角的造型特点。
(3) 喜欢南京城的古城门,体验创作的乐趣。

活动准备

(1) 经验准备:幼儿和父母游览过南京的城门。
(2) 材料准备:欣赏课件,画纸,油画棒。

活动过程

1. 回顾和交流对南京古城门的已有经验,引发活动兴趣

师:你们知道南京的城门吗?你们去过哪些城门?

2. 欣赏南京的城门,感受城门的高大厚重和结构特点

(1) 播放课件(见图65-1),引导幼儿整体欣赏城门,帮助幼儿初步感知城门的雄伟高大和对称式的建筑风格。

师:中山门看起来怎么样?("很高大、很雄伟")你是怎么看出来的?

师:中山门是什么样子的?有几扇城门?一样大吗?(引导幼儿发现中山门有三座城门,中间的城门最大,两边的城门小一些,是对称的)

师:城墙上的砖是什么样子的?(城墙砖是一排排交错排列的,很整齐)

图 65-1

(2) 继续播放课件,引导幼儿感知欣赏城楼的整体结构美。

滚动播放课件,依次带领幼儿观察欣赏,重点欣赏玄武门、中华门、挹江门(见图65-2—图65-4)。

师:这些城楼的色彩看上去怎么样?这些城门和中山门有什么不同?("城门上有各种各样的城楼")

师:城楼都是一样的吗?城楼的屋檐是什么样子的?看起来像什么?("城楼的屋檐有的

是一层的，有的是两层的，屋檐都是飞檐翘角，像小鸟张开的翅膀"）

师：城楼上还有什么？站在城楼上会有什么感觉呢？

图65-2

图65-3

图65-4

小结：今天看了南京各种各样的城门城楼，我们了解到它们都有高高的城墙，城墙下有拱形的城门，有的城墙上还有造型各样的城楼，它们看起来都非常高大雄伟。

3. 创作"南京的城门"

（1）出示画纸，师生共同讨论：构图、顺序、翘角。

师：今天我们在有背景的画纸上绘画。想一想，我们的城门城楼画在哪里？怎样才能让城门看起来更高大呢？对称的城门先画哪一扇？（引导幼儿从城门城楼的整体造型来构图，并用先中间后两边的方式画出对称的大城门）

小结：在一张画纸上画城楼，先画中间的拱形城门，再对称画两边的城门；先从城楼城墙的底层开始，再一层一层累加；先大体把城楼描绘出来，再画出城楼的细节，如柱子、屋顶翘角、城砖等。

（2）幼儿创作，教师指导。

指导要点：

- 引导幼儿能根据画纸合理构图，先勾线再涂色，表现城门城楼的主要造型特征。
- 引导幼儿能细致地画出城楼的飞檐翘角和城砖的交错排列。
- 引导幼儿添画相关的造型细节，如城墙上的垛口以及装饰性的登楼、彩旗等。

4. 作品欣赏

把幼儿的作品张贴在展板上展出（见图65-5），引导幼儿相互介绍与欣赏。

师：你画的是什么样的城门？它有什么特别的地方？

图65-5

专家评析

地域文化资源的开发与利用，是本次活动在题材选择方面的特色。教师在引导幼儿感受欣赏环节所体现出的层次性，以及对幼儿创作过程可能遇到的障碍给予的适当支持和帮助，是本次活动的另外两个亮点。

感受欣赏环节，教师从结构简单的城门开始，引导幼儿回顾对城门的已有经验，了解城门的基本结构和墙砖的排列特点，在此基础上再呈现有城楼的城门，引发幼儿新的兴趣点。然后用提问的方式为幼儿提供观察的线索，引导幼儿发现和交流，比如"城楼是什么样的"、"屋檐是什么样子的，有几层"、"城楼还有什么不同"等，丰富了幼儿对城门城楼多样性的认知。

在引导幼儿创作表现城门城楼前，考虑到构图布局可能是幼儿面临的障碍，教师先组织幼儿讨论，结合画纸用示意的方式引导幼儿注意合理地布局构图，比如"你想画的城墙有多高？如果想要再高一些怎么办"等。在幼儿创作过程中，鼓励幼儿大胆地表现城门城楼的主要外形特征，如高大的城墙、交错的墙砖、对称的城门、有飞檐的城楼等。

此外，不同地区的幼儿园可以选择当地幼儿相对较熟悉的城门开展欣赏和创作活动。同时，在欣赏和创作的过程中，要关注幼儿对古城门城墙多元的审美体验。比如，活动中可以配有古筝演奏的乐曲，营造悠远、平和、富有韵味的创作氛围；还可以提供颜色泛旧的画纸，如此更能表现出古城门的历史感，烘托出城门的沧桑厚重感。

66. 中国石拱桥

设计教师：秦红 评析专家：余晖

幼儿园：江苏省南京市梅花山庄幼儿园

设计意图

引领幼儿初步感受中国民族文化，用发现的眼睛感受生活中的美，是幼儿园美术教学活动的内容。石拱桥是中国民族文化的代表，造型简洁，特征鲜明，形式多样。桥拱的数量、造型排列方式、桥面的曲直造型、栏杆的装饰形式等，能体现出石拱桥的整体造型之美和细节的装饰之美。本活动欣赏的重点放在石拱桥的对称美和装饰美上，通过桥拱的对称排列特征来引导幼儿感知石拱桥的桥拱数量、大小、高低等变化所带来的独特造型，通过栏杆的多种装饰结构方式来引导幼儿感知石拱桥的精美秀丽。

活动目标

(1) 通过欣赏、交流，初步了解石拱桥的桥拱、桥身、桥面的结构特点和多样性，感受中国石拱桥造型的对称美和装饰美。

(2) 尝试在背景图上用虚涂和勾线的方法设计一座自己喜欢的石拱桥。

(3) 积极参与欣赏交流活动，在创作中养成良好的绘画习惯。

活动准备

(1) 经验准备：幼儿已经简单了解桥的基本构造。

(2) 材料准备：石拱桥的课件，深色蜡笔，有背景的绘画纸。

活动过程

1. 欣赏各种各样的石拱桥

(1) 回顾自然环境中石拱桥的美。

师：中国的石拱桥造型独特，不同于现代的桥梁。你们在哪里见过石拱桥？

(2) 播放课件，欣赏石拱桥，整体感受石拱桥的多样性。

师：老师今天带来了许多中国石拱桥的照片，我们一起来看一看，好吗？（在悠扬的古筝曲中连续播放多幅石拱桥的图片，从不同的角度展现中国石拱桥的造型与结构之美）

师：你们看到了些什么样的石拱桥？石拱桥的色彩是怎样的？给人什么样的感觉？

小结：我们看到了各种各样的石拱桥，这些石拱桥的造型都不一样，色彩也给人们古老、古朴的感觉。

2. 欣赏石拱桥的造型美和装饰美：桥拱、桥身、桥面、栏杆

(1) 欣赏单幅石拱桥图片（见图66-1），感受石拱桥独特的造型特点。

师：我们来看一看，这座石拱桥是什么样子的？（鼓励幼儿用自己的视角观赏石拱桥的造型美，并用联想的方法欣赏石拱桥的整体造型美感）

师：桥拱是什么样子的？（"有点半圆，像圆弧形"）有几个桥拱？（"5个"）最高的那个桥拱在哪里？（"中间的桥拱最大最高"）两边的桥拱是一样的吗？（"两边的桥拱都是对称的，越来越矮、越来越小"）

(2) 播放课件（见图66-2—图66-4），观赏桥拱的造型特点。

图66-1

图 66-2

图 66-3

图 66-4

师：这些石拱桥的桥拱数量都是一样的吗？这座石拱桥（根据幼儿的选择点击）架设在湖面上，看起来像什么？（"像一道弯弯的彩虹"、"像一条恐龙在河边喝水"……）桥拱边缘的造型是什么样的？感觉怎样？（"石块排得很整齐，围成了一个圆弧形，感觉很厚实"）桥拱和桥拱连起来就是什么？（"桥墩"）桥身上的石头是怎么排列的？（"横着一层层交错排列的"）

小结：这些石拱桥的桥拱数量都是不一样的，有的是单拱，有的是三拱，有的是五拱，还有的是多拱。

（3）播放课件（见图66-5—图66-7），观赏桥面的造型特点。

图 66-5

图 66-6

图 66-7

师：石拱桥的桥面是什么样的？（引导幼儿关注桥面的曲直变化，发现桥面跟随桥拱的高度而变化，桥拱越高，桥面的弯度也越大）

小结：石拱桥的桥面有的是平平的，有的是弯弯的，还有的像梯形。

（4）播放课件（见图66-8—图66-10），观赏栏杆的造型特点。

师：石拱桥的栏杆有些什么样的造型、花纹？为什么人们在栏杆上会装饰这些图案？

小结：石拱桥栏杆的造型多种多样，栏杆上通常有漂亮的花纹。

图66-8

图66-9

图66-10

3. 幼儿创作"石拱桥"

(1) 帮助幼儿认识材料,提出要求。

出示有背景的绘画纸,引导幼儿观察画面,并启发幼儿根据画面构图设计一座中国石拱桥。重点启发幼儿构图设计和绘画顺序:先画什么?画在哪里?

小结:画石拱桥,可以先画拱形桥洞,再画桥面,画上栏杆后,石拱桥的样子就有了。可以在栏杆上添上精致的花纹图案,这样的石拱桥很独特。

图66-11

(2) 幼儿创作,教师指导。

重点指导幼儿注意桥拱的大小对称和间距,以及桥身上的石块交错排列整齐,并鼓励幼儿大胆想象添画上造型各异的栏杆。

4. 作品欣赏与评价

展示幼儿作品(见图66-11),师生围绕石拱桥的桥拱、桥面、栏杆的造型创意进行交流。

专家评析

中国的石拱桥是我国桥梁设计与建筑史上宝贵的艺术财富,幼儿在与父母旅游时经常会看到与"古石桥"有关的风景。将这一传统审美题材纳入大班美术教学活动中,让幼儿在共同欣赏过程中对石拱桥的造型特点和细节装饰有初步的了解,能感知石拱桥的古朴、精美、秀丽,并为此而自豪。

石拱桥的造型多样,教师在选择欣赏范例时选择了一系列具有代表性的石拱桥的图片,在设计欣赏顺序时考虑从整体到局部分层次欣赏。第一层次引导幼儿回忆交流自己和爸爸妈妈旅游时看过的石拱桥,继而连续播放多幅石拱桥图片,帮助幼儿初步建立对石拱桥造型的认知。第二层次从整体过渡到局部,首先请幼儿欣赏单幅石拱桥图片,感受石拱桥独特的造型特点,引导幼儿对石拱桥的造型特点进行归纳,即中间的桥拱最大最高,两边的桥拱都是对称的,越来越矮、越来越小。接着,通过对一组石拱桥图片的欣赏,分别对"桥拱"、"桥身"、"桥面"、"栏杆"进行局部观察欣赏,发现它们在数量、造型或细节装饰方面的特点。通过分层次的欣赏,丰富幼儿对石拱桥造型美、对称美和装饰美等方面较全面的审美经验。

此外,教师可以根据幼儿的绘画表现能力,适当减少欣赏内容的总量。比如,可以弱化对桥面造型或者桥栏杆造型的欣赏与创作。教师还可以在提供给幼儿的绘画纸上进行简单的背景处理,如呈现出陆地、河水等,为幼儿进行石拱桥的创作提供构图线索。

67. 威武的大狮子

设计教师:焦阳　评析专家:陈学群
幼儿园:江苏省军区机关幼儿园

设计意图

幼儿天生就对动物有着非常浓厚的兴趣,他们喜欢模仿动物的叫声、动作。大班的幼儿更是对各种动物的生活习性有着极大的好奇,想象着发生在它们身上的各种故事。本活动通过运用多种媒材,引导幼儿生动形象地表现出大狮子的威武动作,让他们在撕纸、剪贴、添画等多种技能的运用中自由表现和独立创作。同时,在相互欣赏、相互交流中,幼儿的审美能力也得到了进一步的提高。

活动目标

(1)欣赏不同姿态的雄狮,感受大狮子威武的形象,了解狮子的外形特征。
(2)乐意用撕、剪、贴等多种方式表现大狮子,突出大狮子鬃毛的特点,表现狮子的威武。
(3)在活动中积极创作与想象,体验创作的乐趣。

活动准备

彩色打印纸,胶棒,勾线笔,油画棒;黑色的卡纸做底板,大狮子的教学课件,动画片《狮子王》片段。

活动过程

1. 欣赏动画片《狮子王》片段,感受大狮子的外形特征和动态

师:狮子王来做客了,我们来看看大狮子长得什么样。(播放《狮子王》片段)
师:大狮子的头是什么样的?头上有什么?(引导幼儿欣赏和分析大狮子威武的形象)
师:狮子的身体是什么样的?有几条腿?尾巴像什么?

小结：大狮子长着大大的、圆圆的脑袋，披着长长的鬃毛，还有一个大鼻子和一对神气的眼睛。它椭圆形的身体上有四条腿，还有一根像鞭子一样的尾巴。

2. 观看课件，欣赏大狮子的不同姿态，进一步感受大狮子的威武

教师播放课件（见图67-1、图67-2），提问：这些大狮子在干什么？你觉得哪一只最威武？（通过多方位的欣赏，加深幼儿对狮子外形的印象，进一步梳理狮子的外形特征）

图 67-1

图 67-2

提问：你最喜欢什么样的大狮子？来学一学大狮子的动作。

提问：威武的大狮子喜欢到什么地方去探险？（为幼儿在创作时添画狮子的背景打下基础）

3. 师幼共同探究大狮子的表现方法

引导幼儿观察材料，告诉幼儿：我们可以用撕、粘贴、添画的方法来表现大狮子。

提问：狮子的脸怎么表现？（请个别幼儿到黑板上示范撕一个狮子的脸）

提问：狮子的鬃毛怎么表现？怎样才能表现出大狮子的威武？（引导幼儿先将纸撕成条，然后直接粘贴在狮子的头部，或将纸条卷一卷再粘贴在狮子的头部）

提问：你想表现什么动作的大狮子？是奔跑的、站立的还是趴着的？（引导幼儿理解，动作不一样，身体和腿的位置也是不一样的）

小结：先撕贴，再添画。首先撕出狮子的头，再为狮子的头撕贴出一圈长长短短的鬃毛，然后撕出比头大一些的狮子身体，贴上四条腿和细细的尾巴，尾巴的末尾还要贴上一撮毛。最后，添画五官和花纹。

4. 幼儿自由创作与表现

（1）引导幼儿根据自己的设想撕纸，然后将撕好的大狮子的各部分贴在黑色的卡纸上。

（2）添画花纹和背景，表现大狮子所处的环境。

师：粘好威武的大狮子后，可以用油画棒继续添画狮子身上的花纹和所处的环境，如大森林、大草原等，更加突出大狮子的威武。

5. 展示作品

将幼儿制作好的大狮子竖立在桌子上（见图67-3—图67-5），邀请小朋友们一起来参观"大狮子乐园"。

师：说一说自己喜欢的大狮子，为什么喜欢它呢？

图 67-3

图 67-4

图 67-5

专家评析

幼儿对于动物的喜爱之情是与生俱来的，但要真正表现出动物鲜明的特征和形象，还需要先学会观察，再尝试表现和表达。在大型动物中，狮子、老虎、长颈鹿、鸵鸟等特征明显，运用多种媒材进行表现相对容易。这个活动中使用了彩纸撕贴以及添画的方式，尤其是运用了彩纸条卷曲立体粘贴的方式，使得狮子头部的毛发浓密而突出，增加了情趣和层次感。

撕纸需要幼儿的双手协调配合，对锻炼幼儿的精细动作能力极有好处。撕出某种需要的形状对于幼儿来说还是有难度的，尤其是撕出大块面和撕出小细节，因此通过添画的方式可以使画面的细节表现容易一些。总体看，撕贴作品有着稚拙、朴实的独特美感，色彩丰富，块面和线条有机整合，容易产生视觉震撼力。这个活动，教师以动画片《狮子王》引入，以观察狮子特征为基础，从观察到模仿，感受狮子的威武，共同讨论和探索撕贴表现狮子的方法，尤其是狮子的鬃毛和姿态，层层递进，由浅入深。对于细节和画面背景，教师提供了画笔，以添画的方式有效补充和完善画面。在幼儿绘画过程中，指导他们表现狮子的五官也是重要的内容，如果指导内容较多，教师可以直接示范或迁移其他动物的画法以帮助幼儿。

活动中，为了突出每个幼儿作品的个性特点，在幼儿表现不同姿势的大狮子时，教师要加强引导。教师也可以把黑色的卡纸换成其他冷色调的卡纸，以衬托出大狮子的形象。幼儿在撕纸时，如果一些基本形状不易撕出，教师可以提供一些铅笔等辅助材料，让他们能较好地达成目标。

68. 树林和雪

设计教师：王晓军　评析专家：余晖
幼儿园：江苏省南京市瑞金路幼儿园

设计意图

冬天的雪是很美的，尤其是下雪时的树林，别具一番风味。本活动在幼儿观察过春、夏、秋不同季节"树"的变化和造型特点的基础上，更进一步引导幼儿欣赏冬天下雪时树的变化及雪中树林呈现的一种宁静、洁白的美，并引导幼儿结合画树的经验，运用水粉画的形式表现雪中的树林。

活动目标

(1) 感受冬天雪中树林造型、色彩的美，能用语言、动作表达自己的感受。
(2) 尝试用不同的色彩和线条表现雪中的树林。
(3) 能根据自己的想法大胆绘画，与同伴共享操作材料。

活动准备

雪后树林的图片，水粉颜料，水粉笔，不同规格的铅画纸若干，背景音乐为班得瑞的《雪》。

活动过程

1. 谈话导入，调动关于冬天大树和下雪的经验

指导语：现在是什么季节？冬天是什么样的？冬天里的树是什么样的呢？冬天里的雪又是什么样的呢？

2. 欣赏图片，感受冬天雪中树林的美

(1) 欣赏雪中树林造型、色彩的美。

教师配乐播放一组雪中树林的图片（见图68-1—图68-3），提问：雪中的树林长得一样吗？（重点引导幼儿获得整体的感知：雪中的树林是各异的）

图 68-1　　　　　　　　图 68-2　　　　　　　　图 68-3

（2）欣赏树上的雪。

提供树枝上的雪、树叶上的雪的图片（见图 68-4、图 68-5），提问：落下来的雪是什么样子的？分别落在了树的哪里？是什么样的？（引导幼儿重点欣赏雪落在树的不同部位的变化）

图 68-4　　　　　　　　　　图 68-5

（3）欣赏绘画作品。

指导语：今天我们也来画画雪中的树林。用什么样的颜色表现冬天的树比较合适呢？为什么？树干、树枝、地上的雪可以怎么画呢？可以先画什么，再画什么？下面我们先欣赏几张其他小朋友的绘画作品（见图 68-6、图 68-7），看看他们是怎样画的。（帮助幼儿把欣赏的经验转换为作画经验）

图 68-6　　　　　　　　　　图 68-7

小结：冬天的树主要画出树干和树枝。可以先画树干，再画树枝，树枝要比树干细，要长在树干上，树枝上会长出小树枝。画好树后，再用白色表现出冬天的雪景，包括树枝上的积雪、地面上的积雪、天空中飞扬的白雪等。

3. 幼儿创作，教师指导

指导语：你准备画几棵树？画在哪里？雪可以落在哪里？

4. 幼儿作品欣赏

把幼儿的作品张贴在活动室的墙面上（见图68-8—图68-11），引导幼儿相互欣赏与交流。

图68-8　　　　　图68-9　　　　　图68-10　　　　　图68-11

专家评析

本活动除了关注幼儿对雪中树林美的感知，在引导幼儿讨论雪中树林的创作方法时，更加关注幼儿作画计划性的培养，以及对以往创作经验的迁移和累加，这也是一种学习能力的培养，是教师教学追求的一种价值取向。

关于幼儿对雪中树林审美经验的获得，教师仅靠语言表达是不够的，还需要其他辅助方式。本活动选择了班得瑞的《雪》作为画面欣赏的背景音乐，非常贴切。流动的背景音乐强化了幼儿对画面"树林与雪"的审美感受，是视觉与听觉的完美结合。

落笔前的画面构思能力是幼儿顺利进行自主创作的重要基础。关于这种构思能力的培养，教师在欣赏环节就有所渗透。比如，欣赏环节"雪落在了哪里？是什么样的"等问题的提出，以及作画前的讨论"可以先画什么，再画什么？准备画几棵？可以画在哪里"等，都是为了让幼儿的绘画更有计划性。

此外，关于底纸的背景，教师可以指导幼儿在区域活动中完成。教师可提供灰色、蓝色等冷色调的水粉颜料，引导幼儿画上一些有关大地、天空、河流的背景。这种背景的呈现为幼儿的创作提供了隐性的支撑，涉及构图要求及作品的审美表现等。

69. 花山壁画

设计教师:刘蜜 评析专家:余晖
幼儿园:江苏省南京市滨江幼儿园

设计意图

中国作为拥有千年文明的古国,绚烂的历史文明是我们知识的宝库。幼儿对原始时代祖先的生活状态充满了好奇,而壁画正是对古代人们生活状态的一种艺术表现。壁画内容丰富、色彩鲜明,具有很高的艺术欣赏价值,幼儿既可以通过对壁画的观察了解古代的生活和文化,还可以感受壁画独特的艺术表现形式。本活动选择了经典但易于幼儿理解的作品《花山壁画》,其举手半蹲的人物造型,威猛强大的兵器和猎物,简单的色彩和线条特点,既可以帮助幼儿了解古代人们庆典时的舞蹈场景,还可以激发幼儿尝试运用壁画这种方式表现自己和同伴快乐舞蹈的场景。

活动目标

(1)感知《花山壁画》所表现的古代人们用舞蹈庆祝的热闹场景、舞蹈动作特点和壁画所表达的原始文化。
(2)探索用简单的线条在砂纸上勾画自己快乐舞蹈的场景。
(3)体验创作的快乐。

活动准备

(1)经验准备:幼儿在主题活动中对原始人类的生活状态已有初步的了解。
(2)材料准备:花山壁画的图片PPT,古代人们庆典时舞蹈的一段视频,现代人热情舞蹈的系列图片PPT,各色砂纸,与砂纸成对比色的油画棒。

活动过程

1.欣赏原始部落庆典时跳舞的视频,激发参与活动的兴趣

播放视频营造氛围,引导幼儿跟随音乐模仿跳舞,共同体会古代舞蹈的铿锵有力。

师:他们是什么人?你知道他们在干什么吗?

师:我们是怎么知道古代人们庆典时跳舞的样子的?过去的人用什么来记录画面呢?

2. 观察壁画，感受《花山壁画》所表现的用舞蹈欢庆的场景和原始生活文化

(1) 欣赏《花山壁画》。

图 69-1

师：图片中（见图69-1），桥上的人在干什么？"石头上的画"画的是什么？（引导幼儿了解什么叫壁画，理解壁画是古代人们记录生活的一种方式）

(2) 出示《花山壁画》系列图片（见图69-2、图69-3），帮助幼儿感知壁画中所表现的原始部落的生活状态、热闹的舞蹈场景和舞蹈动作的特点。

师：他们在干什么？你是怎么看出来的？你从哪里看出他们是过去的人？

师：他们的动作有什么特点？（"威风、厉害、强大"）为什么要摆这样的动作？

师：除了舞蹈的人，你还在壁画上发现了什么？

师：这么多的人在一起跳舞，给你的感觉是怎样的？（"热闹，欢庆"）

图 69-2   图 69-3

(3) 引导幼儿观察发现《花山壁画》中人物的线条、色彩特点。

师：壁画上的人和我们平时画的人有什么不同？

3. 联想已有生活经验，交流和分析小朋友们快乐舞蹈的动作特点

师：《花山壁画》表现的是古人欢庆舞蹈的场景，他们的动作都体现了威风和强大。我们小朋友们在跳欢庆快乐的舞蹈时，会做什么样的动作呢？手上会拿什么道具？

出示图片（见图69-4、图69-5），引导幼儿观察、分析快乐舞蹈时的动作特点，鼓励幼儿自主表现快乐的舞蹈动作。

图 69-4　　　　　　　　　　图 69-5

4. 创作与表现

(1) 出示彩色砂纸，引导幼儿根据自己的已有经验和想法大胆创作。

师：过去的人用壁画的方式记录了他们热闹欢庆的场景，今天我们也来学学古人，在像石壁的砂纸上画画，让以后的人一看你们的"壁画"就知道你们在干什么。

(2) 探索砂纸画的创作方法。

小结：我们用砂纸代替石壁，用花山壁画的方式记录我们小朋友跳舞的场景。在绘画时，只使用一种颜色，要夸张地表现出我们的动作姿态，尤其是腿部动作，很像画影子人。砂纸摸起来很粗糙，因此在涂画时要用些力气。

(3) 幼儿创作，教师指导。

指导要点：

- 鼓励幼儿大胆尝试用花山壁画的方式作画。
- 对一些表现动作动态有困难的幼儿，引导幼儿观察花山壁画的人物腿部动作，模仿表现动态。
- 鼓励幼儿大胆重复，丰富画面。

5. 作品欣赏与评析

(1) 展示幼儿的作品（见图69-6—图69-8），引导幼儿相互欣赏。

图 69-6　　　　　　　图 69-7　　　　　　　图 69-8

(2)鼓励幼儿随音乐跳舞,表现作品中的舞蹈。

师:你们创作的壁画中表现了哪些快乐的舞蹈呢?大家一起来学一学吧!

专家评析

古代流传至今的壁画内容丰富,具有很高的艺术价值。在众多的壁画作品中,教师选择了《花山壁画》这一幼儿易于理解的作品,在帮助幼儿了解壁画所表达的是古代人们跳舞欢庆场景的同时,欣赏感知这种古老独立的绘画形式。

欣赏感受环节,教师首先选择了一幅远景壁画图片,引导幼儿直接地理解什么是壁画,让幼儿对壁画有整体的认识与感知。接着教师出示壁画近景图片,重点结合幼儿对古代原始生活的已有认知,启发幼儿发现壁画中人物的舞蹈动作特征,感受壁画中人物动作夸张、粗犷的特点,了解这样的动作所表达的情绪情感。

壁画上反映的是当时人们的庆典状态,教师尝试拉近幼儿与壁画作品的距离,将创作的重点引入幼儿的生活,鼓励幼儿用砂纸画的形式和壁画粗犷的线条表现自己快乐舞蹈的场景,学习古人尝试用壁画的方式来记录自己的生活。最后,引导幼儿边欣赏自己创作的壁画,边跳舞结束活动。"舞蹈"贯穿于幼儿对《花山壁画》的欣赏和创作活动的始终,让幼儿更深切地感受到壁画艺术与当年人们生活的密切关系。

在活动中,教师还可以选择揉皱的棕色马粪纸或者更加接近岩石的青色或咖啡色系的砂纸,引导幼儿运用油画棒创作。在幼儿创作时,应提醒他们适当用力,使得画面更加清晰,色彩对比更加强烈。

70.印第安人面具

设计教师:何凯黎 评析专家:陈学群

幼儿园:江苏省南京市鼓楼幼儿园

设计意图

印第安人是一个神秘的种族,本活动旨在让大班幼儿感受不同种族文化的特别之处,并透过艺术的表现方式理解和想象民族文化,进而对世界文化和不同种族产生兴趣。正如《指南》所说:"艺术是表达自己对周围世界的认识和情绪态度的独特方式。"

活动目标

(1)欣赏、观察并了解印第安人头部和面部装饰的特点。

(2) 能综合运用多种材料、多种方式制作面具。

(3) 对印第安人感兴趣，对不同人种具有理解和包容心。

活动准备

白色面具模板、水粉颜料、水粉笔、毛毡、彩色纸条、勾线笔、胶棒、各种彩色纸等；背景音乐，制作好的范例1个，印第安人图片PPT，印第安人跳舞视频。

活动过程

1. 观看视频，引起对印第安人的兴趣

播放视频，提问：刚才看的视频是什么人在跳舞呢？他们和我们有什么不同？

小结：刚才跳舞的是生活在美洲的印第安人，他们的皮肤是棕色的，头部和面部有很多独特的装饰，让我们一起来了解一下吧。

2. 欣赏、观察印第安人头部和面部装饰的特点，讨论学习制作面具的方法

(1) 观看PPT（见图70-1—图70-3），了解印第安人头部和面部装饰的特点。

提问：这里有几张印第安人的图片，你想看哪一张？请你说说，这张图上的印第安人的头部和面部装饰有什么特点？（引导幼儿自主选择图片，通过图片逐一了解印第安人头部和面部装饰的特点，如头部戴着羽毛，面部画有对称的图案装饰，耳部挂有长耳环装饰等）

图 70-1

图 70-2

图 70-3

小结：印第安人头部和面部的装饰非常有特点，我们一起来设计印第安人面具吧。

(2) 讨论印第安人面具的做法。

提问：今天要请小朋友们制作印第安人面具，可以怎么做呢？（鼓励幼儿大胆说出自己的想法和创意）

(3) 出示各种材料，探索印第安人面具的做法。

提问：老师准备了一些材料，有白色面具模板、颜料、毛毡和各种彩色纸，我们怎样利用这些材料来制作印第安人面具呢？（引导幼儿说说如何利用这些材料设计面具）

提问：谁愿意来试着做做面具？先要做什么？（帮助幼儿了解如何表现印第安人的面部肤色及图案：先在面具上画出对称的装饰图案，然后选择棕色或黑色颜料涂底色）

提问：脸上画好以后，该怎么做头部的装饰呢？羽毛可以怎么做？长耳环可以怎么做？（出示事先做好的范例，引导幼儿观察装饰物的制作，激发幼儿动手的愿望）

3. 制作印第安人面具

师：请小朋友们大胆设计印第安人面具，脸上的图案、头上的羽毛和耳环装饰都可以和别人的不一样。

指导要点：

- 鼓励幼儿自己用线条装饰风格独特的羽毛状纸条。
- 发现制作有困难的幼儿，给予个别帮助。
- 提醒幼儿要给面具安上大大的耳环。

4. 作品展示与评价

(1) 展示幼儿的作品（见图70-4—图70-6），然后请幼儿戴上制作好的面具，相互欣赏观察，说说同伴面具的特点。

(2) 请幼儿戴上自己制作的面具跟着音乐跳跳舞。

图70-4　　　　　　图70-5　　　　　　图70-6

专家评析

这个活动，有以下三个方面值得我们借鉴：

(1) 内容选择的审美性。大班幼儿认知能力的提高和视野的开阔，使得他们通过书籍、电影、电视、网络等媒介接触到世界各地的奇闻妙事。这个活动将印第安人引入到孩子们的世界中。印第安人的装扮独特而富有意义，他们使用天然植物作为染料装扮自己，他们用动物皮毛、羽毛、花纹图案表现出自己的勇敢、美丽、智慧和力量。

(2) 材料选择的丰富性。这个活动以立体面具为主材，其他辅材有毛茛、羽毛状纸片等。

在材料和技法的运用上,面具装饰使用水粉颜料,水粉色彩的强烈对比表现出了印第安人面部的描画风格;用毛茛圈出耳环,既容易表现又夸张;而羽毛状纸片粘贴在面具上,增强了视觉震撼效果。当然,幼儿也可以直接使用羽毛粘贴。这些材料的提供和有目的的使用,不仅有助于幼儿了解制作步骤,有序操作表现出印第安人独特的面部特征,还有助于幼儿拓展表征思路,既可以绘画,可以制作,也可以先画再制作。

(3) 表现方式的典型性。印第安人在森林里生活、狩猎,他们常以动物的皮毛、植物的色彩作为装饰。本活动将面具的表现定位在眼睛、鼻子、嘴唇等突出的部位上。此外,在黑色的面具上涂上各种鲜艳的颜色以及神奇的"小白点",色彩对比尤为突出。再加上耳环、羽毛等装饰品的夸张运用,使得面具呈现出独特的表现风格。

活动中,如果教师无法获得白色面具模板,可直接把棕色卡纸或黑色卡纸剪成椭圆形代替;在制作时,如果幼儿使用水粉不太方便,亦可使用油泥、剪贴等方式进行装饰。不过,在眼睛、鼻子、嘴唇等部位点上"小白点",能够凸显一种夸张的装饰风格。

71. 鸟的天堂

设计教师:徐玲 评析专家:余晖

幼儿园:江苏省南京市游府西街幼儿园

设计意图

画家吴冠中先生的作品,用西方的视角画中国的水墨,注重形式与表现,贴近生活。本活动选取了吴冠中先生的两幅作品《榕树》、《小鸟天堂》,一静一动,很有张力地为幼儿呈现了一个既愉快又美好的小鸟的天堂,激发幼儿的活动兴趣,引导他们尝试创作水墨画。

活动目标

(1) 欣赏画家吴冠中的作品《榕树》、《小鸟天堂》,感受中国画浓淡相间、虚实相应的表现方法。

(2) 通过观察、想象、交流、表现等多种形式,充分感受画面的意境。

(3) 尝试使用水墨画的创作风格模仿创作,喜欢中国画。

活动准备

吴冠中的作品《榕树》、《小鸟天堂》,配乐故事《鸟的天堂》,背景音乐《天籁森林》,毛笔,宣纸,墨色、石绿、朱红、藤黄、靛青等中国画颜料。

活动过程

1. 欣赏吴冠中的作品《榕树》

呈现吴冠中先生的《榕树》(见图71-1),教师讲述故事《鸟的天堂》第一段描述榕树的部分。

图71-1

师:大榕树是什么样子的?树干、枝条又是什么样子的?你觉得这是一棵树还是许多树呢?从哪里看出来的?

师:粗粗的、黑黑的、弯弯曲曲的线是什么?细细的、黑黑的、弯弯曲曲的线是什么?向下垂落的淡淡的黑色的线是什么?各种颜色的点点是什么?(帮助幼儿感受画家运用淡墨与浓墨的表现方法)

2. 分层次欣赏吴冠中的作品《小鸟天堂》

(1)呈现吴冠中先生的《小鸟天堂》(见图71-2),教师讲述故事第二段,引导幼儿结合观察、想象、动作表现画面中的小鸟,感受热闹、欢快的气氛。

图71-2

师:你看见小鸟了吗?小鸟在哪里呢?这些小鸟住在哪里?在小鸟的天堂里,小鸟们很开心,会做些什么事情呢?我们听着音乐来表现这群快乐的小鸟吧。(引导幼儿从局部到整体欣赏作品,感受逐步增多的彩色小鸟和绿墨色榕树的对比效果,感受画面表达的快乐气氛和画家作画时的愉快心境)

(2)了解画的名称、画家及创作材料,加深幼儿对作品的印象,激发幼儿创作的愿望。

指导语:请你给这幅好看的画起个名字吧!(引导幼儿对作品整体欣赏后进行概括)

指导语:刚才小朋友起的名字真好听,画这幅画的画家爷爷叫吴冠中,他给这幅画起的名字叫《小鸟天堂》。吴冠中爷爷画的这幅画是水墨画,跟我们平时画的水粉画是不一样的。请小朋友们猜一猜,水墨画是用什么工具和材料画出来的呢?

3. 幼儿创作,教师指导

(1)介绍水墨画的工具和材料。

(2)引导幼儿尝试使用水墨工具画出浓淡层次不同的线条,感受水墨比例的不同而产生的变化。

师:用毛笔蘸些清水,感觉加水后的墨色变化。

(3) 鼓励幼儿模仿水墨画风格,运用水墨创作《小鸟天堂》

师:今天,我们也来学学吴冠中爷爷,画一幅《小鸟天堂》好吗?

师:你可以学着吴冠中爷爷的画法,先用各种线条、点点给鸟儿们创造一个水墨树林,再添画一些有色彩的小鸟。当然,你也可以先画小鸟,再画树林。

(4) 幼儿创作,教师进行个别指导。

指导要点:

- 鼓励幼儿根据自己对作品的理解,选择不同的表达方式,大胆地进行再创作。
- 关注幼儿工具材料的运用,鼓励幼儿尝试表现水墨浓淡的变化。
- 鼓励幼儿运用自己的经验添画小鸟等。

4. 作品展示与欣赏

展示幼儿的作品(见图71-3—图71-6),引导幼儿观察同伴作品中墨色的运用、榕树枝干疏密的表现方法以及作品中独特的表现方式等,提升幼儿的表现能力。

指导语:今天你们画得开心吗?为什么?你觉得哪幅画最像《小鸟天堂》?为什么?

图 71-3　　　　图 71-4　　　　图 71-5　　　　图 71-6

【附:故事】

鸟 的 天 堂

在青青的河边有一株大榕树,枝干的数目不可计数。枝上又生根,有许多根直垂到地上,伸进泥土里。一部分树枝垂到水面,从远处看,就像一株大树卧在水面上。

有人说这里是"鸟的天堂",有许多鸟在这棵树上做巢。听,有几只鸟扑翅的声音,但不见一只鸟的影儿,只有无数的树根立在地上,像许多根木桩。"鸟的天堂"里没有一只鸟,鸟呢?起初周围是静寂的,后来忽然起了一声鸟叫。快!我们把手拍一拍,一只大鸟飞了起来。接着又看见第二只,第三只。我们继续拍掌,树上就变得热闹了,到处都是鸟声,到处都是鸟影。"鸟的天堂"不愧是鸟的天堂啊!

专家评析

本活动的精彩之处在于，教师将吴冠中大师水墨画的精湛技法和深远的意境，用一则美妙幻境般的故事配合两幅名作，一静一动，呈现在幼儿面前。故事和背景音乐的加入以及先静后动的范例呈现方式，带给孩子美好的享受。

对《榕树》的欣赏是"静静的"。画面的出现是静静的，画面表达的内容也是静静的，有利于幼儿静静地发现深深浅浅的墨色画出的粗粗细细、曲曲弯弯的榕树枝条。对《小鸟天堂》的欣赏却是动感十足、惊喜不断的，从局部到整体，由慢到快，随着幼儿的拍手声，越来越多的彩色小鸟（色块）与墨色榕树相映成趣，让幼儿充分感受到画面表达的快乐气氛和画家作画时的愉快心境。教师在关注审美的同时兼顾画家的表现手法，有助于培养幼儿细致观察的习惯和对水墨画表现手法的借鉴，看似复杂的小鸟也因此变得简单随性了。

用故事引导幼儿欣赏作品的时候需要分层次进行，而先局部后整体的方法有助于引导幼儿既关注细节又兼顾整体。

72. 蔬菜造型

设计教师：朱水莲　评析专家：陈学群

幼儿园：江苏省南京市鼓楼幼儿园

设计意图

蔬菜，除了可以用来烹饪美味的菜肴，还可以做什么呢？把这些蔬菜换一个角度观察一下，像什么呢？本活动利用蔬菜这一幼儿熟悉的日常材料，启发幼儿用灵巧的双手通过剖、剪、切、组合等方式创造出一个个新奇百变的形象！这里，蔬菜就是一个想象的载体，给予幼儿发挥的空间；牙签就是材料的"连接器"，而塑料小餐刀、小剪刀就是裁切的小工具。快乐就在拼拼摆摆中，创造就在不经意的游戏中！

活动目标

(1) 观察各种蔬菜的外形，通过想象、重组创造出新的造型。
(2) 能使用塑料小刀、牙签等工具对需要的蔬菜进行分割与组合。
(3) 不浪费蔬菜，做事细心，安全使用工具材料。

活动准备

蔬菜造型PPT，音乐《春天》，青菜、萝卜、青椒、藕、土豆、茄子、花菜等各种蔬菜，塑料刀、塑料小眼睛、牙签、一次性筷子、彩色复印纸、笔等。

活动过程

1. 欣赏蔬菜造型PPT，开启蔬菜的另一种风貌

教师展示桌上的蔬菜，提问：小朋友们看看桌子上有什么？这些东西有一个共同的名称叫蔬菜。这些蔬菜是干什么用的呢？

师：蔬菜不仅可以用来制作美味佳肴，还可以给我们的生活带来乐趣呢！我们一起来欣赏一下。（播放蔬菜造型幻灯片，见图72-1—图72-4）

图72-1

图72-2

图72-3

图72-4

提问：说一说蔬菜都变成了什么？（通过蔬菜造型范例激发幼儿对蔬菜造型的兴趣）

2. 仔细观察蔬菜造型的图片，分析蔬菜们的"大变身"

指导语：这些蔬菜是怎么变的呢？我们仔细来看看！谁来说说你最喜欢哪一个造型？它是用什么变的？为什么觉得很像呢？这个蔬菜还像什么？怎么变？

小结：蔬菜大变身，有的变成了小动物，有的变成了小娃娃，有的变成了生活中的建筑物。有的是由一种蔬菜变的，有的是由好几种蔬菜组合起来变的。但是，它们都是依据各自的特点进行了加工改造。

3. 示范蔬菜加工组合成摩天轮的方法

教师展示一片片的藕、土豆。

提问：这些藕片看起来像什么呢？我们用它们和土豆片进行组合，看看最后变成了什么？土豆片和藕片连接的地方用牙签来完成。谁来试一试？（分析牙签作为连接材料的用法，拓展幼儿对蔬菜造型的组合方式，激活思维）

提问：最后变成了什么？（见图72-5）

4. 幼儿操作，教师指导

指导语：桌子上有这么多的蔬菜，你想让什么蔬菜大变身呢？一定要根据它的特点哦！可以跟旁边的小朋友说说自己的想法。需要的辅助材料在桌子上的小筐里。不过，要记得不要浪费蔬菜哦！

幼儿操作，教师指导。

图 72-5

指导要点：

- 提醒幼儿使用工具时的安全。
- 启发有困难的幼儿，在观察蔬菜的基础上，确定想法。
- 鼓励能力强的幼儿尝试自己设计并制作出相应的作品。
- 对于喜欢模仿的幼儿，鼓励其在模仿的基础上加入自己的想法，有所创新。

5. 作品展示、欣赏与评价

展示作品（见图72-6—图72-11），帮助幼儿体验到成就感。

指导语：快把你们的作品放到展览台上来吧！看看蔬菜们都变成了什么？主人给大家介绍一下是怎么变的？

图 72-6

图 72-7

图 72-8

图 72-9

图 72-10

图 72-11

专家评析

本活动有以下三个亮点值得借鉴：

(1) 选材易得，体现生活化。蔬菜在我们的生活中常见，但是离幼儿又近又远，因为孩子们对于蔬菜的认识更多地体现在"吃"上，对于蔬菜到底是怎样的，他们却很少接触到。而本活动却将蔬菜变成一种可以创作的材料，不仅让孩子们可以直接触摸摆弄，认识蔬菜、熟悉蔬菜，还可以经过创意、组合、美化将它们变成赏心悦目的艺术品。

(2) 富有创意，体现审美感。活动中，教师引导幼儿为蔬菜添上了眼睛、嘴巴，赋予蔬菜另一种"生命"，在创造着"小可爱"中渗透着爱的情感。生活中处处充满情趣，关键要能发掘和运用。这个活动通过带领孩子们摆弄那些蔬菜，发掘出无限的创造空间，把蔬菜变成乌龟、长颈鹿、小鱼、洋葱娃娃、摩天轮等，这是一种爱生活的审美教育，体现出教师创造美好生活的愿望，这也在潜移默化地影响着孩子们。

(3) 动手动脑，体现教育性。本活动引导的重点是开拓幼儿的思路，激活幼儿的创造力；技能运用的重点是合理使用工具，锻炼幼儿的小肌肉，满足幼儿好玩、好模仿、好探索的天性。幼儿在和同伴一起操作中，会受到同伴作品的启发，主动向同伴学习；在制作过程中会遇到问题或困难，需要自己想办法解决，这对幼儿来说有挑战性，也会让他们感受到更多的成功感。

此外，还有以下两点活动建议：

(1) 可以邀请幼儿参与到蔬菜的准备活动中，请他们从家中带来1～2种蔬菜，这有利于幼儿熟悉、亲近蔬菜；而半成品蔬菜的准备，如藕片、土豆片等，则需要教师或者家长义工帮忙。

(2) 活动结束后如有多余的蔬菜，可以送到幼儿园厨房或者请小朋友带回家享用，要注意培养幼儿节约的品质。

73. 纸袋上的中国风

设计教师：焦阳　评析专家：陈学群

幼儿园：江苏省军区机关幼儿园

设计意图

"纸袋上的中国风"这一活动是以红色的纸袋为媒材，运用黑白两色进行装饰，从而形成具有中国风格的作品。活动的灵感最初来源于水墨画，水墨画注重的是黑白浓淡与境界，而一般中国人又极喜欢红色，并且都是纯度极高的红色，所以黑白红三色就构成了具有中国特色的色彩体系，三种色彩的集中表现能让幼儿感受到浓厚的中国风格。活动中，幼儿在纸袋上选择局部进行装饰,这样能让方形的纸袋呈现不规则的美,比绘画满幅作品更易突显细节。同时,运用花的纹样来装饰是借鉴了中国传统蓝印花布的图样风格,将诸多中国风元素表现在纸袋上,可以实现每个幼儿对中国风的不同理解和独特的想象,让作品于古典中又透出时代感。

活动目标

(1) 欣赏黑白红三色搭配的装饰画,感受黑白红装饰带来的具有中国风格的美。

(2) 用黑白色的点、线条和花的图案装饰红色纸袋,体验装饰纸袋的乐趣。

活动准备

教学课件"黑白红装饰艺术画",蓝印花布图片,红色纸袋若干,黑色勾线笔,中叶筋笔,白色颜料。

活动过程

1. 欣赏黑白红的装饰艺术画PPT(见图73-1—图73-3),感受黑白红艺术的视觉美

师:今天我们来参观一个画展,看一看这些画都是由哪些色彩构成的?

师:这些画都是由黑白红三色构成的,你觉得这样的画美吗?(让幼儿了解黑白红三色构成的图案所带来的独特美感,提升幼儿的审美能力)

师:你还在哪里见过这样的三种颜色的组合?("家居、衣服等")

2. 欣赏蓝印花布图片(见图73-4),了解蓝印花布上花的图案特点

提问:花布中有哪些花的图案?这些图案都是什么样子的?(帮助幼儿了解几种具有代表性的花的图案,并关注这些图案的特点)

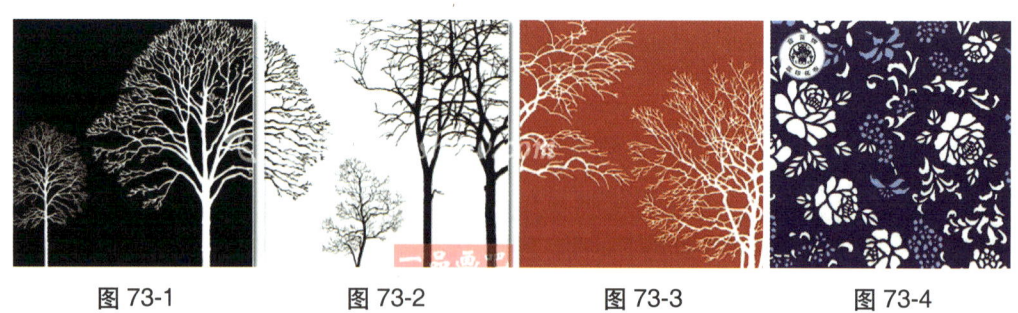

图73-1 图73-2 图73-3 图73-4

3. 装饰纸袋

(1) 师:小朋友们可以先用勾线笔将纸袋的一面自由分割成两部分,在其中的一部分里绘画。你想怎么分割呢?用什么线条分割?(通过追问引导幼儿用实线、虚线、折线、波流线等

方式对纸袋的一面进行分割,并引导幼儿不规则地分割,且分割的部分不要太小,否则不利于表现)

画法提示:先用黑色勾线笔在分割好的画面里绘画各种不同的花的图案,然后用中叶筋笔蘸白色颜料在黑色的花上进行装饰点缀。可以为花勾边,也可以添画上漂亮的花蕊,还可以在花瓣上用线条装饰,画上花茎、叶子等。

(2)幼儿创作,教师指导。

4. 作品展示与欣赏

师:请小朋友们把自己的作品放在各自的桌子上(见图73-5,图73-6),大家自由地欣赏。(引导幼儿欣赏有独特表现的作品,如画面分割有特色,花的纹样表达比较细腻等)

图73-5

图73-6

专家评析

本活动有以下两个亮点:

(1)极富创意。该活动选择了红色纸袋、花卉纹样以及黑白装饰,起名"纸袋上的中国风",突出了中国风格,足以体现设计者独具匠心,富有创意。中国人对于红色有一种特殊的感情,过年、喜庆的时候都离不开红色,红色象征着喜悦,象征着吉祥,象征着好兆头;花卉是中国绣品中最为常见的纹样,也是蓝印花布、青花瓷等民间工艺品中最常运用的图案,同时是幼儿生活中熟悉和绘画中常表现的内容;黑红白的色彩搭配,以其强烈对比、极富装饰感的视觉效果被广泛运用到室内装潢中,将三者结合运用到美术教学中是极富创意的。

(2)极富挑战。仅有的三种颜色却创造了独特的审美效果,这打破了幼儿喜欢使用多种色彩的习惯,无疑是一种挑战,也是一种对色彩的奇妙体验。虽然使用花卉图案来进行设计,却又不同于平时的画花,需要幼儿把花朵、花叶、花茎联系在一起,这是一次构图上的大突破。白色的点缀和描绘效果让幼儿感到画面瞬间变得活泼、生动了,幼儿从未感受到白色竟有如此神奇的力量,这对他们来说也是一次珍贵的体验。一个平凡的纸袋因幼儿富有创意的设计就成了一件时尚工艺品,这其间伴随着幼儿的艺术成长。

这个活动可分成两个课时进行,第一课时,以欣赏和尝试为主,突出对黑白红的色彩效果欣赏和对花卉图案的欣赏,突出对花卉图案连续纹样的表征探索和对画面分割效果的探索;第二课时,重点在为自己的红纸袋分割构图,使用勾线笔装饰花卉纹样表现疏密,尝试用中叶筋笔蘸白色颜料在黑色的花上进行装饰点缀等。

活动中,除了以蓝印花布上花的图案作为欣赏和装饰的对象外,教师还可选择其他有中国特色的纹样进行装饰运用。在装饰纸袋的过程中,分割画面的环节可让2～3名幼儿在大家面前示范演示。在活动的第一个环节当问到幼儿在哪里见过黑白红三种颜色的搭配时,教师可以提供更多类似的图片供幼儿欣赏,帮助幼儿了解中国风格的色彩组成。

74. 我爱运动

设计教师:居君　评析专家:余晖
幼儿园:江苏省南京市第三幼儿园

设计意图

世界各地在不同时节都有不同主题的运动会召开,这些运动会直接或间接地对人们的生活产生影响。通过各种新闻媒介,幼儿对运动会已有一定的了解,也非常喜欢。基于此,我们开展了和动态人创作有关的教学活动——"我爱运动"。该活动旨在通过学习动态的正面人和侧面人,帮助幼儿初步建构运动中人的动作与姿态的关系。本活动通过让幼儿观察大量的动态图片,摆弄有趣的动态木偶人,体验动态的特征,尝试运用砂纸创作运动的人和运动项目。

活动目标

(1)运用动态视频、图片和会活动的木偶人,感知运动姿态的多样。
(2)尝试用油画棒在砂画纸上创作简单的运动中的人,丰富画面。
(3)感受砂纸画创作中色彩搭配带来的不同效果。

活动准备

(1)经验准备:幼儿有砂纸画创作的经验,会画简单的动态人。
(2)材料准备:运动员运动的视频,教学PPT,每小组1个四肢可以活动的木偶人,砂画纸、油画棒、炫彩棒。

活动过程

1. 欣赏教学视频,感受运动员运动时的状态

师:今天老师带来了一些运动员比赛的视频,我们一起来看看有些什么项目,运动员都是怎样进行比赛的?

小结:运动员们都很积极地参加运动会,他们会参加各种各样的运动项目,他们运动时的姿态也是不一样的,有的跳起来,有的在水里游,还有的在奔跑。

2. 欣赏运动员运动时的图片,探索人物的动态并大胆表现

师:这里还有一些运动员运动时的图片,让我们看看他们是什么样子的。(逐一出示体操运动员空中一字马的造型、两名击剑运动员出剑进攻的动作、游泳运动员在泳池中摆动双臂的姿势,引导幼儿观察动态人的特征,并尝试做一做动作)

师(出示木偶人):这是一个四肢会动的木偶人,你想把它变成什么样的运动员?(请个别幼儿探索操作木偶人)

3. 大胆构图、创作运动中的人

(1) 引导幼儿思考自己需要表现的运动项目,帮助幼儿合理构图,并和幼儿共同设计运动场景的色彩搭配。

(2) 幼儿自由创作,教师指导。

指导要点:

- 鼓励幼儿大胆表现动态人的样子,并添加合适的背景。
- 对动态表现有困难的幼儿给予个别指导。

4. 作品展示与评价

(1) 请幼儿自己把作品贴在展示板上(见图74-1—图74-6)。

(2) 引导幼儿和同伴相互欣赏自己的作品,并学一学运动员运动时的动作。

图74-1

图74-2

图74-3

图 74-4　　　　　　　　图 74-5　　　　　　　　图 74-6

专家评析

  这个活动的名称很有意思，"我爱运动"。这里的"爱"，意味着要让幼儿感受到运动中人物的动态美、力度美，意味着培养幼儿对体育运动项目的关注和喜爱，意味着幼儿是因为喜爱才更愿意用画笔去创作、去表达运动中的人。

  为了达成这个美好的愿望，教师在环节设计上首先关注的不是运动姿态，而是让幼儿重温了运动员比赛的一段视频，引导幼儿了解运动会的运动项目，关注不同的运动项目有着不同的比赛场景，让幼儿形象地感受到绘画主题和与之相关联的场景变化，比如有的在跑道上，有的在草坪里，有的在空中，有的在水里……他们会发现原来自己所画的运动中的人不仅仅包括一个个特别的动作，还有生动的画面。

  运动员的动作幅度不同于常人，仅靠对画面的欣赏、幼儿自身的动作模仿以及同伴间相互观察来创作，容易受到限制。会活动的木偶人解决了这一难题。幼儿通过探索、摆弄木偶人，更直接地观察和体验到运动员的动态特征，为幼儿将运动姿态迁移到画纸上搭建了一个桥梁。

75. 漂亮的手指娃娃

设计教师：乔卉　评析专家：陈学群

幼儿园：江苏省南京市市级机关幼儿园

设计意图

制作活动一直深受孩子们的青睐，这源于它除了需要动笔之外，更多地运用了其他工具，而本活动恰恰满足了幼儿动笔动手的需求。同时，幼儿的小手指在活动中也有了明确的分工——一手当模特，一手当设计师，这更好地激发了幼儿的创作积极性，促使他们为我们展示了一场可爱的手指娃娃的服装盛宴。

活动目标

(1) 用细细的笔在手指上画出娃娃的面部五官及发型。
(2) 大胆尝试用对折剪的方法为手指娃娃设计款式新颖的服装。
(3) 体验想象创作活动的乐趣，感受成功的喜悦。

活动准备

教师事先在手指上画好1个手指娃娃；装饰好的服装范例2～3件；签字笔或细水彩笔、小画纸、包装纸、剪刀、记号笔、油画棒等；视频展示台，液晶投影仪，背景音乐。

活动过程

1. 出示手指娃娃，激发幼儿的兴趣

师（出示手指娃娃，模仿手指娃娃的声音向大家问好）：小朋友好！你们看我可爱吗？哪里可爱？（"头部"、"衣服"）

师：我的头是怎么做出来的？（"用细细的笔在手指上画出可爱的五官、头发"）

师：我的衣服是用什么做出来的？（"包装纸"）

师：我还有许多漂亮的衣服呢，现在换一件给你们看看吧。这些漂亮的衣服是用什么做出来的？（"将画纸剪成衣服的形状，再在衣服上装饰漂亮的颜色、图案"）

2. 探索制作手指娃娃衣服的方法

师：老师给小朋友们准备了包装纸、剪刀，请你们试着做一件衣服套在手指上吧。（幼儿尝试制作）

师：谁做出了手指娃娃的衣服？请你告诉大家，你是怎么做出来的？（借助视频展示台投影放大）

师生共同小结方法：

- 将纸对折，在中间剪出大小合适的领口，手指娃娃就能把头伸出来了。
- 将纸对折（或再对折），在纸上画出衣服的形状（短袖、长袖、裙子、套装等），然后沿着线剪出衣服的形状。
- 画出的形状以及剪去部分的多少不同会导致衣服款式、领口的千变万化。

3. 交代要求，幼儿想象创作

（1）师：手指娃娃真漂亮，你们也来打扮一下自己的手指娃娃吧。一只手当小模特，另一只手变身设计师，先用细细的笔在手指上画出自己喜欢的表情和头发造型，再用纸设计一件款式新颖的衣服，也可以在衣服上装饰出漂亮的图案、颜色。最后，我们比一比，谁的手指娃娃最可爱，衣服最漂亮。

（2）播放背景音乐，幼儿进行创作，教师巡回指导。

指导要点：

- 鼓励幼儿表现手指娃娃可爱的面部五官及发型。
- 鼓励幼儿大胆想象，开拓思维，为手指娃娃设计款式新颖的服装。
- 指导幼儿根据手指的粗细剪出大小合适的衣领，方便手指娃娃穿衣服。
- 鼓励动作快的幼儿再做一件款式不同的服装。

4. 作品展示与评价，一起玩游戏

展示作品（见图75-1—图75-4），围绕手指娃娃其形象生动、服装设计新颖等方面进行评价。

师：今天在手指娃娃的服装盛宴上，哪一个手指娃娃最可爱、最漂亮呢？

师：现在，让我们的手指娃娃找一些小伙伴随着音乐跳个舞吧。

图 75-1

图 75-2

图 75-3

图 75-4

专家评析

　　幼儿很喜欢制作活动，因为制作活动很好玩，满足了他们好奇、好探索的个性，他们可以制作各种玩具，如风筝、面具、手指玩偶、彩色陀螺、摇手玩具等；还因为制作活动容易让他们获得成就感，当幼儿制作的秋天植物相框或者纸浆装饰纸盘被陈列和欣赏时，他们会收获被肯定的快乐。但是制作活动往往需要运用到多种能力，如折纸能力、剪贴能力、细致绘画能力、使用水粉能力、挖空或连接的能力等。正是因为如此，制作活动往往需要幼儿具备一定的操作和绘画技能，因此在大班开展更为适合。

　　本活动很适合大班幼儿，在发展价值上，悬空绘画运用了幼儿的精细动作能力，锻炼了幼儿的身体控制能力；对称折剪发展了幼儿的空间思维能力；制作后的手指玩偶游戏，让幼儿配合故事表演或者自发进行角色游戏，发展了幼儿的社会交往和语言表达能力。

　　从教学策略上讲，本活动层层递进。从在手指上画"头"，到利用包装纸进行小人的装饰，再到剪出服装造型添画装饰，让幼儿在多次的尝试中感受剪去部分的多少和打开后的形状的关系，这是一种渗透整合的教育思想。教师不要担心幼儿"失败"，"失败"也是幼儿的一种学习方式。我们要相信和等待幼儿，给予他们适当的引导和帮助，让幼儿可以获得成功的体验。这个活动对于制作手指玩偶的数量没有提出要求，因为不同发展进程的幼儿在一个活动周期里做出的玩偶数量不一样，这正体现了给幼儿探索和发现的自我空间。

　　此外，教师还应注意以下几点：

　　(1) 生活中巧克力、糖果、小点心等的包装纸也是很不错的创作材料。

　　(2) 本活动需要幼儿具备一定的画、折、剪等技能基础。

　　(3) 可以为幼儿提供一个变装秀的舞台或者一个戏剧表演的桌面舞台，让活动更加有趣，同时锻炼幼儿的表现力。

　　(4) 可以把这个活动放在语言区、表演区或者是美工区中继续开展，并不断地让幼儿有机会去玩手指玩偶游戏。

76. 有趣的量高尺

设计教师：夏涓　评析专家：余晖
幼儿园：江苏省南京市实验幼儿园

设计意图

大班下学期的幼儿即将升入小学，此时的他们已能感受到自己的成长，体验到自己作为大班小朋友的自豪感。量高尺几乎是每个幼儿家里都有的测量工具，既能反映孩子们的身高变化，又饱含了父母对孩子成长的期盼。本活动通过欣赏分类图片，引导幼儿从身边常见的量高尺开始探索，找到这类量高尺的共同点。在此基础上，启发幼儿联想生活中还有哪些长长高高的东西，唤起幼儿的生活经验，发展其想象力，然后设计具有创意的量高尺。

活动目标

(1) 欣赏、感受量高尺的不同设计图案及其设计创意，能运用借形想象、夸张等手法设计制作有创意的量高尺。

(2) 知道自己随着年龄的增长个子也会长高，感受成长的愉悦，体验自己动手设计的乐趣。

活动准备

(1) 经验准备：幼儿用过量高尺量身高，并且具有画线描画的经验。

(2) 材料准备：趣味量高尺图片，裁成长条的彩色卡纸，彩色马克笔，标好身高尺度的透明软玻璃水晶垫人手1条，双面胶，教师用范例1份，小贴画若干。

(3) 场地准备：场地上事先画好离地40厘米的长线一条。

活动过程

1. 谈话导入，引起幼儿对量高尺的关注

师：一转眼，小朋友就要大班毕业了。你觉得自己和刚进幼儿园时相比，个子有什么变化吗？你怎么知道自己长高了呢？用什么量的？你用过的量高尺是什么样子的？

2. 分类欣赏各种图案的量高尺，探索各种量高尺的不同创意设计及其蕴含的意义

(1) 欣赏量高尺组合（见图76-1），帮助幼儿感知"借形想象"的创意美。

师：图片中，人们选择了哪些动物和植物作为量高尺呢？你们喜欢吗？

小结：恐龙、长颈鹿、大树、大象等都有一个长长的部位，要么是长长的脖子，要么是长

长的鼻子，要么是高高的树干，方便我们做出刻度。这些量高尺很受小朋友的喜爱。

（2）引导幼儿结合生活经验大胆联想，为创作做铺垫。

师：还有哪些动物、植物或者其他物体可以做成量高尺呢？

小结：高高的楼房、长长的梯子、细细的蛇等都能做出有趣的量高尺。

图 76-1

（3）欣赏有创意的量高尺（见图76-2—图76-4），探索其设计的巧妙之处，激发幼儿的创造力。

图 76-2

图 76-3

图 76-4

小结：原来生活中有很多有趣的量高尺，有的是利用动植物某个比较长的部位做成的，有的是根据物体的某一特性制作的，都表现出了设计师的巧妙创意。那么设计师为什么要花这样的心思去设计量高尺呢？

3. 介绍制作材料，鼓励幼儿大胆想象、设计有创意的量高尺

（1）介绍绘画材料，启发幼儿设想如何设计量高尺。

出示长条卡纸和透明刻度尺。

师：可以选择长长的物体，也可以画出一个接一个的物体，让它变得很高。

（2）介绍量高尺模板，提出制作要求。

师：画完设计稿后，再贴上透明刻度尺。

4. 幼儿独立创作，教师巡回指导

指导要点：

- 鼓励幼儿设计跟别人不一样的、有自己创意的量高尺。
- 在贴身高线标尺时，帮助个别有设计需要的幼儿进行裁剪。

图 76-5

5. 相互欣赏作品，感受成功的快乐

（1）引导幼儿将制作好的量高尺沿线固定在墙面上，同伴间相互量一量身高，并用小贴画贴在自己的身高线处（见图76-5）。这样可以让先做完的幼儿减少等待时间，并渗透科学领域知识，使幼儿得到多方面的发展。

（2）师幼共同欣赏作品，请幼儿介绍自己作品的亮点之处（见图76-6—图76-8）。

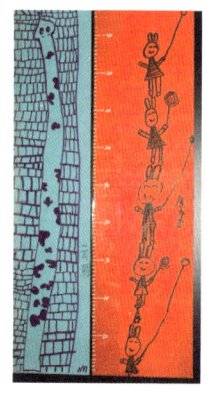  

图 76-6　　　　　图 76-7　　　　　图 76-8

专家评析

本活动的选题来源于幼儿生活，符合大班幼儿的年龄特点和兴趣需要。幼儿欣赏的是他们熟悉的并且曾经使用过的量高尺，而他们创作的"量高尺"不仅仅是一幅作品，很有可能成为他们童年阶段身高成长的记录，这是一次多么与众不同的艺术创作啊！

对量高尺的分类欣赏，每个环节侧重点有所不同。首先出示的一组量高尺虽然创意不同，但幼儿很快就发现了它们的共同点——量高尺都是一个有着长长脖子的动物，这无形中启发幼儿产生联想："还有谁也有长长的脖子呢？"这为幼儿的创作埋下伏笔。接着出示的一组量高尺，教师则将幼儿的关注点引到探索其设计的巧妙之处——夸张地拉长了画面中物体的某个部位，使量高尺看起来特别搞笑幽默。

有了这样的审美感受，幼儿在创作中非常投入，发挥各自的创造力、想象力，设计创作出颇具特色的量高尺。评价时，教师一改以往孩子们之间相互评价的方式，请小设计师们介绍自己作品中最具亮点之处。这样的介绍能够留给大班幼儿一个展示自我的空间，而对于倾听介绍的其他幼儿，也是一种相互学习、共同分享、提升经验的机会。

此外，在活动中为幼儿提供的笔和纸，其颜色最好是一个色系或者是比较协调，这其中隐含了对幼儿审美素养的培养。另外，也可选择修正液与深色的长条纸搭配，效果也很特别。此外，还可以提供透明标尺，帮助幼儿在设计好之后很快达到制作目标。

77. 天鹅

设计教师：徐玲　评析专家：余晖

幼儿园：江苏省南京市游府西街幼儿园

设计意图

《指南》指出："每个幼儿都有一颗美的种子,艺术领域的学习关键在于充分创造条件和机会，萌发幼儿对美的感受和体验,丰富其想象力和创造力。"本活动就是为幼儿提供了一个感受美、表现美和创造美的良好机会,通过故事、音乐以及对天鹅关键动作的欣赏与理解,带领幼儿进入一个美丽的情境。天鹅的外形结构比较简单,大班幼儿较容易理解和掌握。此外,本活动进行了一些筛选,即通过对天鹅脖颈动作的理解与多通道的感受,帮助幼儿表现,激发幼儿的想象力和创造力,实现每个幼儿独特的表达。

活动目标

(1) 欣赏天鹅之美，并用水粉画的方式表现天鹅。

(2) 通过欣赏图片、身体动作探索等方式，表现天鹅姿态的关键特征。

(3) 在故事和音乐的伴随下，积极尝试用自己的方式绘画。

活动准备

教学课件"天鹅"，背景音乐为圣桑的《天鹅》，故事《天鹅的朋友》，代表湖水的蓝色底纸，白色、黑色、红色等颜料，5号水粉笔。

活动过程

1. 欣赏课件第一部分，了解天鹅的基本形态以及动作，欣赏天鹅的体态美

(1) 倾听故事，感受故事营造的情境。

(2) 欣赏课件第一部分（见图77-1—图77-4），观察天鹅优美的体态，重点关注天鹅脖子的动态表现。

图 77-1　　　　　图 77-2　　　　　图 77-3　　　　　图 77-4

提问：你觉得天鹅美吗？什么地方美？用"××就像是××"来表述。

提问：天鹅的脖颈弯曲成什么形状？它在做什么？（帮助幼儿观察、联想形状与动作的关系）

（3）引导幼儿用身体动作表现天鹅脖子的变化。

2. 欣赏课件第二部分（见图 77-5—图 77-8），观察两只天鹅的互动表现

图 77-5　　　　　图 77-6　　　　　图 77-7　　　　　图 77-8

师：天鹅的朋友来了，它们在做什么？（引导幼儿欣赏两只天鹅在一起时的位置变化，想象天鹅在一起时的美好情境，比如：有的向左游，有的向右游；相亲相爱；结伴游戏等）

3. 探索天鹅的身体结构和绘画表现方法

（1）师：画天鹅需要画哪几个部分？（引导幼儿初步关注天鹅的身体结构——头、颈、身体、脚蹼）

（2）邀请个别幼儿试画表现天鹅颈部的动态。

提问：天鹅的脖子能弯曲成什么样子？可以用什么样的线条来表现？请你画出天鹅长长的脖子。画好后说说哪里是头，哪里是身子？（幼儿局部示范用一笔画出天鹅的脖子，教师添画完整的天鹅形象，引导幼儿发现方向不同，天鹅的行为表现也不一样）

小结：天鹅的脖子可以弯曲，也可以伸展。天鹅的头可以在脖子的上方，像抬头看前方；也可以在脖子的下方，像在低头觅食。先画脖子，再添上头部，添上身体。如果腿在水中，可以不画，或者画得浅浅的。可以多画几只天鹅，这样画面会很丰富，也会让人联想发生在天鹅身上的故事。

4. 绘画天鹅

师：天鹅在等待它的朋友，小朋友能帮助它吗？

师：你想画天鹅在做什么？

幼儿绘画，教师指导（见图77-9）。

指导要点：

- 天鹅的颈部曲线要延伸，要把它的身体画大，要把天鹅的羽毛、喙部等细节表现出来。

5. 作品展示、欣赏与评价

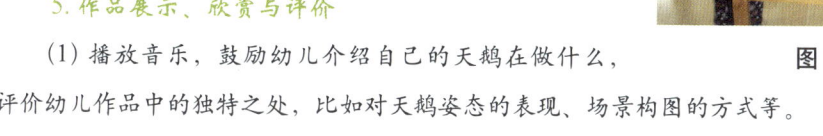

图77-9

（1）播放音乐，鼓励幼儿介绍自己的天鹅在做什么，评价幼儿作品中的独特之处，比如对天鹅姿态的表现、场景构图的方式等。

（2）随着背景音乐的响起，鼓励幼儿用手臂模仿天鹅跳舞。

【附：故事】

天鹅的朋友

在湖边住着一只天鹅，它长着长长的脖子，羽毛像雪一样白。它在湖中游动的时候，就像一只平稳的小白船，它船桨一样的脚在水中优雅地划动。它总是伸长脖子眺望远方，这是为什么呢？秋天的时候，由于它太小，没能跟上伙伴们而滞留在了这里。它太想它的朋友们了，在湖中游动的时候在想它们，捉鱼的时候在想它们，抬头看天空的时候更是想它们……它想，什么时候才能再次见到伙伴们呀？

专家评析

在圣桑《天鹅》优美舒缓的旋律声中，教师娓娓道来的故事和课件展示的画面，将幼儿带入一个美丽的情境，给予幼儿充分的审美享受。

引导幼儿多通道参与，进而加深幼儿对天鹅脖颈姿态的了解，是教师在教学活动中采取的重要手段。天鹅的外形结构比较简单，但脖颈向身体周围全方位的无穷变化让天鹅的姿态优雅而多样，这既是一种审美经验，也是幼儿创作表现天鹅姿态的关键点。幼儿对天鹅美的整体感受是审美经验的初步积累，而尝试用身体动作表现天鹅脖颈姿态的变化则加深了对天鹅美丽姿态的感知。请几个幼儿用试画的方法表现天鹅颈部的不同动态，然后教师根据情况添画头部使其完整，并引导幼儿发现方向不同的天鹅其行为表现也不一样，这个过程为幼儿独特表现天鹅的不同姿态给予了适度的支持。

此外，教师还应注意以下两点：

（1）在引导幼儿观察天鹅动态时，注意运用追问的策略，让幼儿将动作和情境进行联想，帮助幼儿在创作过程中进行独特的表现。

（2）在选择绘画材料时，应注意提供用色不均匀的蓝色底纸，为幼儿营造一个湖水的情境，以引发幼儿的创作兴趣。

78.摇手玩偶

设计教师：乔卉　　评析专家：陈学群

幼儿园：江苏省南京市市级机关幼儿园

设计意图

《纲要》指出："指导幼儿利用身边的物品或废旧材料制作玩具、手工艺品等来美化自己的生活或开展其他活动。"让幼儿利用废旧的纸杯、吸管制作成会摇动手臂的玩具，让幼儿摆弄、玩耍，能引起幼儿强烈的创作欲望。本活动借助步骤图帮助幼儿分析制作方法，让幼儿在动手尝试、讨论交流中解决打孔、穿吸管、绑胶带等操作难点，提高幼儿的美术表现技能。同时，调动幼儿已有的知识经验，装饰上漂亮的脸和可爱的手，最后在玩摇手玩偶的同时感受成功的快乐。

活动目标

（1）学着看图示，尝试按照图示的步骤用纸杯、吸管等材料制作会摇动手臂的人物、动物玩偶。

（2）能大胆地表现人物或动物的主要特征。

（3）感受自制玩具的乐趣。

活动准备

摇手玩偶成品、半成品范例各1个，步骤图幻灯片；纸杯，打孔机，弯头吸管，透明胶带，双面胶带，剪刀，彩纸，毛线，包装带，牙膏盖；视频展示台，液晶投影仪，计算机，背景音乐。

活动过程

1.操作摇手玩偶导入活动，激发幼儿兴趣

师：今天老师给小朋友们带来了一个好玩的玩具，它是谁呢？（出示摇手玩偶成品，见图78-1）

图78-1

师：这个摇手玩偶好玩吗？你们看看是怎么让它的手动起来的？（上下拉动吸管）

师：摇动的手臂是用什么材料做成的？

2. 幼儿探索，师生共同小结制作方法

（1）师：这里有一幅图（见图78-2），上面有制作摇动手臂的步骤，请小朋友看一看、说一说，做出会摇动的手臂需要什么材料和工具？（"纸杯、打孔机、两根弯头吸管、透明胶带"）

师：图上告诉我们做出会摇动的手臂的步骤是怎样的？先做什么？后做什么？（帮助幼儿解决操作技能上的难点，即如何在纸杯上打对称的洞，如何使吸管上下摆动起来，为幼儿自由创作出特征不同的摇手玩偶打下良好的基础）

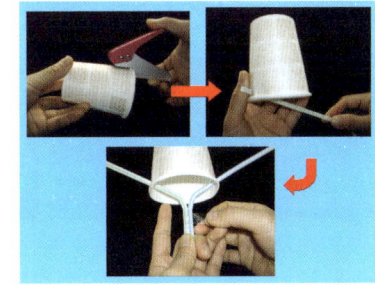

图78-2

（2）幼儿尝试按照步骤图制作。

师：老师给小朋友准备了纸杯、打孔机、弯头吸管、透明胶带，请你们看着图上的步骤试一试吧。

（3）请幼儿介绍制作会摇动手臂的方法。（借助视频展示台投影放大）

师：谁做出了会摇动的手臂？请你告诉大家你先做了什么？后做了什么？

师：做的过程中有没有遇到问题？遇到了问题你是怎么解决的？

小结：在制作时，第二个洞要在第一个洞的对面打，高度要差不多；要把弯头吸管长的一头插到洞里面，才能有长长的手臂；要把两根吸管的弯头部分牢牢地绑在一起，上下拉动吸管时，长长的手臂就会摇动了。

3. 交代要求，幼儿创作

师：你想做个什么样的摇手玩偶？是动物，还是人物？

师：老师准备了许多材料，有彩色纸、毛线、包装带、牙膏盖等，请小朋友装饰上漂亮的脸和大大的可爱的手。可以直接在纸杯上贴上五官，也可以做一张脸贴在纸杯上。贴的时候一定要贴牢、贴平整哦！

播放背景音乐，幼儿进行创作，教师巡回指导。

指导要点：

● 鼓励幼儿做出和别人不一样的动物或者人物的五官。

● 提醒幼儿五官、手装饰得大一些，摇手玩偶会显得更可爱。

4. 作品展示、欣赏与评价

在桌面上展示幼儿的作品（见图78-3—图78-8）。

师：已经做好的小朋友请你们玩一玩自己的摇手玩偶，也可以欣赏一下别人的摇手玩偶。

说一说你喜欢谁的摇手玩偶？为什么喜欢？（重点围绕手臂是否能摇动，五官和手是否装饰得漂亮、牢固等进行评价）

师：我们把摇手玩偶带到外面去和弟弟妹妹一起玩一玩吧。

图 78-3　　　　　　　　图 78-4　　　　　　　　图 78-5

图 78-6　　　　　　　　图 78-7　　　　　　　　图 78-8

专家评析

随着年龄的增长，幼儿的动手能力也越来越强，他们对于一些需要运用精细动作或者需要探索操作方法的活动更为自信，也开始运用一些材料自制玩具，比如，用保鲜袋制作降落伞，用纸片制作陀螺等。制作活动对幼儿是有一定的挑战性的，不同的制作内容需要的技能并不完全相同。为了完成制作内容，幼儿经常会遇到各种各样的困难或者问题，他们会通过模仿同伴或者向老师、同伴寻求帮助解决问题。幼儿园经常开展废旧材料制作的活动，不仅在幼儿心中播下了环保的种子，还能拓展幼儿的视野，激发幼儿的想象力。

本次活动就属于利用废旧材料制作玩具的活动。此次活动的难点较多（打孔、穿吸管、绑透明胶带），因此幼儿前期要有运用各种材料表现动物或人物脸部特征方面的技能，这样在有限的教学时间内才能完成活动目标。而大班幼儿对动物、人物的主要特征和细节特征都有一定的了解，并且可以在立体玩具中表现出主要特征。所以，本次活动是符合大班幼儿的年龄特点的，也会取得预期的活动效果。

79. 我是小天使

设计教师：居君　评析专家：余晖

幼儿园：江苏省南京市第三幼儿园

设计意图

"我是小天使"是一个在新型材料"压膜胶片"上探索进行合印画，并与人物身体组合的活动。美术活动材料的新颖性能刺激幼儿对原有技能的再提升，虽然合印画技能已经为幼儿习得，但是换在新材料上制作，又能唤起幼儿创作的激情。另外，活动的主题能帮助幼儿更富有兴趣地创作，享受过程和结果。

活动目标

(1) 学习使用合印画的方法制作天使的翅膀。

(2) 能用新型材料压膜胶片进行色彩图案的搭配、合印。

(3) 体验合印画的对称美。

活动准备

(1) 经验准备：幼儿有合印画制作风筝的经验。

(2) 材料准备：教学PPT（或者合印画操作录像），小天使造型的范例图，剪好小天使翅膀轮廓的压膜胶片人手1份，水粉笔，颜料（红、黄、蓝、绿、黑、白），幼儿自己的大头贴和剪画好的身体。

活动过程

1. 观察小天使，感受小天使的外形特征

出示小天使图片（见图79-1），提问：小朋友们，你们看这是谁呀？他们长得什么样子？跟我们平时看到的人有什么不一样？

师：他们虽然有人的身体，但是身后多了一对翅膀，我们称他们为天使，天使在神话故事里是美好的象征。

提问：你们喜欢天使吗？如果你也能变成小天使，

图 79-1

你会怎样？（帮助幼儿想象自己变成天使的模样，激发幼儿向往美好的想法）

2. 共同探索运用新材料制作天使翅膀的方法

师：你们想不想把自己打扮成小天使的模样呢？

师（出示压膜胶片）：这是剪好轮廓的小天使翅膀，你可以把它们变成五彩斑斓的翅膀。老师这里还有颜料和水粉笔，想想怎样让翅膀的色彩既丰富又对称？（引导幼儿大胆讨论、表达）

师：刚才小朋友说到了一个好方法，就是以前我们制作风筝时用过的，运用合印的方法能印出对称的图案。好的，请小朋友来试试。（将幼儿的想法变为现实，让幼儿在新材料上尝试合印画，帮助幼儿梳理制作步骤）

小结：合印画，就是先把纸对折，在其中一半部位用浓浓的颜料画画，然后合起来印出另一半。合印的方法可以帮助我们实现对称的图案，在压膜胶片上也可以合印。

3. 幼儿尝试制作，教师指导

师：请你也用合印的方法制作出天使的翅膀，然后和大头贴、剪画好的身体组合，制作小天使。

幼儿自由创作，教师指导。

指导要点：

- 引导幼儿合印时按压的力度，以及涂颜色时留有空隙。
- 鼓励幼儿运用各种颜色来装饰画面。
- 溢出的颜色用抹布轻轻擦拭。

4. 作品欣赏与评价

（1）将幼儿的作品悬挂起来，仿佛置身小天使的世界，让幼儿充分欣赏、体验（见图79-2—图79-4）。

（2）请幼儿说说自己最喜欢哪一个"小天使"，为什么？

图 79-2

图 79-3

图 79-4

专家评析

如果能将幼儿自己创作的美术作品服务于幼儿的生活，成为幼儿游戏和装点生活的内容，给幼儿及同伴间带来更多的乐趣，这将使美术活动的价值得到充分体现。本次活动就是一个让幼儿游戏着、欣赏着、快乐着的活动。

合印画是幼儿已有的经验，为自己做天使的翅膀是幼儿无比乐意的事情，已有的制作风筝的经验为幼儿成功制作天使翅膀奠定了基础，新材料的出现则为幼儿创造了新的探索点。教师将整个活动的重点放在如何运用新材料制作出最美丽的翅膀环节，而保证这个环节顺利进行的是对幼儿已有多种经验的综合梳理。教师在这个时候更多的是提出线索，引导幼儿自主讨论和尝试实践，帮助幼儿在共同归纳和交流分享的过程中形成自己的创作思路。

活动最后悬挂作品时，可以让幼儿参与布置，充分发挥幼儿的主观能动性；还可以将翅膀直接连接到幼儿的后背上，让幼儿切身体会当小天使，在延伸游戏中享受快乐的感觉。

80.巧克力

设计教师：刘蜜 评析专家：陈学群

幼儿园：江苏省南京市滨江幼儿园

设计意图

巧克力是幼儿难以抗拒的美食，其丝绸般的质感和甜蜜醇厚的口味给人无限遐想。巧克力在生活中就是一种甜蜜的象征，它的造型、色彩虽然简单却在细节之处极富变化。一盒精致的巧克力，颗颗都可能不同。幼儿能否通过表现巧克力而关注生活中美好的事物，关注物体的细节呢？带着这样的疑问，设计了本活动。活动中的主要材料是陶泥，陶泥来自大自然，和幼儿有着天然的亲和力，其颜色也和巧克力的颜色基本一致。使用陶泥，再利用竹签等工具进行刻画，巧克力就制作好了。

活动目标

(1) 欣赏巧克力外型和花纹的多样性，能用陶泥制作巧克力，尝试表现巧克力的花纹。

(2) 通过观察讨论和探索尝试体验陶泥制作的过程。

(3) 体验各种陶泥制作工具，能参与收拾场地工具。

活动准备

陶泥,塑料切刀,牙签,喷壶,湿抹布,一次性桌布,巧克力食品。

活动过程

1. 尝一尝、猜一猜,唤起幼儿已有的经验

邀请幼儿品尝罐子里的巧克力,说一说巧克力独特的味道。

师:你都吃过哪些巧克力?它们都是什么样子的?

2. 观察图片感受巧克力不同的外型和花纹,尝试用陶泥制作巧克力

(1)观察常见的长方形巧克力(见图80-1—图80-4),引导幼儿观察巧克力的不同花纹。

图80-1　　　　图80-2　　　　图80-3　　　　图80-4

指导语:这些长方形巧克力上都有哪些花纹?

(2)观察其他造型的巧克力以及上面的花纹(见图80-5—图80-7)。

图80-5　　　　图80-6　　　　图80-7

指导语:除了长方形巧克力,还有哪些形状的巧克力?(引导幼儿观察巧克力的不同造型,了解造型的多变)

指导语:你喜欢哪个巧克力的造型和花纹?(引导幼儿在观察不同造型特征的基础上进一步欣赏花纹的多变性)

(3)探索制作方法。

师幼共同讨论制作不同造型巧克力的方法：引导幼儿运用已有的泥塑技能做出不同造型，并用手指微调出一些比较特别的造型；让幼儿尝试用牙签装饰巧克力上的线条。

（4）欣赏多个巧克力的图片（见图80-8—图80-10），拓宽幼儿的创作思路。

图 80-8

图 80-9

图 80-10

指导语：我们平时看到的巧克力会被一块块地放在美丽的盒子里或者展示盘上。我们看看一盒美味的巧克力都有哪些形状，每个形状的巧克力上都有什么样的花纹？

3. 幼儿创作，教师指导

指导语：你想做什么造型的巧克力？它们的花纹都有什么不一样？

指导要点：
- 鼓励幼儿大胆使用工具进行切割和装饰图案。
- 鼓励幼儿制作时尽量保持切面光滑。

4. 作品赏析

将幼儿制作的巧克力放在彩色底板上展示，或者组合后放入包装盒里展示（见图80-11）。

指导语：你最喜欢哪个小朋友制作的巧克力？

图 80-11

专家评析

教师能用欣赏和审美的眼睛发现生活中的美好和甜蜜，并引导幼儿一起去发现、去感受、去表现，很有创意！在教学策略上，教师首先从引导幼儿现场品尝巧克力入手，带着这种甜蜜的感觉去调动幼儿的已有经验，去发现巧克力造型简单但花纹多样的特性。

大班幼儿已经掌握了搓圆、压扁等泥塑技能，对泥塑工具也有使用的经历，而巧克力多样的造型和细节装饰正好可以满足他们求新求异的创作想法。从幼儿的作品看，他们运用了团圆压扁的造型方法；在进行细节装饰时，借助了工具如塑料刀、牙签等进行刻画，或者使用有纹路的材料进行印压，可以看出幼儿在制作过程中充分发挥了自己的主动性，进行了多样的尝试。

此外，还有以下几点活动建议：

（1）当幼儿在陶泥上使用牙签装饰花纹时，可以引导他们稍稍将牙签倾斜，沿着花纹的走向调整倾斜的方向，这样装饰的纹样会比较流畅光滑。

（2）教师可以收集一些精美的巧克力包装盒或锯齿状的食品纸质底托，方便幼儿把自己的作品放入，这样不但拉近了作品和实际生活的距离，而且更具美感。

（3）在引导幼儿尝试制作时，要和幼儿充分讨论造型的多种方法，引导幼儿在回忆已有技能的基础上进行表达，这也是鼓励幼儿制作出多种造型和装饰纹样的基础。

81. 多彩的秋林

设计教师：陈学群　评析专家：余晖

幼儿园：江苏省南京市第二幼儿园

设计意图

秋天是每个幼儿园课程中都有的内容。秋天色彩的丰富是其他季节所不能比拟的，关于秋天的摄影作品、绘画作品也非常多，为开展幼儿园美术教育活动提供了丰富的资源。而秋天树林丰富的色彩非常具有审美性，是可以通过引导让幼儿自主欣赏感受到的自然之美，也是幼儿愿意去创作表现的内容，而水粉色彩的表现特点和秋天的多彩一致，基于此，我们设计了本次活动。

活动目标

（1）感受秋天树林色彩的绚丽，在尝试创作的过程中欣赏色与色交融所带来的色彩变化。

（2）学习点彩的表现技法，并能根据自己的需要选择独立作画或与同伴共同作画的方式，运用水粉表现秋天的树林。

（3）能合作使用材料，有较好的操作习惯。

活动准备

（1）经验准备：幼儿观察过秋天的变化，有初步使用水粉笔和颜料的经验。

（2）材料准备：各色水粉颜料（暖色较多），树林风景照及作品课件PPT，幼儿人手1只调色盘、水粉笔，背景音乐。

活动过程

1. 欣赏、讨论秋天树林和树叶的风景照片，感受秋天色彩的独特魅力

逐图出示秋天树林的风景照片（见图81-1、图81-2），引导幼儿边欣赏边讨论。

图81-1　　　　　　　　　　　图81-2

师：现在是什么季节？你怎么知道秋天来了？

师：大树有什么变化？叶子除了变黄了，还有什么颜色？

师：秋天的树叶有那么多种颜色，秋天的树林会是怎么样的呢？（重点引导幼儿感受秋天树林色彩的绚丽和暖色系色彩的增加）

2. 欣赏表现秋林的作品，讨论点彩技法的运用，扩展审美经验

（1）欣赏一幅有关秋林的水粉作品（见图81-3），观察作品表现的内容和树叶色彩的分布特点，分析画家的表现方法——点彩技法。

师：秋天的树林真的好美！许多画家也喜欢秋天，这是一位画家绘画的秋天的树林。画里有什么？画中的树林有哪些色彩？

图81-3

（2）共同探讨点彩技法的运用。

师：画家是用什么方法画出这么美丽的树林的？

师：点点是一个一个分开的还是连成一片的？颜色是一种还是好多种？怎样才能点出密密的树叶？怎样点才能让两种颜色的树叶融在一起呢？（邀请个别幼儿尝试示范点彩技法，探索一点一点连成一片的方法，以及两种色彩如何点才能融合在一起的方法）

（3）欣赏其他关于秋天树林的水粉作品（见图81-4、图81-5），引导幼儿观察作品的内容、构图、色彩以及点彩技法的运用，扩展审美经验。

师：这幅画（见图81-4）里秋天的叶子快要落光了，只剩下树干和很少的树叶。里面的树干全是直的吗？全是细细的吗？

师：这棵大树（见图81-5）的树叉是怎样伸展出去的？这幅画里哪些地方是用平涂的方法画的？哪些地方是用点彩的方法画的？

图81-4

图81-5

小结：你可以用平涂的方法画树干、树枝，用点彩的方法画树叶。

3. 尝试运用点彩技法表现秋天的景物和色彩的丰富，并欣赏色与色交融的奇妙变化

（1）明确作画内容和方式，讨论作画的顺序。

师：你可以画一棵很大的树，也可以画很多树。先画树干、树枝，再画树叶，也可以给地面添上落叶。

（2）介绍颜料区域、作画区域以及简单的操作要求。

师：这里是单独作画的区域，那里是和小朋友一起作画的区域，旁边都有方便你们取用的颜料区。小朋友要注意，在把颜料挑到自己的调色盘后，要把笔放回到颜料盒里。

（3）幼儿自由选择作画的位置，开始作画。

分层次指导幼儿，比如鼓励一些幼儿用平涂和点彩的方法表现色彩丰富的树林，鼓励另外一些幼儿大胆尝试点彩方法。

4. 作品欣赏与交流

（1）引导幼儿互相欣赏作品（见图81-6—图81-11），分析作品中美的地方，引导幼儿关注作品中色与色交融带来的变化。

图81-6

图81-7

图81-8

图 81-9　　　　　图 81-10　　　　　图 81-11

提问：有些颜色老师并没有提供，你们是怎么画出来的？

（2）共同收拾场地材料。

专家评析

秋天的树林层林尽染，是大自然对我们最美丽的馈赠，也是幼儿园开展美术教育绝好的审美资源。针对这一欣赏题材，引导幼儿选择水粉颜料运用点彩技法进行创作，既能让幼儿充分感知秋天树林的美丽，发现不同色彩的交融变化，又能满足幼儿探索表达彩色树林的需要，非常适合在大班开展。

活动中，在引导幼儿感受欣赏和创作表达两个环节，教师都能关注到在幼儿已有经验的基础上扩展新经验。比如：在感受环节，幼儿对秋天的认识是已有经验，对秋天树木色彩变化的发现和提炼则是新经验；在探索表达环节，幼儿对水粉笔和颜料的使用是已有经验，而点彩技法的学习以及在色彩运用中自然产生变化的探索则是新经验，在这个过程中，幼儿从点彩技法运用的不足到知道点彩操作要点，掌握点彩方法，是幼儿主动获得审美经验和创作方法的过程；在操作习惯培养中，幼儿对作画的先后顺序是已有经验，而对公共颜料的取放以及使用水粉颜料作画后的收拾整理则是新经验。无论哪种经验的获得，都是新经验融合旧经验的过程，也是幼儿在自主积累和建构自己的经验体系，获得技法提升和情感的满足。

此外，设计者在引导幼儿感受欣赏过程中，还非常重视与欣赏主题相关的其他审美经验的拓展。比如：树林中大树树干的粗细变化、曲直变化、疏密布局变化等，这些经验的拓展可以帮助幼儿建构更为丰富和立体的对秋林的审美认识。

在指导幼儿创作时，教师要关注不同层次幼儿的能力和需求，鼓励幼儿按自己的想法去表达。

82. 马勺装饰

设计教师：焦阳　评析专家：余晖
幼儿园：江苏省军区机关幼儿园

设计意图

幼儿进入大班后，在各主题活动和美术欣赏活动中，逐渐对富有中国元素的艺术品有了初步的了解和认识，其中马勺就是富有中国元素的艺术品之一。虽然马勺在孩子们的生活中并不常见，但是马勺其有趣的来历、奇特的造型、夸张的色彩和图案，对孩子们有着很强的吸引力。孩子们通过探索马勺的由来，欣赏它神奇的图案，并将自己想象的图案表达在马勺上，对中国传统文化又有了进一步的认知与了解，提高了审美能力。

活动目标

(1) 感受马勺装饰的对称美和夸张美，关注涂黑和留白的装饰特点。
(2) 自主尝试运用勾画、涂色的方法装饰马勺。
(3) 喜欢中国传统艺术，感受马勺装饰所带来的乐趣。

活动准备

马勺欣赏课件，绘制好的马勺范例，炫彩棒，黑色勾线笔，纸浆马勺模型。

活动过程

1. 欣赏马勺范例，初步了解马勺的由来

图 82-1

(1) 出示马勺范例（见图82-1），提问：这是什么？这个马勺上画着什么样的图案？
(2) 教师讲述有关马勺的小故事。

2. 观看课件，欣赏不同风格的马勺脸谱图案

演示课件（见图82-2、图82-3），提问：这两个马勺脸谱有什么相同的地方？（鼓励和引导幼儿在欣赏中去发现马勺脸谱上都有眉、眼、嘴、色彩鲜艳，图案是对称的。尤其要引导幼儿关注脸谱中的共同点还包括涂黑和留白）

提问：再找一找，这两张图上有什么不同的地方？（鼓励幼儿寻找马勺的不同点，如眉、

眼、嘴的装饰、色彩等不同）

提问：你喜欢哪一张马勺脸谱？为什么？

3. 绘制马勺脸谱

（1）请个别幼儿示范。

师：绘制马勺图案的第一步是勾画，即用黑色的勾线笔勾画出马勺上的图案，请小朋友先到白板上来试一试。（分别请幼儿来勾画眉毛、嘴巴、鼻子、额头、脸蛋等图案，提醒幼儿在绘制时要对称、夸张）

图 82-2

图 82-3

师：绘制马勺的第二步是涂色。除了涂上鲜艳的颜色，还要注意涂色时的留白和涂黑的部分，这样可以让图案更生动、突出。

（2）幼儿绘制。

师：请小朋友每个人画一张与众不同的马勺脸谱。

4. 展示作品

将幼儿的作品摆放在桌面上（见图82-4、图82-5），引导幼儿共同欣赏。

师：说一说，哪个马勺最特别？

图 82-4

图 82-5

【附：马勺的由来】

历史上，马勺实际是用来喂马的器具，其中圆形部分用来盛水，长形部分用来添加饲料，马勺上的图案是人们为了使自己养的牛、羊、马等免遭大自然病虫的侵害，以保证自己能够在马牛的帮助下平安活动并过上美满的生活而刻画的神灵符咒。你们看到的这把马勺，其上面绘画的图案是脸谱。一般取材于一些民间传说中具有法力和正义的人物的造型，其寓意为镇宅、辟邪、驱赶寂寞冷清，表达了人们祈祷平安幸福的美好愿望。

专家评析

对中国传统民族文化的感知欣赏是幼儿园美术教育活动的一项重要内容，马勺虽然不像京剧脸谱和青花瓷那样广为人知，但每个人见它的第一眼一定会为它停留驻足。它奇特的造型、夸张诡异的色彩和图案，对孩子们有着很强的吸引力。

在对马勺的脸谱装饰进行感知欣赏时，教师不仅关注了五官图案对称与夸张手法的运用，引导幼儿发现马勺脸谱与京剧脸谱人物造型取材的相似之处，还引导幼儿通过比较发现脸谱中涂黑和留白的特点，正是这种手法的运用强化了马勺脸谱的夸张感和诡异感，使其可以"驱赶鬼神、镇宅、辟邪"。

在活动中，马勺上的图案可以经过多次创作完成，图案内容也不局限于脸谱，教师应给幼儿更多的自主选择空间进行绘画和制作。

83. 美丽的青花瓷盘

设计教师：秦红　评析专家：余晖

幼儿园：江苏省南京市梅花山庄幼儿园

设计意图

青花瓷盘可作为欣赏的点非常多，如青花瓷盘的多样性、花纹的造型、花纹构图方式等。根据幼儿的认知特点，本活动定位在初步感知和了解青花瓷的色彩特点和吉祥纹样的装饰特点，引导幼儿欣赏花纹的造型，了解其寓意。为了让幼儿感受到青花瓷素雅、自然、清新的特殊美，活动运用PPT课件配合音乐《青花瓷乐曲》来渲染情绪，营造一种立体的、真实的、优美的情境，让幼儿获得富有冲击力的视觉体验。

活动目标

（1）感受青花瓷白底蓝花、清新淡雅的色彩特点及装饰风格，喜爱中国传统的青花瓷艺术。

（2）初步了解中国青花瓷吉祥纹饰的装饰特点和简单的纹饰寓意。

（3）通过语言、绘画等形式大胆表达自己对青花瓷的审美感受和体验。

活动准备

青花瓷盘图片课件，纸盘，蓝色颜料，棉签，画笔，纸盘托架，背景音乐《青花瓷乐曲》。

活动过程

1. 谈话导入，激发活动兴趣

师：你们都见过瓷盘吗？瓷盘是什么样子的呢？

师：今天老师带来了一些瓷盘的图片，我们一起来看一看，这些瓷盘给你带来什么样的感觉？

2. 欣赏青花瓷盘，感受和初步了解青花瓷色彩、纹样的美

（1）在优美的背景音乐中观看青花瓷盘课件（见图83-1—图83-4），整体感知青花瓷的色彩美和装饰美。

 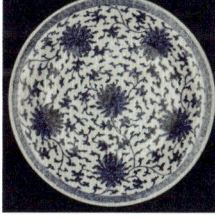  

图83-1　　　　　　图83-2　　　　　　图83-3　　　　　　图83-4

师：看了这些瓷盘你有什么感觉？为什么？

（2）感知青花瓷白底蓝花的色彩特点。

师：这些瓷盘上有哪些颜色？白色的是什么？蓝色的是什么？（"白色的是瓷盘，上面画有各种蓝色的花纹"）

师：这些蓝色一样吗？哪里比较深，哪里比较浅？它们和白色在一起给人什么感觉？（引导幼儿从色彩搭配上感受青花瓷清新、自然的色彩美）

（3）了解"青花瓷盘"的名称。

师：你们知道吗，这些瓷盘上深深浅浅的蓝色还有一个名字，叫做"青色"。这种在白色的底上画上的青色花纹，我们中国人叫"青花"。这些瓷盘就叫青花瓷盘。

（4）感知和初步了解青花瓷盘上的各种吉祥纹样。

师：青花瓷盘除了色彩很漂亮，还有哪里让你觉得很漂亮？（"各种花纹"）

师：有哪些花纹？（"有动物的、植物的、人物的、风景的"）

师：你最喜欢哪一个瓷盘上的花纹？它是什么样子的？

小结：青花瓷盘上都是一些吉祥的花纹，不仅可以让瓷盘变得更美丽，还能把美好的祝福带给大家。比如人们把鱼画在盘子上，祝愿大家连年有余，一年更比一年好等。

(5) 进一步欣赏、了解青花瓷盘花纹的布局结构。

师：我们再看看，这些美丽的花纹都画在瓷盘的什么地方？（引导幼儿知道青花花纹有的画在瓷盘的中间，有的画在瓷盘的边上，都很漂亮）

3. 绘画青花纸盘

(1) 介绍材料和绘画方法。

师：小朋友喜欢青花瓷盘吗？今天老师准备了纸盘、深深浅浅的青色颜料和画笔，我们也来试试画出一个青花盘吧。

小结：想想你有什么心愿或者希望，用图案表现出来。可以先从中间画中心花纹，再画出边缘的花纹，还可以把一些中国民族的纹样表现在青花瓷盘上。

(2) 幼儿绘画，教师巡回指导（见图83-5）。

图83-5

指导幼儿大胆表达自己的愿望和祝福，在绘画中可以利用棉签帮忙点画，丰富图案内容，降低表现难度。

4. 作品展示与评价

(1) 欣赏幼儿作品（见图83-6、图83-7）。

师：这是我们小朋友画的青花盘，你们觉得怎么样？你觉得哪一个盘子最美，哪里最美？谁能介绍一下，你的盘子上画的是什么花纹，表达了什么愿望？

(2) 拓展幼儿对青花瓷的经验。

师：青花瓷有很多很多，我们今天看到的青花瓷盘只是其中的一种，还有青花瓷瓶、青花瓷碗……小朋友回去以后再找一找，看看它们都有哪些漂亮的花纹。

图83-6

图83-7

专家评析

对青花瓷的审美价值点进行有效筛选，营造与青花瓷风格相吻合的音乐意境，然后围绕所选择的审美元素层层铺开内容、环环紧扣，使幼儿对"青花瓷"这一民族传统艺术获得充分的感知，是本次活动的可圈可点之处。

活动过程层次清楚，组织有序。首先，教师在引导幼儿浏览了一组青花瓷作品，对这类瓷盘有了初步印象后，直接将感知重点切入到对色彩的欣赏，引导幼儿发现瓷盘上深深浅浅的蓝色，感受青花瓷白底青花、清新自然的色彩美；继而引导幼儿感知青花作品中吉祥纹样的装饰特点，欣赏花纹舒展的造型，了解各种图案的美好喜庆寓意，这也是民族传统工艺图案内容选择的一种美好取向。最后，引导幼儿分析瓷盘上所渗透的各种装饰规律，如花纹排列方式、构图特点等，为幼儿能够更好地创作自己的青花作品提供支持。

活动中在选择青花图案时，教师应注意选择较为常见且寓意与幼儿的生活经验有一定联系的图案，这样幼儿能较好地理解并结合自己的已有经验进行交流和讨论，也为幼儿的自我创作丰富图案素材。在幼儿创作过程中，重点引导幼儿表现瓷盘的中心纹样，简化边缘纹样，降低幼儿创作的难度，突出瓷盘主体的花纹。

84. 创意沙画

设计教师：乔卉　评析专家：陈学群

幼儿园：江苏省南京市市级机关幼儿园

设计意图

《纲要》指出："教育活动内容的选择，要既贴近幼儿的生活来选择幼儿感兴趣的事物和问题，又有助于拓展幼儿的经验和视野。"而沙子是幼儿生活中经常接触和喜爱的游戏材料，可以反复塑造，利于表现。幼儿在用沙子创作的过程中能够积极思维、充分想象、创造性地表达自己对沙子的感悟，萌发热爱生活、热爱自然的情感，激发表现美、创造美的创作兴趣。

活动目标

(1) 感知沙子的性能，初步探索用沙子作画的方法。
(2) 敢于大胆尝试，体验参与沙画活动的乐趣，感受沙画创作的美。

活动准备

装有沙子的浅色塑料托盘人手1个，铺上沙的大画纸，视频展示台，液晶投影仪，计算机，数码照相机，背景音乐。

活动过程

1. 演示用沙子作画,激发幼儿尝试的兴趣

师:今天老师想画一幅画,我不用笔画,猜猜看,我用什么来画?

师:请小朋友仔细观察我是怎样用沙子作画的。(教师随着音乐将白色塑料托盘摆放在视频展示台上,演示用沙子画出动物、人物的过程,见图84-1)

图84-1

2. 幼儿探索,尝试用沙子作画的方法

(1)师:刚才小朋友们欣赏了老师用沙子作画,你们也来试一试吧,试的时候要注意保持桌面和地面干净。

(2)播放背景音乐,幼儿在托盘里尝试创作沙画。

教师鼓励幼儿大胆尝试,积极探索用沙子作画的方法,并将幼儿尝试的有特色的作品用数码照相机拍摄下来。(沙画作品不易保留,教师用拍摄的方法将其永久保存,这既增强了幼儿的自信心,也激发了幼儿探索更多作画方法的积极性、主动性)

3. 师幼共同小结探索的结果

(1)将拍摄的幼儿作品输入计算机,引导幼儿互相欣赏。

师:刚才老师把你们画的一些沙画拍了下来,我们一起来欣赏一下吧(见图84-2—图84-4)。

 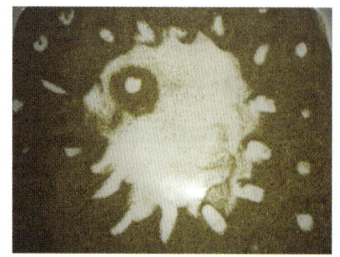 

图84-2　　　　　　　　图84-3　　　　　　　　图84-4

师:这幅画是谁画的?请你说说画的是什么,你是用什么方法画的?请你把这种方法演示给大家看看。(请部分幼儿演示自己的作画方法)

(2)师幼共同总结探索出用沙作画的方法。

小结:可以用手指直接在沙子面上作画;可以抓一把沙慢慢地从手指漏出,边漏边移动作画;可以用手堆出沙堆造型;还可以用手抓沙轻撒出画面。这些方法都可以尝试用在一幅画上。

4. 幼儿合作创作大幅沙画

师：现在我们一起合作完成一幅大的沙画，看谁能在规定的时间里用不同的方法画出和别人不一样的画面。画的时候要注意找空的地方，当画到和其他小朋友连接的地方时，两人商量共同完成。

播放背景音乐，幼儿进行创作，教师巡回指导（见图84-5）。

图 84-5

指导要点：

- 鼓励幼儿与同伴共同商量合作完成作品。
- 提醒幼儿尽量一次完成，保持作品的完整，不要碰坏作品。

5. 作品欣赏与评价

师：小朋友真能干，大家合作画了一幅大的沙画，我们一起欣赏一下吧。（重点围绕沙画内容与作画方法进行评价）

活动结束后，师生与创作的大幅沙画作品合影留念（让幼儿体验合作创作沙画的成功和愉悦，再次感受沙画作品的美）

专家评析

这个活动的最大亮点是让幼儿在玩中进行创作，让幼儿在玩沙的过程中感受到沙的流动、沙的质感、沙的特性，探索表达方式和表达内容，这种方式符合"让幼儿在玩中学"的教育理念，深受幼儿喜欢。

在这个活动中，演示、探索、讨论、归纳是教师采取的主要引导方式，因此，教师要清楚使用沙子作画的几种方法，如撒沙、漏沙、手指抹沙、堆沙等。不过，教师无须将这些方法的名称告诉幼儿，只需在演示时尽量表现出来，吸引幼儿通过观察、尝试、探索自然获得。此外，教师在活动中重视同伴学习，鼓励幼儿间的相互模仿和积极尝试，让幼儿的尝试探索行为贯穿在作画的过程中。其间，教师还把幼儿的活动过程和活动成果拍摄下来，既满足了幼儿玩的需要，又保存了幼儿的精彩活动瞬间。

在活动中，教师还应注意以下三点：

（1）托盘内的沙子以浅浅地铺满底部为佳，这样重新绘画时只需轻轻抖动托盘，沙子就能很快铺平整，既方便幼儿重新作画，又不会让沙子溢出托盘。

（2）应选择浅色、无花纹的塑料托盘盛放沙子，这样就可借助视频展示台底部的灯光，透过塑料托盘在投影上投射出清晰的影像。

（3）在幼儿合作创作大幅沙画时，可增设一组没有铺沙子的大纸，方便幼儿用漏沙、堆砌等方法作画。

85. 有趣的石画

设计教师：何凯黎　　评析专家：陈学群
幼儿园：江苏省南京市鼓楼幼儿园

设计意图

孩子们在生活中总喜欢收集各种小物件，包括石头，他们对各种各样的小石头充满了喜爱之情。《指南》指出："创造条件让幼儿接触多种艺术形式和作品。"本活动正是利用生活中容易找到的各种大小不一的鹅卵石，引导幼儿进行想象创作。孩子们通过拼一拼、贴一贴石头，然后再添画和涂色，完成了一幅幅美丽的石画。

活动目标

(1) 了解石画，大胆组合石头进行合理想象并添画。
(2) 能合作使用各种材料和工具，喜欢用自然材料制作工艺品。

活动准备

幻灯片3组，投影仪，背景音乐；各种形状的石头，白色瓷砖，泡沫胶；水粉颜料，水粉笔，调色盘，铅笔。

活动过程

1. 出示石头，激发幼儿的想象力

(1) 出示石头，引导幼儿观察想象。

提问：今天老师带来一块石头，请小朋友仔细看看这块石头，你觉得它像什么？（转动石头，引导幼儿从不同的角度观察石头，激发他们对石头的想象）

(2) 小结：原来石头可以像这么多东西，那你们想不想看看石头到底变成了什么？

2. 了解石画创作的过程，学习制作方法

(1) 引导幼儿欣赏幻灯片，初步了解石画创作的方法。

引导幼儿观看猩猩脸（见图85-1），提问：这块石头变成了什么？怎样让石头变成猩猩？（帮助幼儿了解单块石头借形想象添画的方法）

引导幼儿观察企鹅（见图85-2），提问：石头变成了什么？它是由几块石头变成的？怎样变

的？（帮助幼儿了解利用大小不同的石头组合想象添画的方法）

图 85-1

图 85-2

小结：这些都是石画，你们想不想也创作石画呢？让我们来了解一下石画的制作方法吧！

（2）继续播放幻灯片（见图 85-3），帮助幼儿了解借形想象创作石画的方法。

师：拿到石头以后要先转动一下石头，看看像什么，然后再用勾线笔添画。

（3）继续播放幻灯片（见图 85-4—图 85-7），提问：石头经过组合可以变出很多有趣的东西，让我们再来看看石头还会变成什么呢？（引导幼儿观察不同形象的石画，拓展幼儿想象的思路）

图 85-3

图 85-4

图 85-5

图 85-6

图 85-7

（4）请个别幼儿尝试创作石画。

提问：谁愿意尝试制作石画？想选择几块石头来做呢？

小结：首先要根据石头的外形进行想象，想想它像什么，然后把石头粘在瓷砖上，再用勾线笔添画，最后给它涂上好看的颜色。

3. 幼儿制作石画，教师指导

（1）出示并介绍创作所需的工具材料，如石头、瓷砖、泡沫胶、勾线笔、颜料等。

(2) 幼儿创作，教师指导。

指导要点：
- 提醒幼儿根据自己的想法和需要选择大小不同的石头，先想一想、拼一拼后，再将石头拼贴在瓷砖上。
- 鼓励幼儿大胆想象创作。

4. 作品展示与评价

展示幼儿的作品，请幼儿介绍自己将石头变成了什么，怎样变的以及为什么这么变。

活动结束后，鼓励幼儿回到区域中继续创作自己喜欢的石画。

专家评析

这个活动有以下三个方面值得借鉴：

(1) 材料源于自然。教师提供石头让幼儿进行创作，从中既可以引导幼儿不断地去发现和创造生活中的美，自然环保，又给幼儿创造了亲近自然界的沙水、树木、石头的机会。

(2) 材料多样。教师提供的石头大小不一，这让幼儿既可以对一块石头的形状进行想象添画，也可以使用大小不同的石头进行组合添画，表现形式多样。

(3) 引导过程清晰，层层递进。活动过程既清楚地展示了想象添画的步骤和方法，又给予幼儿想象和尝试表达的空间。幼儿可以借鉴其他想象添画的方法，用于立体物体上，这是幼儿在已有经验上的拓展和新经验的建构。

此外，还有以下三点活动建议：

(1) 引导方式可以多样，既可以使用现代教育技术手段展现石头画的制作方法，使用视频投影仪现场示范，又可以直接让幼儿选择一块自己喜欢的石头进行想象讲述，再进行添画引导。

(2) 准备的石头要大小适宜，既要在幼儿的力量范围内，又要注意不要过小；提供的画笔可以是水粉笔，也可以是油画棒；提供的黏结材料应当是泡沫胶，这样才能够粘住石块。

(3) 幼儿创作时，可以安排他们围坐在一张大桌旁，或者让幼儿面对面坐着，以方便幼儿相互交流和学习。

86. 中国古亭

设计教师：秦红　评析专家：余晖
幼儿园：江苏省南京市梅花山庄幼儿园

设计意图

中国的古亭小巧玲珑，造型精致、典雅，具有中国传统建筑的古典之美。亭的平面形态是中国古典建筑平面形态的集锦，亭的屋顶形式也是中国古典建筑屋顶形式的集萃。因此，在欣赏内容的选择上，本活动着重引导幼儿欣赏中国古亭的平面形态和屋顶的形式。同时，为了降低幼儿的创作难度，在亭子的整体造型上，特意选择了单檐、单层的古亭进行欣赏和创作。

活动目标

(1) 在整体欣赏中国古亭的基础上，初步了解单层古亭的基本结构和主要特点，感受古亭平面造型的优美和亭顶造型的丰富。
(2) 尝试设计一座单层古亭，表现出古亭特有的亭顶造型和具有民族风味的色彩特征。
(3) 能大胆进行设计，进一步感受中国建筑的造型美。

活动准备

课件"中国古亭"，并有超链接展示多种亭顶的造型；蜡笔，画有山水背景的画纸。

活动过程

1. 回忆对亭子的整体印象

(1) 猜谜语，引发活动兴趣。
谜面：顶上像伞尖尖角，没有门来没有墙，公园里面常见到，遮风挡雨全靠它。
(2) 回忆生活中对亭子的整体印象。
师：你们在哪里见过亭子？亭子是什么样子的？

2. 欣赏各种有特色的古亭，了解古亭的造型特点

(1) 播放课件（见图86-1—图86-3），引导幼儿整体欣赏中国古亭的造型美。
师：这些亭子有几层？它们有什么不一样？
师：这些亭子有哪些好看的颜色？（引导幼儿知道中国古亭通常运用红、蓝、绿、黄等具有民间特色的色彩进行装饰）

图 86-1　　　　　　　图 86-2　　　　　　　图 86-3

(2) 播放课件链接（见图 86-4、图 86-5），引导幼儿欣赏中国古亭亭顶形态的变化多样和飞檐翘角的造型之美。

图 86-4　　　　　　　　　　图 86-5

师：这些亭子的顶看起来像什么？（"一把大伞"、"小姑娘的裙子"）

师：这些亭子顶的形状有什么不一样？

师：亭顶上还有什么？（"飞檐"、"小瓦"、"屋脊"）

师：亭顶的下面有什么？（"直直的立柱"）

师：两根柱子的中间还有什么？（"各种形状的格窗"）

3. 尝试创作，教师指导

(1) 师生共同讨论亭子的绘画方法。

师：今天请小朋友做小小设计师，设计一座自己喜欢的亭子。想一想，你的亭子要画多高？亭子的顶是什么样子的？有格窗吗？

小结：先画亭子，从亭子的顶开始画起，画出亭子的翘角，再画出立柱，注意立柱要直立于地面，最后添画出亭子的细节以及公园的景物，要注意让出被遮挡的部分哦！

(2) 观察画纸，讨论适合的构图方式。

师：看一看，画纸上有什么？你的亭子想建在哪里？

(3) 幼儿创作，教师根据幼儿的表现给予启发和帮助。

鼓励幼儿大胆地设计自己心目中最美的亭子，并能选用明快的色彩表现中国古亭的传统特色。

4. 作品欣赏与评价

展示幼儿的作品（见图86-6、图86-7），引导幼儿相互介绍与欣赏。

师：请小朋友介绍自己设计的亭子，你觉得自己设计的亭子有什么特别的地方？

图86-6　　　　　　图86-7

专家评析

亭子是幼儿非常熟悉的建筑。看到绿树丛中尖尖的顶和飞出的飞檐，大班幼儿大都知道那是亭子。但作为中国传统古典建筑的亭子，其丰富多样的屋顶形式却容易被忽略。本次活动以此为欣赏感知的着重点非常恰当，既可以引导幼儿对古亭的建筑艺术特征有更多的发现和了解，还可以培养幼儿对中国丰富的亭子文化更加关注和热爱，并引以为豪！

感知欣赏过程中，教师在引导幼儿对古亭的基本结构特点以及民间色彩装饰特点进行观察归纳后，将重点放在引导幼儿发现古亭亭顶丰富多样的平面形态，如三角亭、正方亭、五角亭、六角亭、八角亭等；再通过对飞檐翘角的欣赏以及对格窗细节的比较观察，让幼儿对古亭获得充分的感知，为自己的创作积累更多的审美经验和借鉴资源。

为了让活动更顺利地开展，画纸的山水背景可以在活动前让幼儿参与共同完成，这样幼儿在创作中能更好地理解画面，更有意识地进行创作构图。在本活动的基础上，还可以组织第二课时的活动——欣赏和设计双层中国古亭，以此让幼儿更全面地欣赏和了解中国古亭造型的多样性、艺术性和创造性。

87. 桌面上的静物

设计教师：陆烨　评析专家：余晖
幼儿园：江苏省南京市市级机关幼儿园

设计意图

在传统的写生模式中，让幼儿背上画板外出写生或者面对物体进行写生容易出现以下问题。比如，写生过程中参照物过多，幼儿选择能力不强；面对单一物体写生时，前后遮挡关系表现不明确等。写生的目的旨在锻炼幼儿细致观察的能力，以及空间渗透感。一双乐意细致观察且充满好奇的眼睛是最好的写生工具，所以幼儿要做的是把眼睛看到的东西画出来。教师要做的则是为幼儿提供一组有高矮、宽窄、大小、前后遮挡关系的静物，鼓励幼儿在比较性观察过程中寻找变化，体验静物写生的快乐。

活动目标

(1) 在比较性观察过程中（改变自己与所观察静物的角度），感受静物前后和遮挡关系的变化。
(2) 尝试表现一组静物组合中静物及其桌布的形态特征。
(3) 体验静物写生带来的快乐和成就感，养成细致观察的习惯。

活动准备

几组静物组合，由瓶子、水果、蔬菜、桌布等组成；油画棒、水粉颜料、水粉笔、抹布、A4画纸若干；逐帧动画静物组合幻灯片，计算机，液晶投影仪。

活动过程

1. 观察讨论，感知静物的前后遮挡关系和形态特征

(1) 观察一组静物。

师：前面的桌子上摆放了一些什么？看看谁离我们近，谁远远地躲在后面？它是怎样躲在后面的？

小结：摆放在桌面上静止不动的物体就叫"静物"。

(2) 师：大家换个座位再来看一看，静物有什么变化？（引导幼儿交换座位感受不同位置、不同角度观察到的物体其前后关系和遮挡关系发生的变化）

2. 观察幻灯片，了解画静物组合的步骤

(1) 从观察个体到整体的过程中，引导幼儿一步步地深入了解静物从个体到组合的构图步骤，以及如何表现前后的遮挡关系。

教师边播放幻灯片，边讲述：来了一个可爱的小家伙（见图87-1），又来了一个小家伙悄悄地躲在了它的身后（强调身体一部分被挡住了）（见图87-2），接着又来了个小家伙（见图87-3）。看看，这些小家伙都是什么呢（见图87-4）？

师：哪个小朋友在你的位置看到的静物和大屏幕上画的角度是一样的？

小结：原来角度不同，看到静物遮挡的多少也不同。

图87-1　　　　图87-2　　　　图87-3　　　　图87-4

(2) 了解静物是放在桌面上的。

师：有个脖子长长的瓶子来了，看看它待在桌子的哪个角落（见图87-5）？有根小线条从中间走过去，桌子被分成了上下两部分，哪边是桌面（见图87-6）？小线条重新从中间走了过去，高高的瓶子挡住了桌子的一小部分，看看现在哪边是桌面（见图87-7）？

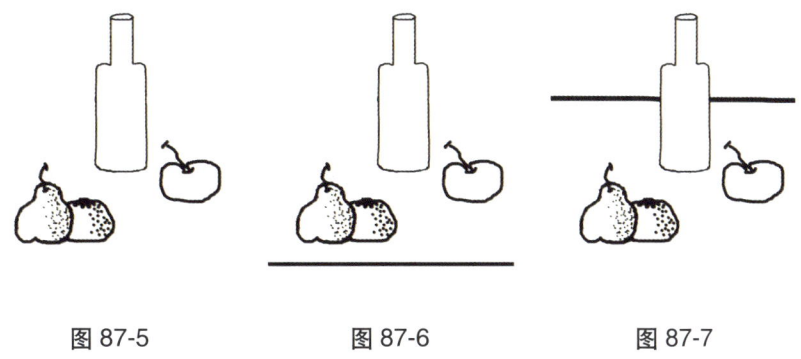

图87-5　　　　图87-6　　　　图87-7

小结：静物是放在桌面上的，有静物的一边是桌面。

(3) 启发幼儿设计桌布的图案、色彩。

静物穿上了花衣服（出示涂色的静物图片），桌布也穿上了漂亮的花衣服，看看是用什么图案、色彩装饰的（见图87-8—图87-10）？

图 87-8

图 87-9

图 87-10

3. 交代要求，幼儿创作

师：老师在每组的桌子上摆放了一组静物，请小朋友每人画一幅桌面上的静物图，想一想先画什么？（"前面没有遮挡的静物"）再画什么？（"后面被遮挡的静物"）最后添画桌布。可以是竖构图，也可以是横构图。绘画时，要先用油画棒完成静物组合的部分，然后再用水粉颜料装饰桌布。

幼儿进行创作，教师巡回指导（见图87-11）。

图 87-11

指导要点：

- 引导幼儿细致观察，表现一组静物组合中静物及其桌布的形态特征。
- 鼓励幼儿尝试运用遮挡的方法构图。
- 指导幼儿利用油水分离的绘画形式表现画面的虚实关系，从而突出主体物，增强画面的立体感。

4. 作品展示、欣赏与评价

将画同一组静物的作品集中在一起展示（见图87-12—图87-14）。

图 87-12

图 87-13

图 87-14

师：你喜欢哪幅作品？喜欢它什么地方？（重点围绕构图合理进行讲评）

师：这几位小朋友画的是同一组静物，为什么画出来的静物位置不太一样？（引导幼儿在相互欣赏、学习的过程中进一步感受不同角度观察的奇妙变化，激发幼儿细致观察事物的兴趣）

专家评析

这个活动涉及两个看似很专业的概念："静物"和"写生"。作为幼儿园教师，在选择这个题材的时候，建议把握好一个词——"粗浅"。

对于"静物"，可以将重点放在引导幼儿感受一组静物错落有致的美。一组有高有矮、有大有小、有疏有密、前后有遮挡的静物，因为没有整齐的排列，才有了别具一格的美，这种审美经验会给幼儿带来积极的影响，生活中他们会因此乐于发现并更易体会这种布局带来的审美情趣，这正是这个活动设计的特别价值。教师在活动开始部分组织幼儿观察讨论，首先用生动的拟人提问激活了静止的物体，激发了幼儿观察的兴趣；继而调换幼儿座位，引导幼儿惊奇地发现，由于自己位置的变化，一组静物会带来不一样的感觉。

对于幼儿的"写生"，自然不能要求"一模一样"，只是希望幼儿通过这种表现方式的尝试，更好地理解和表达出对一组静物的观察，学习表达物体的大小、前后和遮挡的方法。教师在本次活动中设计运用的逐帧动画静物组合幻灯片，引导幼儿一步一步地了解构图步骤，使看似枯燥的作画内容灵动而富有情趣。

在活动中，教师应注意水粉颜料色彩要淡而稀薄，深而浓厚则会减弱画面的虚实空间感。另外，每个组合中的静物在高矮、宽窄、大小方面应有变化。

88. 透明的花纹

设计教师：乔卉　评析专家：陈学群

幼儿园：江苏省南京市市级机关幼儿园

设计意图

《指南》艺术部分指出："和幼儿一起感受、发现和欣赏自然环境和人文景观中美的事物"，"和幼儿一起发现美的事物的特征，感受和欣赏美"。水是自然资源，我们的生活离不开水，而且几乎每一个幼儿都喜欢玩水。无意中，我们在互联网上发现了几张水滴画的图片，其晶莹剔透的美感激发了我们制作水滴画的兴趣。再有，玻璃器皿上透明的花纹和水滴画的透明美非常地吻合。因此，我们以设计、装饰玻璃器皿上透明的花纹为主题来开展活动。由于使用滴管吸水作画需要幼儿具备一定的造型及双手协调能力，所以此活动适合放在大班开展。

活动目标

(1) 初步探索并学习使用滴管创作水滴画的方法。
(2) 能细心地挤出水滴和线条,大胆地设计各种花纹进行装饰。
(3) 体验创作水滴画的乐趣,感受水滴画作品的美。

活动准备

各种形状的彩纸若干(下面垫1块泡沫垫),滴管人手1支,盛水的杯子,抹布,教学幻灯片(无色玻璃器皿、彩色玻璃器皿),视频展示台,液晶投影仪,计算机,数码照相机,背景音乐。

活动过程

1. 演示水滴画,激发幼儿兴趣

(1) 师:平时你们用什么笔来画画?今天我带来一支神奇的笔(见图88-1),请你们来看一看它画出来的画与你们平时画的画有什么不一样。

图 88-1

(2) 伴随着背景音乐,教师在视频展示台上演示水滴画,让幼儿感受滴管作画过程的神奇和作品的美,随后提问:请你们说说,它与平时的画有什么不一样?

(3) 介绍滴管作画的方法(教师边示范边讲解)。

师:这支神奇的笔叫做滴管,用滴管怎么画画呢?用手指捏住滴管最上面粗粗的地方,然后把滴管放进水里,捏一下、松一下,水就被吸进滴管里了。轻轻地边挤水边移动滴管作画,这样的绘画方法叫做水滴画。

2. 幼儿探索,师生共同小结滴管作画的方法

(1) 师:请每个小朋友用滴管试一试,怎样才能在纸上画出亮晶晶的点和线条。(播放背景音乐,幼儿探索)

(2) 请幼儿介绍自己的作品及作画方法(用数码相机拍摄幼儿有特色的作品,输入计算机放大欣赏,见图88-2、图88-3)。

师:这是谁的作品?请你告诉大家你画了些什么?你是怎么用滴管吸水作画的?

师:你是怎么画出小小的点和大大的点的?

师:你是怎么画出长长的、细细的和粗粗的线条的?(引导幼儿重点演示拿滴管的方法,吸水、挤水的方法,画出水滴、线条的方法,表现水滴大小、线条长短和粗细等的方法)

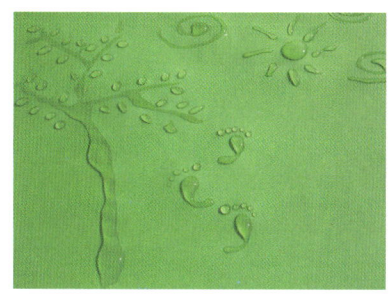 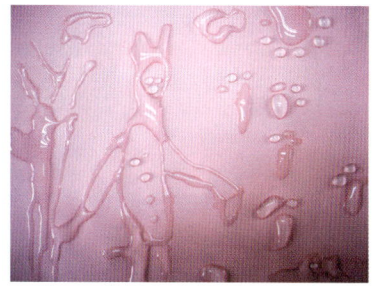

图 88-2　　　　　　　　　　图 88-3

3. 欣赏幻灯片上玻璃器皿的花纹，拓展思路

师：今天我带来了一些玻璃器皿的图片，上面也有亮晶晶的、漂亮的花纹（见图88-4）。我们一起来欣赏一下，上面有些什么样的漂亮花纹？（引导幼儿重点观察点、线条的形状、大小、长短、粗细等不同，以及花纹排列形式的不同：有规律、无规律）

图 88-4

4. 交代要求，幼儿创作

师：现在请小朋友来做小小设计师，给盘子、杯子、花瓶装饰上漂亮的、亮晶晶的花纹。

播放背景音乐，幼儿进行创作，教师巡回指导。

指导要点：

- 鼓励幼儿大胆地设计各种花纹进行装饰。
- 引导幼儿尝试画出饱满的花纹。
- 提醒幼儿细心操作，保持作品的完整。

5. 作品展示、欣赏与评价

（1）共同欣赏幼儿创作的水滴画作品（用数码相机拍摄幼儿的作品，输入计算机放大欣赏，见图88-5、图88-6）。

师：这幅是谁的作品？你是用什么花纹装饰的？（重点围绕装饰的花纹及晶莹剔透的效果进行欣赏）

图 88-5

图 88-6

（2）师：小朋友们真能干，用透明无色的水把玻璃器皿装饰得这么漂亮。下面我们来欣赏彩色的玻璃器皿（见图88-7），看看上面有些什么花纹？颜色又是怎样的？（引导幼儿继续关注生活中美的事物，激发幼儿再次使用滴管作画的兴趣。）

师：下次我们用滴管吸彩色的水来装饰玻璃器皿。

图 88-7

专家评析

生活中的美无处不在，只要你有一双发现的眼睛，有一颗爱美的心灵。这个活动的创意之处在于，教师开创了运用吸管吸水挤出水滴作画的方式，这是一种对美术媒材和工具的大胆尝试和创新。

《指南》中艺术领域的发展目标突出在"感受"、"体验"、"表达"、"创造"四个方面。在这个活动中，教师的组织策略极为有效，概括起来为"三步走"策略。第一步，创造具有非凡吸引力的教学意境。视频投影、吸管和水、悠扬的音乐，还有充满"魔幻"能力的教师，这足以把幼儿的兴趣和想要探索的激情调动起来。第二步，等待幼儿在探索和发现中成长，帮助幼儿在讨论和分享中汲取经验。吸管、水、线条、点，这一切对幼儿来说充满了探索的乐趣，而教师引导下的幼儿分享，拓展的既是幼儿的操作技能，也是绘画表达的内容。第三步，把幼儿带回到生活中，去发现和感受生活中许多晶莹剔透的工艺品和生活用品中的美，这个过程也是进一步引导幼儿发现花纹、线条的过程，为表现和表达奠定了基础。

此外，还有以下三点活动建议：

（1）作业纸下面应垫上厚一点的物品（如泡沫垫、木板等），方便整体移动作品时不破坏水滴画的画面。

(2) 水滴画的画纸要选择光滑度、吸水性适宜的纸张。如果纸张太光滑不吸水，只能画出饱满的水珠而画不出线条；如果吸水性太强，则不能表现出晶莹剔透的效果，且水会很快渗透到纸内，破坏画面。

(3) 由于水滴画作品不宜保留，教师可用数码照相机或摄像机拍摄下幼儿创作的水滴画作品，然后输入计算机保存。

89. 鸟窝手工

设计教师：王晓玲　评析专家：陈学群

幼儿园：江苏省南京市第二幼儿园

设计意图

春天来了，万物复苏。一天，我们带着幼儿欢快地在大树下游戏时，一个孩子仰望天空，突然像发现了新大陆似的喊道："看，大树上有鸟窝！"他的一声喊叫立刻引起了其他孩子的注意，大家纷纷说："鸟窝里有鸟蛋吧？""鸟窝怎么不掉下来啊？""鸟窝里有家具吗？"许许多多的问题从孩子们的脑袋里蹦了出来。此后，他们把仰望鸟窝当成了每天户外游戏必做的事，并且把小鸟画到了自己的《春天》的小书中。本活动抓住"鸟窝"这个幼儿的兴趣点，和幼儿一起利用稻草、树枝等自然材料，为小鸟们做一个鸟窝。

活动目标

(1) 在了解鸟窝特点和结构的基础上，尝试用稻草、树枝、纸盒等材料设计鸟窝。

(2) 能用打结、绕圈、围合等方式制作不同形式的鸟窝。

(3) 喜欢参与户外美术活动，体验在大自然中制作的轻松、愉快。

活动准备

稻草，羽毛，毛线头，枯树叶，纸盒，双面胶，剪刀，胶带，羽毛球制作的小鸟，鸟窝范例，小鸟筑巢的视频，鸟窝图片。

活动过程

1. 复习歌曲《小鸟小鸟》导入，引起兴趣

师：小鸟的家在哪儿呢？你在哪里看见过？

2. 欣赏视频和图片，了解鸟窝的形态结构及周边的景物，为创作打下基础

(1) 欣赏小鸟筑巢的视频，了解小鸟搭建鸟窝的动态过程以及鸟窝的构成。

师：小鸟是怎样把树叶做成鸟窝的？

(2) 欣赏鸟窝的图片（见图89-1、图89-2），了解鸟窝的外部形态特点。

图 89-1

图 89-2

师：鸟窝长得什么样？它们都是用什么做成的？为什么会用这些东西呢？（引导幼儿从小鸟的角度思考，小鸟生活在大自然中，它们需要一个坚固耐用的能为自己挡风避雨的地方）

3. 谈论鸟窝，感受鸟窝温馨的氛围

师：鸟妈妈在做什么？它是怎样喂小鸟的呢？

师：鸟妈妈每天都要到外面找吃的回来喂小鸟，一直要喂到小鸟都长大了，羽毛都长出来学会飞翔的时候。就像我们的妈妈一直照顾着我们，等待我们长大一样。

小结：鸟窝就是小鸟的家，小鸟每天都生活在鸟窝里，一年四季，经受风吹雨打，所以，鸟窝既要很坚固，又要为小鸟遮风挡雨、抵御严寒，夏天的时候还要通风透气。每一只长大的小鸟都会制造自己的小窝，这实在是很神奇。让我们出去找一找我们幼儿园的鸟窝吧！

4. 制作鸟窝

(1) 教师出示一个鸟窝范例。

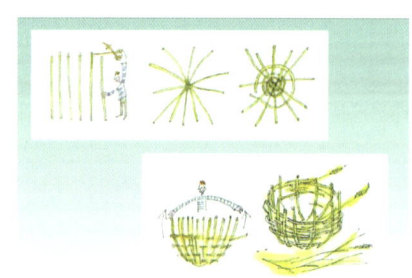
图 89-3

师：这里有一个鸟窝，大家看看，它可以抵挡严寒吗？它够牢固吗？它是怎么做的呢？

(2) 教师示范制作鸟窝的方法，并出示步骤图（见图89-3）。

方法：采用在框架上缠绕稻草的方法，依次在枝条上绕圈，最后可以用毛线固定。

(3) 出示制作材料，引导幼儿以小组的形式合作搭建鸟窝。

师：春天来了，有许多的小鸟都从南方飞回来了，它们需要更多的鸟窝来睡觉、休息。请你们来动动手，为小鸟们制作既坚固又舒服的鸟窝吧！

幼儿2～3人一组，合作制作鸟窝，教师巡回指导。

5. 悬挂鸟窝，送出美好的祝福

师：我们把鸟窝挂在树枝上，等待小鸟进入它们的新家吧！（见图89-4，在悬挂鸟窝的时候，引导幼儿用爱的语言来表达自己迎接小鸟的愉悦心情）

图89-4

专家评析

本活动有以下三个亮点：

（1）从自然中来，又回到自然中。春天到了，树枝上的鸟窝清晰可见，鸟儿的家是如何坚固而不会从树上掉落呢？这个问题来自于幼儿，激发了他们探究的兴趣，教师关注到幼儿的兴趣点而生成了这一活动。操作材料主要为树枝、稻草等自然材料，制作的作品最终回到幼儿园的大树上，这一切体现了人与自然的和谐共处。

（2）目标定位明确。本活动将目标重点放在引导幼儿运用自然材料组合缠绕较为坚固的"鸟窝"，通过教师示范、同伴互助、尝试探索等方式逐步获得缠绕、组合的技能。教师示范让幼儿了解如何解决可能遇到的问题，比如零散的树枝如何连接起来，稻草如何固定等；同伴互助让幼儿有可能在需要帮助时相互给予支持；尝试探索让幼儿在户外这一较大空间下以小组合作的方式制作鸟窝。

（3）渗透着爱的教育。整个教学过程贯穿着热爱大自然的情感，展现作品的方式更体现出回归自然的思想。教师提供了由羽毛球制作的小鸟，方便幼儿摆放在鸟窝里，更具有真实感，激发了幼儿对动物的热爱。

此外，还有以下三点活动建议：

（1）制作小鸟的方法多种多样，除了羽毛球小鸟外，还可以是毛线小鸟、乒乓球小鸟等。教师还可以鼓励幼儿在区域活动中制作小鸟，这会更加激发幼儿制作鸟窝的兴趣。

（2）制作的场地可以在室外，也可以在室内，但幼儿的作品一定要在幼儿园的树林里展出，这样幼儿更有成就感，更喜欢大自然的一草一木。

（3）制作鸟窝的材料也可以多种多样，稻草、树枝、植物藤蔓、树叶、花瓣、毛线等都可以，建议不要使用皱纹纸，因为放在室外容易腐烂和败色。

90. 有趣的脸

设计教师：李冰　评析专家：余晖
幼儿园：江苏省南京市第二幼儿园

设计意图

大班幼儿对于侧面脸有初步的认识，但对于如何表现出侧面脸还有一定的难度。如何让幼儿更好地理解、表现侧面脸呢？在带领幼儿进行艺术作品的赏析中，我发现毕加索立体派风格的作品常常会将正面脸和侧面脸组合在一起，表现出很独特的绘画特点。本活动结合毕加索的作品，运用拼贴、绘画的方式表现侧面脸，这样幼儿不仅能够在操作中感知正面脸和侧面脸的不同特点，也能更好地表现侧面脸。

活动目标

(1) 欣赏毕加索的作品，初步了解毕加索组合使用正面脸与侧面脸表现人物的绘画特点。
(2) 能够大胆地运用组合、拼贴的方法表现面部特征，能尝试用不同的色彩表现面部五官。
(3) 通过拼拼、贴贴、画画体验创作的快乐。

活动准备

(1) 经验准备：幼儿看过侧面脸，知道侧面脸的基本特征。
(2) 材料准备：课件，毕加索的作品，正面脸轮廓、侧面脸轮廓图若干，胶棒，红黄蓝白水粉颜料，水粉笔，抹布，小桶，工字钉，展板。

活动过程

1. 观看课件（普通的人物肖像），导入活动

师：这些小朋友画的是什么？

2. 欣赏毕加索的作品，了解画家表现人物时独特的绘画特点

(1) 出示作品，介绍画家。

师：有一个叫毕加索的画家，他和我们小朋友一样也喜欢画人。我们一起欣赏一下他的作品（见图90-1）。

师：看了这幅画，你有什么感觉？（引导幼儿整体感知，鼓励幼儿表达自己对作品的感受）

(2) 引导幼儿仔细观察，发现毕加索作品的绘画特点。

师：为什么你觉得这幅画有些奇怪？怪在哪里？（引导幼儿从颜色的运用方面欣赏作品）

师：还有什么地方让你觉得怪？

师：正面脸在哪里？侧面脸在哪里？（请一个小朋友上前侧过脸，引导其他幼儿观察侧面的脸只能看到一只眼睛，鼻子的轮廓很明显）

教师操作分解过的课件，引导幼儿观察正面脸和侧面脸的叠加关系。

师：你觉得是侧面脸在上面还是正面脸在上面？两只眼睛分别画在哪里了？

小结：原来画家除了用色很奇妙外，脸型的画法也很奇妙。画家会将不同角度的脸叠加在一起，组合成有趣的脸。

图 90-1

3. 拼拼摆摆，感知正面脸和侧面脸的多种组合方式

师：我这里有许多正面脸和侧面脸的轮廓，请你们各选一张也来拼拼摆摆，看看你还能组合成什么样有趣的脸。

教师选取幼儿拼好的作品，引导幼儿交流分享及讨论解决出现的问题：

①正面脸和侧面脸可以朝不同的方向叠放，最好是不同的颜色组合在一起。②若出现重叠在一起的情况，怎样才能让别人既看到正面脸上的眼睛，也能看到侧面脸上的眼睛呢？

小结：先摆放两张不同方向的脸，再在你想添上五官的地方画上五官。

4. 交代要求，幼儿创作

（1）师：先将组合好的脸粘贴在黑色卡纸上，粘贴时要多涂些胶，涂完后用力压一压，粘牢后再画五官、头发、身体。涂颜色时一定要洗干净笔，在抹布上吸掉水分，再换颜料画画。

（2）幼儿创作，教师巡回指导。

指导要点：

- 指导幼儿大胆创作色彩丰富、造型各异的五官、头发和身体。
- 及时把幼儿完成的作品粘贴在展板上。
- 幼儿操作时，适当地给予个别引导。

5. 作品评价

展示作品（见图 90-2—图 90-7）。

师：你们今天创作得开心吗？（鼓励幼儿谈谈感受）

师：你对自己的作品满意吗？你对哪部分比较满意？你能找到正面脸和侧面脸吗？

图 90-2　　　　　图 90-3　　　　　图 90-4

图 90-5　　　　　图 90-6　　　　　图 90-7

专家评析

毕加索超现实主义时期的抽象作品，其不以一个视点表现人物形象的立体主义作画风格，恰恰与幼儿绘画中空间透视的某些现象惊人地相像，这也意味着从某种角度看，幼儿比成人更容易接纳和喜欢毕加索的作品。设计者选择毕加索这个时期的作品，引导幼儿欣赏、感知不同视角下的脸和五官立体组合的绘画风格，鼓励幼儿学习大师，尝试利用正面脸和侧面脸的轮廓图进行任意组合叠加，表现自己的立体画像，富有创意。

对幼儿来说，毕加索作品中最怪最有趣的，也是感受欣赏过程中最吸引他们的、最富有挑战的，就是人物五官的构成特点。教师以和幼儿共同发现作品"怪在哪里"作为欣赏的切入点，首先关注面部色块的运用特点，从中发现一个肖像中通过色彩的变化使正面脸与侧面脸的分界更清晰；继而引导幼儿探讨作品中五官"奇怪"的组合构成方法，借助课件的演示对立体肖像进行分解和组合，帮助幼儿更好地感知人物表现中正面脸与侧面脸组合的绘画特点。

人物面部正面和侧面轮廓图的提供，既体现了绘画材料的巧妙，也是教师对幼儿创作的一种隐性支持，它使看起来复杂的立体风格肖像的创作难度大大降低，同时组合拼贴的任意性使得幼儿的超现实主义创作有了更加丰富多变的可能。

建议在活动前，教师可以提供一些侧面脸的艺术造型（如侧面脸的剪纸）给幼儿欣赏，丰富幼儿对侧面脸的感知。

91. 好朋友

设计教师：秦露　评析专家：余晖
幼儿园：江苏省南京市滨江幼儿园

设计意图

在孩子们的生活中，有很多带有特别装饰风格的玩具和生活用品。这些物品通常以一对或一组的形式出现，如红花与绿草、头部与躯干、猫与鱼等。它们或是有着彼此呼应的图案装饰，或是有着相互联系的一幅画面，这些装饰不仅有着丰富的审美价值，而且给我们的生活带来了很多的情趣，深得孩子和大人的喜欢。设计本次活动，旨在引导幼儿发现生活中的美，在愉快地欣赏、感受、表现过程中体味现实生活的美好。

活动目标

(1) 感知生活物品装饰中具有相互呼应的画面所带来的美感和情趣。
(2) 尝试用分割一个图案或一幅画面的方法，自主装饰生活中的一对或一组物品。
(3) 喜欢生活中带有呼应的装饰风格，愿意发现和创造。

活动准备

(1) 材料准备：范例图片，有相互呼应图案的T恤两件，以2～3个为一组的白色或单色废旧生活物品若干，只剪出一组物品外轮廓的画纸若干，油画笔、勾线笔、水彩笔、油画棒、水粉颜料、水粉笔、剪刀等绘画工具。
(2) 情境准备：教师和班中一名幼儿穿的T恤上分别画有一只动物的不同部位。

活动过程

1. 发现T恤上相互呼应的图案，激发进一步发现的乐趣

师：你有好朋友吗？

师：今天你们当中有一位是我的好朋友，他是谁呢？你是怎么看出来的呢？（引导幼儿发现两件T恤上，一个是长颈鹿的头部，一个是长颈鹿的身体）

师：在平时的生活中，你看到过这样有趣的物品吗？

2. 欣赏生活中更多用相互呼应方法装饰的物品，探索图案在呼应装饰中的运用方法

（1）欣赏范例（见图91-1），了解运用一个图案进行呼应装饰的方法。

师：你怎么知道它们是好朋友的？图案是怎么组合的？（引导幼儿发现，一个完整的图案可以拆分到两个物品上，让人一看就知道它们是好朋友）

（2）欣赏范例（见图91-2、图91-3），感知相互关联的两个图案装饰。

师：这两个物品为何要摆放到一起，图案有什么关联？

图91-1

图91-2　　　　　　　　　　图91-3

（3）欣赏范例（见图91-4、图91-5），感知一个画面的呼应装饰。

图91-4　　　　　　　　　　图91-5

师：这件T恤上是什么图案？猜猜看，它的好朋友身上会是什么图案呢？（引导幼儿关注一幅画面也可以拆分到两个物品上，让人一看就知道它们是好朋友）

小结：这两个好朋友身上的图案组合在一起就成了一幅画。

（4）欣赏范例（见图91-6），拓宽视野，了解更多呼应装饰的内容和方法。

讨论：可以把一幅图画拆分到更多的物品上吗？怎么拆分？

3. 创作与表现

(1) 介绍绘画工具和材料。

(2) 引导幼儿探讨呼应装饰的方法。

讨论：怎样才能把它们变成有趣的朋友呢？你想怎么做？（引导幼儿发现可以把好朋友拼在一起，然后在它们身上画上一个图案或一幅画）

(3) 提出合作创作的要求。

(4) 播放背景音乐，幼儿自由绘画，教师巡回指导，鼓励能力弱的幼儿大胆创造。

图 91-6

4. 作品欣赏与评价

(1) 展示作品（见图91-7—图91-10），师幼围绕作品欣赏与交流。

师：你最喜欢哪一个设计，说说你的理由。

(2) 结束活动，巡回展示自己的作品。

图 91-7

图 91-8

图 91-9

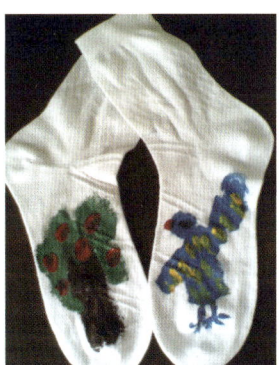

图 91-10

专家评析

"生活审美化"是现代生活的一种趋势和普遍现象,很多生活环境和生活用品以及玩具服饰中的装饰都具有极高的审美教育价值。"好朋友"就是一个既富有审美感又富有审美情趣的活动题材,可以让幼儿主动发现并感受这类装饰风格给我们的生活带来的奇妙情趣。

活动中教师以情趣激发兴趣,唤起幼儿审美情趣的共鸣。活动开始时,游戏情境的设置吸引了幼儿的眼球,鼓励幼儿主动发现呼应装饰风格的线索,同时唤起幼儿记忆中类似的经验,激发幼儿继续发现的兴趣。感受欣赏环节,教师设计了三个层次的图片欣赏,第一层次围绕一个图案的组合与拆分装饰方法进行欣赏——"女孩的头部与身体";第二层次围绕相互关联的一组图案的组合与拆分装饰方法进行欣赏——"小猴与香蕉"、"领带与蝴蝶结";第三层次围绕一个画面的组合与拆分装饰方法进行欣赏——"小熊拖小车";三个层次由易到难,彼此独立又线索相似。三个层次的欣赏使幼儿充分感知呼应装饰的基本方法,而对图91-6的先讨论后欣赏,既是幼儿对这种装饰风格的理解和自我思考,也是视野的进一步拓展。

对于幼儿来说,如何表现出具有呼应风格的装饰是活动的难点。探讨创作方法的过程中,教师将可能遇到的问题提出来进行讨论,这有助于幼儿自主地成功创作。

建议教师在实施过程中,要考虑班级的实际情况,可以鼓励幼儿独立创作一组"好朋友";对于绘画材料较大的,可以鼓励2～3名幼儿共同合作完成。

92. 有趣的面人

设计教师:秦红 评析专家:陈学群

幼儿园:江苏省南京市梅花山庄幼儿园

设计意图

面人,也称面塑,是以糯米面为主料,调成不同的色彩,进而塑造栩栩如生的人物、动物、植物等形象,是一项传统的民间艺术。这些形色俱佳的面人常常会激发幼儿的好奇心,让他们产生动手做一做的兴趣。因此,本活动用幼儿熟悉的彩泥代替面泥,让幼儿在观赏制作、尝试制作的过程中感受到面塑活动的乐趣,萌发初步的审美情趣,促进手部肌肉、手眼协调性以及创造能力的发展。

活动目标

(1)通过欣赏面塑作品及观看民间艺人制作等活动,初步感知面塑生动的形象和丰富的色彩,萌发初步的审美情趣。

(2) 初步认识一些制作面塑的简单工具,了解其制作过程和方法,尝试用搓、团圆、压的方法进行简单的塑造活动。

(3) 喜欢面塑活动,养成良好的塑造习惯。

活动准备

(1) 经验准备:请家长带领幼儿观看捏面人,并协助收集各种面塑作品布置展览。

(2) 材料准备:面人作品,投影仪,幻灯片课件,民间音乐,彩泥,泥工板,木刀,牙签,细木棍(也可用一次性木筷代替),作品展示台。

活动过程

1. 欣赏与交流,初步感知面人的造型、色彩

(1) 展示师生共同收集的面人作品,自由欣赏(见图92-1—图92-4)。

师:这里有许多有趣的小面人,它们都是谁?

图92-1　　　图92-2　　　图92-3　　　图92-4

(2) 运用投影仪,欣赏单个面人作品。

师:在这些有趣的面人中,你最喜欢哪一个?请你给大家介绍它用了哪些好看的颜色,哪里看起来很有趣,它的表情是怎样的,动作是怎样的。这些面人是怎样稳稳地站在细木棍上的?它们的腿是怎样盘在(粘在)木棍上的?(在欣赏中引导幼儿学一学面人的表情、动作,增加欣赏的乐趣)

(3) 播放课件,欣赏更多的面人作品。

师:我们来看一看,还有哪些有趣的面人?

师:这些都是由我们国家各个地方的面塑艺人们创作出来的,它们都有鲜艳的色彩和生动的形象,有的还有好听的故事呢。连外国朋友也都非常喜欢,会把它们摆放在家里欣赏。

2. 演示与互动，初步了解面人简单的制作过程与方法

(1) 自由猜测面人的制作方法。

师：这么好玩的面人是怎么做出来的呢？

(2) 演示课件，帮助幼儿了解面人的制作过程与方法。

师：制作小面人究竟需要哪些方法和步骤呢？我们请面塑艺人演示给我们看一看。

小结：面人有两种制作方式，一种是用彩泥直接在细木棍上进行塑形，另一种是把彩泥塑好形后再将其插在细木棍上进行造型调整。

师：想一想，要让自己的面人在木棍上站得牢，在制作时要注意什么？

3. 尝试制作面人

(1) 出示彩泥、木刀、牙签等材料，引导幼儿观察、思考。

师：你想制作一个什么样子的面人？这些材料能帮你什么忙？

(2) 幼儿制作，教师指导。

指导要点：

- 指导幼儿大胆地运用团、搓、捏、揉等塑形方法制作自己喜欢的人物、动物等，并让它们站在木棍上。
- 能运用牙签等辅助材料为自己的彩泥作品进行较为细致的花纹装饰。
- 关注幼儿良好操作习惯的养成，提醒幼儿有序选择、使用各种彩泥，并能将碎落的彩泥放回原处。

4. 欣赏幼儿的面人作品

(1) 将幼儿制作的小面人展示出来（见图92-5、图92-6），共同欣赏。

师：你觉得哪一个小面人最可爱、最有趣？为什么？

图 92-5　　　　　图 92-6

(2) 交流感受，激发幼儿继续参加活动的兴趣。

师：请大家说一说自己在制作的过程中遇到了什么困难和问题，是怎么解决的？

师：今天我们第一次尝试做小面人，大家做得都很好，相信下一次你们会有更大的进步。

专家评析

《指南》中提出，"要创造条件让幼儿接触多种艺术形式和作品，带幼儿观看或共同参与传统民间艺术和地方民俗文化活动"。通常面人表现的人物、动物都是孩子们喜欢的形象，如孙悟空、黑猫警长、葫芦娃、美羊羊等，但是这些面人现在只有在中国的传统节日集会上才可以买到。教师选择这一民间艺术形式，引领幼儿欣赏和尝试表现，让幼儿有机会接触到更多的艺术表现形式。

这个活动紧紧围绕两个内容进行，一是感知和欣赏面人，以细致观察、体态模仿以及欣赏更多的面人造型为主；二是尝试制作面人，从猜测方法到看制作面人的录像，到对工具的讨论，再到如何让面人固定在竹签上，在这个过程中，教师充分利用了现代教育技术，调动幼儿已有的油泥制作经验进行讨论和梳理。经过引导，幼儿最后呈现的面人作品表情丰富、神态生动，运用的色彩也更加丰富。

此外，还有以下两点建议：

(1) 如果能邀请民间艺人现场演示和参与指导，会提高幼儿欣赏和制作的兴趣，同时也能提高教师对民间面塑活动的认知。

(2) 可以把制作面人的工具、材料放在区域中，让幼儿在区域活动中继续尝试制作小面人。

93. 奔跑的鸵鸟

设计教师：黄花　评析专家：陈学群

幼儿园：南京军区实验幼儿园

设计意图

鸵鸟的外形结构比较简单，容易被幼儿掌握。这节美术活动的重点是引导幼儿大胆表现鸵鸟奔跑的动态。因此，活动设计了鸵鸟赛跑的情节，引导幼儿通过观察范例、动作体验等表现奔跑的鸵鸟。

活动目标

(1) 欣赏鸵鸟的造型，能用线条表现鸵鸟的外形和动态，学习用纸条撕贴的方式表现鸵鸟的羽毛。

(2) 通过身体动作、探索表达、对比等方法，表现鸵鸟奔跑的典型特征。

(3) 在与同伴的交流中，尝试用自己的方式绘画。

活动准备

鸵鸟的图片，背景音乐，水粉涂染的A4底纸，勾线笔，黑白及彩色纸。

活动过程

1. 观察奔跑的鸵鸟范例

师：鸵鸟要开运动会了，看，鸵鸟们正在练习跑步呢。

(1) 出示范例图片（见图93-1），提问：鸵鸟长得什么样？（引导幼儿观察鸵鸟有细长的脖子，有两条粗壮有力的腿）

(2) 用动作体验模仿鸵鸟奔跑的样子。

师：请你来学一学鸵鸟跑步的样子。（引导幼儿用动作体验腿用力蹬地，迈开大步才能跑得快）

2. 探索表现奔跑的鸵鸟的绘画方法

(1) 师：请你们画一只奔跑的鸵鸟，比一比谁的鸵鸟跑得快！

图93-1

讨论：画鸵鸟需要画哪几个部分？（头、颈、身体、腿）想一想，你的鸵鸟怎样跑才能得第一名？（引导幼儿尝试用自己的方法表现鸵鸟奔跑的动态）

(2) 幼儿作品交流。

师：把小朋友画的鸵鸟放在一起比一比，哪只鸵鸟跑得快？你是从什么地方看出来的？（引导幼儿观察同伴作品中鸵鸟的腿有力地迈开大步的样子，观察鸵鸟脖子往前伸的样子，在交流中提升幼儿的绘画经验）

小结：不仅要画出鸵鸟的脖子和小小的头，还要夸张地画出鸵鸟腿部的动作。

(3) 师：有很多鸵鸟来比赛，你能把它们都画出来吗？（在一张画面上，轮流请4～5名幼儿示范添画鸵鸟，直至画面饱满，鸵鸟重叠，见图93-2）

图93-2

3. 绘画表现活动

（1）出示黑色、白色纸条，讨论：这些黑白纸条可以装饰鸵鸟身上的哪个部位呢？（把纸条撕成细条状羽毛，装饰鸵鸟的身体）

（2）在背景音乐的伴奏中，幼儿自由创作。

4. 作品展示与欣赏

（1）播放音乐，展示幼儿的作品（见图93-3—图93-5）。

（2）引导幼儿自由观察欣赏同伴的作品，师幼共同找一找跑得快的、羽毛丰满的、构图饱满的鸵鸟。

图 93-3　　　　　　　　　图 93-4　　　　　　　　　图 93-5

专家评析

　　观察和想象在美术活动中有着独特的发展价值。不同于科学活动中的观察，美术活动中的观察更加注重发现物体外部形态的核心特征，这是绘画活动中造型的基础。引导幼儿学会观察、发现物体重要的标志性特征，并通过迁移已有经验尝试用自己的方式进行表征，这是大班幼儿美术活动的重要内容。创造一个能让幼儿充满想象的情境，这也是大班幼儿美术教学中必须重视的一个方面。只有为幼儿插上想象的翅膀，艺术活动才更有生机和无限惊喜。这个活动对于大班幼儿来说富有挑战性，需要经历准备底纸、绘画、撕贴装饰几个过程，而这几个过程幼儿都可以参与进来。因此，这个美术活动不一定是一个课时，可能需要两个课时，或者需要幼儿在美术活动区域中延续完成。

　　本活动的设计至少有三处亮点：第一，内容与形式方面。内容上，动物是幼儿所喜爱的，寻找动物独特的特征进而将其表现出来，符合大班幼儿的审美需要；表征形式上，教师拓展了绘画这一单一形式，增添了立体粘贴，使得作品更具审美性和创新性。第二，感知与体验方面。教师不仅运用了图片观察，还运用了身体模仿，使得感知多元化和立体化，将观察和体验相结合。第三，特征与动态方面。鸵鸟的主要特征在于细长的脖子、粗壮有力的腿以及一个扁椭圆的身体，而奔跑的动作姿态给幼儿以多元的表现情节与丰富的想象空间。

　　此外，还有以下三点活动建议：

(1) 涂染底纸的水粉应选择橘色、黄色等暖色，渲染画面热闹、激情的运动主题。

(2) 在幼儿尝试探索绘画环节，教师应观察每一个幼儿在创作过程中的独特表现；在交流环节，依据幼儿现场的发挥进行引导，不要急于帮助幼儿，要为幼儿留下自由表达的时间。

(3) 除了选用纸条做羽毛装饰使画面有立体效果外，还可以尝试选用其他辅助媒材，丰富表现手法。

94. 快乐动物园

设计教师：郭丽梅　评析专家：陈学群

幼儿园：江苏省南京市雨花台区实验幼儿园

设计意图

《指南》指出，"艺术领域的学习关键在于充分创造条件和机会，萌发幼儿对美的感受和体验，丰富其想象力和创造力"。泡沫作为包装材料随处可见，一般会被当作垃圾丢弃，然而泡沫具有易剪切、好操作的特点，使用毛茛、牙签、铅丝等很容易就能造型，不需要其他的黏合剂。而动物又是孩子们喜欢的形象。本次活动重点在于发挥幼儿的想象力，利用泡沫的形状特点，表现动物的主要外形特征并进行装饰。

活动目标

(1) 观察、利用泡沫的外形特点，表现动物形象。

(2) 运用穿插、弯折等技能将铅丝与泡沫进行组合造型。

(3) 发挥想象，大胆创作，体验创作的快乐。

活动准备

(1) 经验准备：幼儿已经熟悉泡沫的性能。

(2) 材料准备：动物图片，切割成各种形状的泡沫，剪短的毛茛，小绒球，羽毛，树叶。

活动过程

1. 欣赏动物图片，分析不同动物的主要特征

师：这些动物你们认识吗？为什么你一眼就能看出这是长颈鹿、那是大象，这是孔雀、那是小兔？（"因为长颈鹿有长脖子，大象有长鼻子，孔雀有漂亮的尾羽，小兔有长长的耳朵"）

小结：每一种动物都有明显的特征。

2. 观察泡沫，讨论它可能是什么动物或者动物的什么部位

（1）出示各种形状的泡沫，提问：看一看，这块泡沫像什么？（引导幼儿尝试从不同的角度进行观察）

（2）师：你能用这块泡沫表现什么动物的哪个部位？（想象动物或者动物的部位，拓展幼儿创作的思路）

（3）提出活动任务：布置动物园。

3. 分享想法，讨论铅丝的固定方法及活动要求

（1）师：你自己打算制作什么动物？（鼓励幼儿根据自己的要求选择合适形状的泡沫）

（2）组织幼儿讨论：可以添加哪些辅助材料将动物制作得更为形象、美观？

（3）讨论铅丝固定的方法，制作前提出要求，为有序开展活动奠定基础。

- 使用铅丝固定时，铅丝的长短要适合，可以用弯、折、剪的方式进行长短的调节。
- 制作动物时，要突出动物的主要特点，并进行合理的装饰。
- 活动结束后，多余的材料要放回原处，垃圾要放到垃圾筐里。

4. 幼儿制作，教师指导

指导要点：

- 启发幼儿选用合适的材料进行有机的组合，大胆地表现。
- 适当地指导材料连接的方法。

5. 作品评价

（1）请幼儿把作品放在"动物园"中，相互欣赏并介绍自己制作的动物（见图94-1）。

（2）请幼儿说说最喜欢的动物并说明原因。

图 94-1

专家评析

本活动有以下三个亮点：

（1）变废为宝，其乐无穷。《指南》在艺术表现与创造的目标中提出，"5—6岁的孩子能够运用多种工具、材料或不同的表现手法表达自己的感受和想象"。泡沫是生活中常见的材料，常被人们丢弃，但它们在老师的眼中成为创造的材料。教师引导幼儿使用大大小小的泡沫、彩色铅丝、羽毛等，创造了一个"动物园"。

（2）围绕动物造型，目标明晰。动物的造型各异，这为幼儿的表现表达提供了便利。然而，要想引导幼儿真的制作出动物造型，还是需要在观察、想象、表现方面为幼儿搭建桥梁。活动中，教师通过和幼儿一起对泡沫进行多角度的观赏、想象与表达，通过运用铅丝进行连接的示范展示，帮助幼儿梳理在制作过程中可能遇到的问题，这为幼儿顺利制作奠定了基础。

（3）展现心灵手巧，创意无限。幼儿在制作动物时需要进行组合连接，这些可以迁移蔬菜造型的经验，但对动物进行装饰还需要利用羽毛、亮片、毛茛等材料，这能更加激发幼儿爱美、爱摆弄的天性。从幼儿最后呈现的作品来看，没有一个雷同的作品，这足以说明幼儿在这个活动中表现出了无限的创造可能性。

此外，还有以下三点活动建议：

（1）活动前，可在班级里摆放一些动物的图片，幼儿也需具备使用毛茛等装饰材料的经验。

（2）可在班级中布置一个动物园场景，有陆地、湖泊、大树，方便幼儿将做好的动物摆放在陆地、水中和空中。

（3）延伸活动中，可将剩余的材料放在美工区供幼儿制作，并经常添置和更换材料，方便幼儿制作其他手工品。

95. 服装设计

设计教师：焦阳　评析专家：陈学群

幼儿园：江苏省军区机关幼儿园

设计意图

本活动是一个操作性、创作性、设计感较强的活动，既来源于幼儿的生活，同时又是对生活的超越。活动中，幼儿通过观察现实生活中的服装和时装表演中的服装，了解到服装既是人们生存的必需品，也能满足人们的审美需求。活动从色彩、饰品、款式等方面挖掘表达空间，让幼儿在想想、撕撕、剪剪、贴贴中享受创造的乐趣，在宽松、愉悦的氛围中感受时尚元素带来的审美体验。

活动目标

（1）欣赏多种服装造型，了解时装设计中的要素。

（2）用卷、搓、揉等方法将各种材料创造性地粘贴在人物底板上，为人物设计各种服装造型。

（3）大胆想象、创作，感受服装中时尚元素所带来的美。

活动准备

"时装展示"课件，时装表演秀片段，剪好各种姿态的黑色人物造型底板，彩纸，雪花片，彩带，毛线，毛茛，双面胶带，剪刀。

活动过程

1. 由一位小朋友和教师来介绍自己今天穿的服装,引发幼儿对服装的关注

   提问:你觉得你的服装上什么地方最漂亮?你觉得老师今天的服装哪里最特别?(引导幼儿重点观察服装上的色彩搭配、装饰部位等)

2. 欣赏不同的时装,感受时装带来的视觉震撼和时尚元素

   (1) 欣赏时装表演秀视频片段。

   提问:请你们好好欣赏一下,看看这些衣服中你最喜欢哪种款式?你最喜欢它的什么地方?(有意识地引导幼儿观察衣服的色彩和装饰,如披肩、围巾、头巾、背心、上衣、裙子、短裤等)

   (2) 欣赏时装展示课件,进一步了解时装的多变性和服装设计的元素。

   提问:你喜欢哪一件衣服,为什么?(随着幼儿的讲述,引导幼儿共同探究服装的造型是什么样的,用了怎样的色彩以及服装上还搭配了什么装饰)

3. 幼儿设计时装

   (1) 出示材料,提问:你想设计什么样的时装?想用什么样的材料?

   小结:在创作时要先考虑好服装的造型,然后再选择合适的材料,并注意色彩搭配要协调。

   (2) 师:小朋友一起来当设计师吧,设计出新颖、美丽、奇特的服饰。服装设计好之后,再添加上合适的配饰,让服装更具时尚元素。

4. 作品欣赏与评价

   (1) 请小朋友将自己的作品展示在展板上(见图95-1、图95-2),互相交流自己设计的服装。(鼓励幼儿大胆表述自己的作品,并引导幼儿观察作品中的独特之处)

   (2) 播放时装展示的音乐,鼓励幼儿随音乐自由地走时装步。

图 95-1

图 95-2

专家评析

本活动有以下三个亮点：

（1）引入了流行元素。生活中的美随处可见，在人们越来越追求生活品质的当下，服装设计这一美术素材有着丰富的可欣赏资源。幼儿在生活中喜欢摆弄妈妈的服装、鞋子以及装饰品，喜欢玩芭比娃娃，他们也开始为自己选择衣服式样，甚至每天穿什么也要自己做主。这个活动给幼儿提供了各种闪亮的装饰材料和颜色丰富的彩纸（包装纸），让幼儿在仿真的世界里享受造型的快乐！

（2）体现了装饰风格。教师提供了黑色人物底板，幼儿只需要在帽子、项链、裙子、手袋部分进行剪贴、折叠、粘贴就可以产生强烈的装饰效果。教师在引导过程中，应围绕色彩、服装和其他装饰进行引导，让幼儿边制作边游戏，既享受设计的成就感，又体验到游戏的乐趣。

（3）满足了幼儿的爱美之心。幼儿对美有着天生的能力，他们喜欢亮晶晶的东西，喜欢色彩鲜艳的东西，喜欢裙子、帽子和项链，这个活动让幼儿获得装扮的快乐，让幼儿的爱美之心得到充分的满足。

此外，还有两点活动建议：

（1）除了提供平面的黑色剪影让幼儿进行设计与造型外，教师还可以提供立体的木头人偶，这样更易于幼儿创作与表现。

（2）材料是幼儿创作的关键，因此活动提供的材料种类应多一些，尤其是纸的种类，可以有手揉纸、挂历纸、花纹纸、包花纸等，方便幼儿表现出服装不同的质感。

96. 长颈鹿乐园

设计教师：居君　评析专家：陈学群

幼儿园：江苏省南京市第三幼儿园

设计意图

在幼儿的童话作品中，自然界中的小动物被赋予各种各样或美丽或神秘的故事，深深地吸引着幼儿。如果能手工制作小动物，幼儿一定会非常感兴趣。本活动选取了长颈鹿这一有着长长脖子的动物为表现内容，引导幼儿通过操作长短不一的废旧材料——卷心筒来制作立体长颈鹿，让幼儿借由长颈鹿展开对大自然的自由想象。

活动目标

(1) 探索用长短不同的卷心筒制作长颈鹿。
(2) 在教师的指导下,愿意和同伴配合使用白乳胶进行固定。
(3) 喜欢制作立体的动物玩偶。

活动准备

(1) 经验准备:幼儿参观过动物园,也观看过动物图片。
(2) 材料准备:长颈鹿图片,动物视频,长颈鹿玩偶,大小、粗细不同的各种卷心筒,水彩笔,剪刀,白乳胶。

活动过程

1. 谈话导入,了解大型动物的特征

师:动物园里的小动物今天来看大家了,它们都是谁呢?(引导幼儿欣赏动物视频)

师:你看到了哪些小动物?它们有什么特征?

小结:原来这些动物(长颈鹿、斑马、老虎)都有四条腿和健壮的身体。

2. 欣赏长颈鹿图片,探索用卷心筒制作立体长颈鹿的方法

师:动物园里的长颈鹿从电视里出来了,它们想跟你们打个招呼呢!(展示图片,见图96-1、图96-2)

图 96-1

图 96-2

师:老师这里有许多的卷心筒(见图96-3、图96-4),你们能用它们做出长颈鹿玩偶吗?(请两个幼儿尝试组装,并说出自己组装的方法)

小结:你们做得很好,可以用短的纸筒做身体和四肢,长的纸筒做脖子,头部可以用短的纸筒来做,再添加一些图案和细节就更像了。

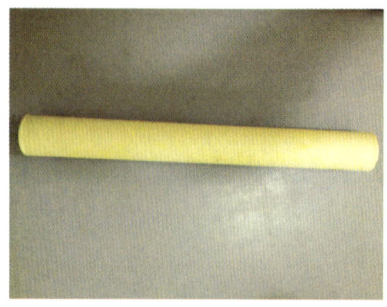

图 96-3

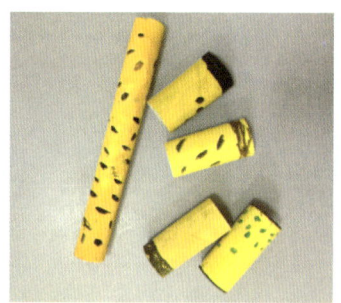

图 96-4

图 96-5

师：今天老师也带来了一个用卷心筒制作的长颈鹿（见图96-5），和你们组装的一样，不过长颈鹿的身上有了一些花纹，你们知道这些花纹是先装饰的还是制作好了再装饰的？（"先装饰再组合"）要在纸卷上做哪些装饰呢？（"色彩、斑点"）

3. 总结制作方法，幼儿两两合作尝试制作

（1）教师总结制作方法：先在卷心筒上画出长颈鹿身上的花纹，再进行组装，可以用白胶连接，然后耐心等待一段时间固定；然后把卷心筒剪出一段作为长颈鹿的头部，之后画好眼睛；最后，添上鬃毛和尾巴。

（2）幼儿分组制作，教师巡回指导。

4. 作品展示与评价

师：我们一起来看看小朋友们制作的长颈鹿玩偶吧！（将幼儿的作品展示出来，开设"长颈鹿乐园"）

专家评析

这个活动是典型的废旧材料制作活动，有以下三个特点：

（1）环保。把家中的卷纸芯、保鲜膜的芯收集起来，就能成为孩子的美术制作材料。建议教师在班级里设立一个"班级藏宝箱"，定期收集一些废旧物品，不过要保证这些物品干净、卫生、环保、安全。

（2）富有挑战性。要想把这个活动完成好，幼儿需要按照一定的顺序进行。所谓"欲速则不达"，幼儿只有通过一步步操作才能组装成功，而组装的成品也需要等待白乳胶干透后才能固定住，这些很考验幼儿的耐心和细心。

（3）相互合作。要想完成这个活动，幼儿间的相互配合很重要，包括分工合作和个性的相互影响。因此，在合作表达上，这个活动有独特的教育价值。

运用纸卷筒进行动物玩偶造型，不仅可以制作长颈鹿，也可以制作其他较大型的四肢动物，如马、牛、羊、鹿等。结合一些动物的特征，根据卷心筒的长短粗细不同，教师引导幼儿巧妙地设计就可以制作出各种立体的动物。制作过程中，幼儿可以自由想象与创造，也能提高动手能力。

此外，还有以下三点活动建议：

(1) 在班级设立"废旧物品收集箱"，号召家庭贡献废旧物品，为活动提供丰富的材料。

(2) 除了使用白乳胶，幼儿也可以使用胶枪固定，不过要在教师的指导下进行。

(3) 在美工区继续开展卷心筒创意制作活动，拓展幼儿的制作内容，如制作斑马、老虎等。教师还可以将制作好的动物玩偶放在语言区或者建构区，供幼儿扮演角色游戏和开展建构游戏使用。

97. 汽车叭叭叭

设计教师：汤海燕、孙毅敏　评析专家：陈学群

幼儿园：江苏省南京市雨花台区实验幼儿园

设计意图

3—6岁幼儿对汽车有着天生的好奇，特别是到了中、大班后，幼儿对各种交通工具的兴趣愈发浓厚。结合《指南》中"注重学习与发展各领域之间的相互渗透和整合"、"通过直接感知、实际操作和亲身体验获取经验需要"的原则，我们在开展"交通工具博览会"系列活动中进行了废旧纸盒自制玩具活动"汽车叭叭叭"。

活动目标

(1) 能运用多种材料制作功能独特的汽车。

(2) 依据对功能车外形特征的认知，有意识地选择形状相似的材料进行汽车造型。

(3) 体验制作活动的乐趣，参与整理材料。

活动准备

(1) 经验准备：幼儿对汽车有初步的了解，使用过部分材料和双面胶。

(2) 材料准备：功能车与材料运用课件；多种废旧材料，包括盒子、罐子、梳子、小耙子、梯状材料等；音乐《开汽车》。

活动过程

1. 谈话导入活动，初步明确几种典型车辆的典型特征

师：今天，老师带来了很多汽车送给你们（见图97-1）。请你们仔细看看，都有什么车？

图 97-1

2. 了解几种典型汽车的特征，探索汽车特性与材料之间的对应关系

（1）玩游戏：我来变成××车。

①师：请你到材料区选一样材料，再加上你的动作，表现出你喜欢的车。然后，让其他小朋友猜一猜。（幼儿自主选择一种材料尝试表演）

②请幼儿介绍自己表演的车。

师：你的××车是什么样的？哪里最特别？（比如，水泥搅拌车有一个圆嘟嘟的搅拌车厢，挖土车有一个大耙子像手一样可以将泥土抓起来等）

（2）出示图97-2，引导幼儿观察分析材料。

师：这些材料像汽车的什么？（让幼儿移动课件中的材料，组合成汽车，了解汽车制作的基本步骤与方法）

（3）出示图97-3，引出制作汽车的主题。

图 97-3

师：今天我们也来用这些材料制作汽车，看看这些材料可以做什么车？可以做成汽车的什么？（教师边讲述边帮助幼儿进行归纳，找出汽车特征与材料之间的对应关系）

图 97-2

小结：长方形盒子适合做方形的汽车、公共汽车、双层汽车等；管状材料适合做消防车、搅拌车等；圆形的材料如果有四个，那就可以做成车轮；小耙子可以做成挖土机的一个部分。开动脑筋，你会有更多的发现。

3. 运用多种材料，自主制作独特的汽车

师：想一想，你想做什么车？你的车有什么特别的本领？（引导幼儿选择大小比例合适的材料进行组合，运用正确的粘贴方法）

播放背景音乐，幼儿制作，教师巡回指导。

小结：连接各种材料时需要选择合适的连接材料，双面胶可以用来连接轻一些的材料，宽的透明胶可以用来连接和固定大一些的材料。必要的时候可以寻求帮助，请老师或者小朋友帮你扶着来固定。

4. 作品展示、欣赏与评价

将作品展示在陈列架上举办汽车展览会（见图97-4—图97-9），带领幼儿共同欣赏评价。

师：你最喜欢哪辆车？我们来请小作者介绍一下吧。

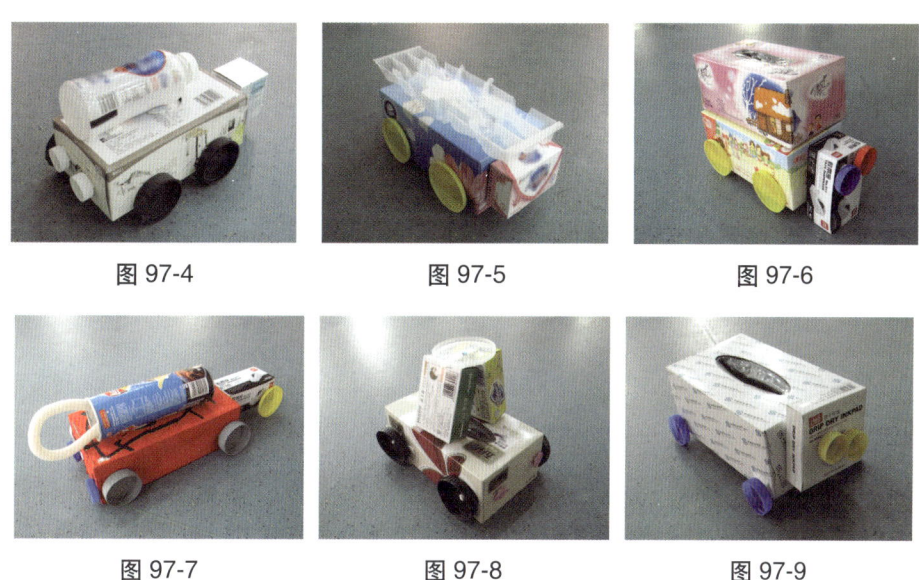

图97-4　　　　　图97-5　　　　　图97-6

图97-7　　　　　图97-8　　　　　图97-9

专家评析

这是一个典型的废旧材料制作活动。生活中许多没有用处的材料，可以开发成为幼儿的美工材料，比如，报纸可以做成撕贴画，纸卷轴可以做成会滚动的玩具，纸盘可以做纸盘娃娃，快餐碗或纸杯可以做成摇手玩具……只要我们用心、用爱就能创造美的世界。

这个活动有三大亮点，即环保、有趣、有创意。首先，活动材料环保。纸盒、盖子是制作汽车的主要材料，这样的材料数量要充足，要多于幼儿人数，尤其是盖子至少要一对一对的。塑料管子、瓶子、包装盒内格、塑料耙子等材料也必不可少，这是满足幼儿表现各种特殊功能车辆的重要材料。其次，活动组织的过程很有趣。孩子们喜欢车，更喜欢那些有特殊功能的车。活动以马路为情境，又以特殊车辆为表现内容，如大吊车、洒水车、消防车等，通过对废旧材料的拼拼搭搭，引导幼儿制作一辆辆有特殊功能的车。再次，表征方式富有创意。幼儿使用不同的材料代替各种不同的功能，发展了想象力和创造力。重要的是，幼儿尝试把想法变成了现实，培养了动手实践能力。

此外，还有以下三点建议：

(1) 幼儿在选择材料时常会出现盲目的现象，因此，材料种类不宜过多。制作车身的主材不能超过4种，辅助材料以大小圆形材料为主，并提供少许能够表现独特车型的材料。此外，材料要分类摆放。

(2) 活动前，要让幼儿熟悉材料，帮助幼儿掌握双面泡沫胶等黏合剂的使用方法。

(3) 要鼓励幼儿自主创作，不以是否"像"作为评价标准；活动中，有些幼儿没完成作品，不要催促他们，建议他们在区域活动时继续操作。

98. 地球之舞

设计教师：王晓玲　　评析专家：陈学群

幼儿园：江苏省南京市第二幼儿园

设计意图

幼儿对我们所在的地球充满了好奇。《地球之舞》绘本，以撕纸、剪纸、粘贴的形式展现了"想象你是地球"的奇妙景象。书中画面的装饰效果令人震撼，表征方式简洁明了，艺术视角变形夸张，表明了爱惜我们家园的理念。能否引导幼儿借助绘本的表现形式，表达自己对地球的热爱呢？带着这样的疑问，我设计了这一活动。

活动目标

(1) 欣赏绘本中剪纸、粘贴装饰风格所带来的"地球之美"，能想象和发现画面所表现的河流、山川、沙漠等自然景象。

(2) 尝试通过撕剪、粘贴的形式创造性地表现河流、山川、沙漠等在白天或黑夜时的自然之舞。

(3) 萌发对大自然的热爱。

活动准备

黑色、白色底图半成品若干，各色打印纸若干，胶棒，勾线笔。

活动过程

1. 认识地球，初步感知地球旋转之舞

(1) 师：你知道我们的地球吗？它长得什么样？（让幼儿自由表达）

(2) 展示地球的图片。

师：你看到的地球是什么样的？

师：为什么有白天和夜晚呢？

师：白天的地球和晚上的地球有什么不同？

2. 欣赏作品，从不同的视角看地球

(1) 欣赏绘本作品中白天和黑夜的图片，讨论绘本剪纸、粘贴的装饰效果。

师：哪一页是地球的白天，哪一页表示地球的夜晚呢？你是从哪里看出来的？

师：绘本中是用什么来表示白天的河流、沙漠、森林的呢？

师：河流是什么颜色、什么形状的？森林呢？高山呢？

师：绘本中又是怎样表现夜晚的瀑布和冰山的呢？

小结：作者用了简洁的线条和色块，运用剪纸、粘贴的方式表现出了自然界舞蹈的美。

(2) 讨论：这些地球上的景物在画面中是怎样排列的呢？（引导幼儿理解画面的构图方式：横构图和竖构图）

3. 动手创作，展现独特的地球之舞

(1) 介绍材料，教师范画，引起幼儿创作的兴趣。

师：这是一张蓝色的纸，怎样让它变成跳着舞的河流呢？

师：高山可以用什么颜色的纸呢？高山大概是什么形状的？

师：森林呢？你的森林在跳舞的时候是什么样的呢？

(2) 幼儿自主操作，教师巡回指导。

师：小朋友们自选白天和夜晚的底图，先撕一撕、剪一剪，再摆一摆，最后贴一贴。

4. 展示幼儿的作品（见图98-1—图98-6），大胆表述对地球之舞的理解

师：你的作品中有些什么？你想告诉大家什么呢？

图98-1　　　　　　　　图98-2　　　　　　　　图98-3

| 图 98-4 | 图 98-5 | 图 98-6 |

专家评析

这个活动的发展价值和教学亮点体现在以下四个方面：

(1) 具有社会意义。这个活动表现的是我们了不起的家——珍贵的地球，表现的是我们对地球的依赖与爱，潜在地激发了幼儿身为地球一分子的责任感与环保意识。

(2) 激活了幼儿的想象力。活动引导幼儿想象自己比树还高、比月亮还大，想象在宇宙间旋转、跳舞，借由剪纸、粘贴作品仿佛自己化身为地球，在宇宙中漫舞！

(3) 拓展了幼儿的思维。为了引导幼儿从不同的角度看地球，教师提供了白天和黑夜的底图，这种半成品的构图方式打破了幼儿的惯常思维，对幼儿感受不同布局带来的震撼效果起到积极的作用。

(4) 作品风格鲜明。活动引导幼儿在黑色或白色卡纸上剪贴不同形状的色块，表现地球上的自然景物。虽然只有简单的添画，却使得作品呈现出独特的装饰效果。

此外，还有以下两点活动建议：

(1) 为了鼓励幼儿创造性表现，可以在白纸或黑纸上画上弧线，并在边缘添上蓝色表现光芒，以表现白天或黑夜。

(2) 活动可以进一步延伸，比如，在区域活动中引导幼儿开展撕贴活动，撕剪出人物或者是动物的造型，共同打造我们的"地球之舞"！

99. 好玩的皮影

设计教师：王晓玲　评析专家：陈学群

幼儿园：江苏省南京市第二幼儿园

设计意图

皮影戏是我国民间优秀的传统艺术表演形式，它集说、唱、演为一体，具有深厚的艺术内涵和文化价值。皮影戏活动的开展能帮助幼儿了解更多的民间艺术形式及其文化内涵，激发幼儿对民间艺术的兴趣，培养幼儿的民族自豪感。

活动目标

(1) 欣赏各种皮影，感受其形象、造型、色彩的独特美。

(2) 了解皮影偶制作的相关材料和制作程序，尝试制作皮影人物。

(3) 初步了解中国民间艺术——皮影戏的表演形式，对皮影戏产生兴趣，喜爱皮影戏艺术。

活动准备

皮影戏《龟与鹤》录像片段，磨砂胶片，马克笔，剪刀，订书机，针，线，幕布（3米长的白布），台灯。

活动过程

1. 欣赏皮影戏《龟与鹤》片段

师：小朋友们看过戏吗？今天老师请你们看一段戏。请你和自己看过的戏比一比，看看有什么不同。（播放录像）

师：你们看到了什么？你觉得和以前看到的戏一样吗？（引导幼儿发现皮影戏与以往所看的戏不同，初步感知、发现皮影戏的特点：不是真人演的）

2. 认识皮影，了解皮影戏的表演方式

师：既然小朋友这么喜欢，我也来学着演一演。（教师表演，见图99-1、图99-2）

图 99-1 　　　　　图 99-2

师：你们想看看幕布后面藏着什么吗？那我就给你们看一看。（幕布的遮挡、形象的皮影以及生动有趣的配音，皮影戏的这些特点适合幼儿的心理特点，能迅速激发幼儿的探索欲望。

他们会急于知道幕布后面藏着什么,这为后面的探索活动做了铺垫)

图99-3

(1)出示皮影(见图99-3),认识皮影,知道用这些皮影表演的戏叫皮影戏。

(2)了解表演皮影戏需要的道具。

师:表演皮影戏需要亮子(白布)、灯光、皮影人、人、乐队。

小结:皮影戏是我国最古老的剧种之一,它演出方便,唱腔优美,表演精彩动人,千百年来深受大家的喜爱,连外国朋友也很喜欢皮影戏呢!

3. 观察皮影,简单了解皮影的特征及其制作过程

师:刚才我看到很多小朋友都想上来试试了!这里有几个皮影,还有很多有关皮影的资料,请你们看一看、玩一玩。

师:你们有什么发现吗?("皮影有人的、动物的,还有好多家具的;皮影人的脸不同;皮影人是可以活动的")

小结:皮影人每一个都是不同的,因为它们表现的是不同的人物;皮影人的结构设计得很巧妙,皮影人的每个关节都可以活动,这样表演起来才生动传神,大家才爱看;皮影的脸和身子都是侧面的,可以左右动作,这样在幕布上演出就像真的人和动物一样!

4. 尝试制作皮影人

师:我们也来尝试做一个皮影人吧!我们可以用比较简单的工序来制作。看,这是透明的磨砂胶片,可以用来代替驴皮,然后我们用马克笔画出人物的身体躯干,最后进行组装。让我们看看谁的皮影人能动起来!

幼儿制作,教师巡回指导。

5. 操作皮影表演

邀请幼儿在幕布上演示自己的皮影人作品(见图99-4—图99-9),感受成功的快乐。

图 99-4　　　　　图 99-5　　　　　图 99-6

图 99-7　　　　　图 99-8　　　　　图 99-9

师：谁愿意把自己的皮影人演一演给大家看一看？

专家评析

《指南》告诉我们，要"利用传统节日和民间庆典的机会，带幼儿观看或共同参与传统民间艺术和地方民俗文化活动，如皮影戏、剪纸和捏面人等"。皮影造型独特，富有装饰感，大量运用了中国元素的图案，皮影戏是中国民俗文化中一种独特的艺术形式。

这个活动并非简单地让幼儿制作皮影，而是欣赏皮影戏这一艺术形式。在引导幼儿了解皮影、尝试制作、表演游戏的过程中，帮助幼儿进一步感知皮影戏这一民间艺术。它的教育价值不仅仅体现在艺术领域，也体现在社会、科学等领域。

真正的皮影制作过程复杂，并不适合幼儿操作，而教师巧妙地选取了皮影制作的几个关键点，简化了制作方法，这样既满足了幼儿尝试制作的愿望，又突出了皮影人物的造型特点。分析这几个关键点，一是材料和绘画工具易于表现。活动引导幼儿使用磨砂胶片和马克笔制作皮影,既有通透感,又容易上色;二是突出了皮影人物的侧面形象和可以活动的特性,使用针线、订书机、回形针等进行组合;三是营造了可以尝试表演的氛围。教师以台灯配幕布,使得幼儿有可能将自己制作的皮影透过灯光展现出来,激发了幼儿完成皮影制作的信心。

此外,还有以下四点活动建议:

(1) 建议这个活动分成两个课时进行,第一课时为欣赏皮影戏和讨论皮影人物的特点,第二课时为讨论皮影的制作方法,引导幼儿尝试制作皮影。

(2) 活动前,幼儿需要具备侧面人物的绘画经验,教师需要开展过类似中国民间风格的装饰活动。

(3) 幼儿制作皮影需要的时间相对较长,需要拆分头部、身体、手臂以及腿部进行绘画装饰。因此,画和剪主要由儿童完成,在组合时教师可以提供一定的帮助。

(4) 在幼儿使用台灯尝试表演时,要提醒他们注意用电安全。为了调动幼儿的积极性,这个活动可以持续一个阶段。